【普及版】

日本花街《かがい》史 上

―花街の成立と変遷

明田鉄男❖著

By AKETA Tetsuo
History of "GEISHA" quarter "KAGAI" Part I:
The Establishment and Transition of "KAGAI"

雄山閣

本書は、弊社より一九九〇年十二月に〈初版〉を刊行した『日本花街史』を復刻し上下巻に分割した〈普及版〉です。今回の〈普及版〉では〈初版〉刊行後に判明した誤字・誤記載等を修正し、図版の差し替えも行いました。なお〈初版〉には巻末に「資料編」が掲載されておりましたが、今回の〈普及版〉では上巻に「花街風俗関係語彙小字典」のみを収載いたしました。また、本文中において一部に不適切な表現が見受けられますが、執筆時の時代的背景や本書の資料的価値を考慮し原文通りにしております。何卒御了承願います。

（雄山閣編集部）

はじめに

近ごろ、いろんな面から日本文化の見直しが口にされ、もろもろの日本文化再発見論の本が刊行されている。著者は、遊女とその母胎である遊里も、また日本文化の重要な一現象であると確信し、遊女・遊里を文化論的に解明した書の出現を期待した。しかし風俗考証的ないし裏幕紹介的研究書はあっても、文化論的解明の書にはまだ接していない。十年前、非才を顧みず本書の執筆にかかった動機は、ここにある。

思えば、「美しく、やさしく、教養高い」妖《あや》しくも奇妙な一団の女性群と、これをはぐくみ育てた遊里の不可思議な環境とは、日本文化史上の一大偉観といわねばならない。近世の文芸、美術、服飾、あるいは個人的社会観や死生観、その他いろんな価値観に大きな影響を与えた遊女・遊里の存在を、ここらで目を凝らして見直すべきではなかろうか。

これはまた、「日本独特の偉観」でもあるところに特徴がある。西欧でも中国でも、遊女と遊里の歴史は単なる性欲発散機関の歴史にすぎないが、わが国のみは、これを美の極地にまで昇華し、ついには遊女を菩薩視する宗教的境地にまで到達させた。このような奇妙な能力を持つ民族が他にあろうか。

しかも社会学的には、しょせん遊女は菩薩ではなく肉体切り売りの賤業婦であり、遊里は文化の殿堂を装った金目あての詐術の場にすぎない。遊女は楼主の強制に従って詐《いつわ》りの媚態により客の金を吸い上げ、遊里はその上前をはね、あまつさえ遊女の自由を奪い私刑を課して搾取をつづける。こうした明暗両面がみごとに調和し共存していたところに、近世社会の奇怪なおもしろさがあった。

本書は、このおもしろさを文化史的に追求し、社会学的に論評したつもりである。追求と論評が舌足らずに終わったとしたら、それはもちろん著者の責任である。

平成二年十二月

明田鉄男

【普及版】日本花街史 上―花街の成立と変遷 目次

〔承〕編　花街史各論

第三章　近世京都花街の盛衰

目　次

◆日本花街史　下——遊女と遊里の世界【目次】

＊本文文献引用についての凡例

（1）旧かなづかいはそのままとした。

（2）漢字はできるだけ現代漢字に改めた。

（3）適宜句読点を施した。

（4）傍ルビのひらがなは著者の付したものである。稀に原文にルビのある場合はカタカナにして区別した。

（5）引用文中のカッコ内は著者による注釈である。

序章　花街史をめぐる問題点

この本は終始「近世日本花街史の中軸は京都花街史である」という視点に立って書き進めた。その理由は、次に掲げる藤本箕山著『色道大鏡《おおかがみ》』凡例が代弁してくれる。

「日本の遊廓の事をつがねていふよしなるものに、格式《きやくしき》、作業、みな京師《みやこ》の事にのみ書《かけ》るを、心にとがむる人あるべけれど、何事も先《まず》、京を手本としてみれば、諸廓のことはそれ〴〵の作配《さはい》にて、これをわきまふるにかたからず」

京都の遊廓は全国遊廓の「手本」であるから、京の廓のことを知れば各地廓のことは、おのずから知ることができる、という論で、筆者は大賛成である。

たしかに、本朝組織的花街の嚆矢《こうし》は、天正十七年（一五八九）の京都二条柳町であることはまちがいない。元和三年（一六一七）の江戸吉原遊廓公許より二十八年も前である。二条柳町は慶長七年（一六〇二）六条三筋町へ移り、さらに寛永十七年（一六四〇）島原へ移転して、爾後明治維新まで二百二十余年間、絢爛《けんらん》たる遊里文化の華を咲かせ続けたのであるが、この間、江戸吉原も大坂新町も博多柳町も奈良木辻も、その他もろもろの各地遊廓も、すべて京都島原にならって、官憲の保護と指導のもとに自己の利益を守ってきたのであった。

以上の視点を基盤として、筆者はこの『日本花街史』で三つの論評を試みることにした。第一は公認花街と非公認花街の果敢な闘争の歴史を説くことであり、第二は幽艶かつ華麗な文化と陰湿残忍な女性虐使、全く相反するこの両面を調和させた要素は何か、の解明、第三は既存文献の誤謬の訂正、以上の三点である。以下少々敷衍《ふえん》すると——

第一の公認、非公認花街間の闘争は、前者を保護する権力（幕府）の後者に対する弾圧の歴史であり、さらにまた、一般大衆の無言の声援を得た後者が、ついに権力の弾圧をはね返して、前者と同等の地位を確保するに至る壮大なドラマでもある。

第二の明暗両面共存の環境こそ、近世日本の恥部ともいえる珍妙不可解な現象であるが、真向《まっこう》からその解明に挑んだ先学はいないようである。筆者（明田）はこれを〝男尊女卑時代の上淫欲求〟と結びつけた。駁論を期待したい。

第三の文献の誤りは、相当に多い。例えば上方では絶対に使わない「花魁《おいらん》」が京都島原を横行し、祇園町《まち》が祇園町《ちょう》、木屋町の樵木《こりき》町がショウキ町とルビがうたれ、甚しきに至っては鴨川の東にある五条坂が、川西の五条橋近くにあるといったたぐいである。載っているのが高名な研究書だけに、いま何とかしておかねば誤りが定着してしまう恐れがある。

以上、あえて非才を顧みず『日本花街史』を執筆する、その基本態度を示して序章とする。

〔起〕編

花街史総論

第一章　遊女の発生と花街の形成

1　散娼のはじまり

遊女の起原

この章は京都とは直接関係ない。第二章以下を読んでいただくための予備知識である。〃散娼〃とはあまり聞きなれない言葉だが、要するに組織化されていない一匹メスオオカミの売春婦である。当然、遊女の歴史はここから始まる。

遊女の歴史については中山太郎『売笑三千年史』、上村行彰『日本遊里史』、近くは滝川政次郎『遊女の歴史』等々すぐれた研究書が数多く、とくに滝川氏が中山太郎氏、柳田国男氏の「遊女は本来巫女《みこ》であった」とする「巫娼《ふしょう》」説に反対して「遊女の元祖は半島から渡来した朝鮮の漂泊民白丁族である」と主張していることなど極めて興味津々たるものがあるが、その辺は本書の目的でないから、論評は差し控えたい。

要するにそれ以前、サルから進化した人類が原始社会生活を営むようになった時点で、性を売りものにする女性が出現したと判断すべきで、滝川氏は否定的であるが、その代金はおそらく稲一束とか魚二尾とかであっただろう。これぞ散娼の元祖である。

下って神話時代、天鈿女命《あめのうずめのみこと》はストリップガールであると同時に娼婦であったかも知れないし、『日本書紀』一一に「小林《おばやし》に我を引入《ひきれ》て奸《せ》し人の面《おもて》も知らず家も知らずも」と歌った乙女も、調子に暗さのない所から察するに、歌垣《うたがき》（乱交パーティー）の強姦被害者でなく、その道のプロであったように思える。

遊行女婦の素姓

先学諸師の研究書に共通して出てくる史上最初の遊女は、奈良朝聖武天皇の天平二年（七三〇）二月、大宰師《だざいのそつ》大伴《おおとも》旅人《のたびと》が筑紫から京へ帰るとき、水城《みずき》の郷で別れを惜しむ歌を贈ってくれた児島という遊行女婦《ゆうこうじょふ》（さぶるこ）である。

　　おほならばかもかもせむをかしこみと
　　　振りたき袖を忍びたるかも

という彼女のやさしい歌に、歌人旅人は、

　　大和路の吉備の児島を過ぎてゆかば
　　　筑紫の児島おもばえむかも

と返歌している（『万葉集』巻八）。

遊行女婦とは、あちこちの宴席に招かれて歌舞を演ずる女性で、遊行には住所不定の意味がある。

このほかに当時の遊行女婦として、天平勝宝三年（七五一）正月大伴宿禰家持《やかもち》の宴席に侍った蒲生娘子《がもうのいらつめ》や豊前の大《おお》宅娘子《やけのいらつめ》、対馬の玉槻娘子《たまつきのいらつめ》らの名前が残っている。いずれも女流歌人として『万葉集』に歌が収められているが、遊行女婦をウカレメ、アソビ、ヤホチと説明している本も多く（『類聚名義抄』『和名類聚抄』など）、実質的には遊女であったと考えるべきであろう。ヤホチは夜発、後世最下級娼婦の称となる。

平安時代（七九四―）に入ると、遊行が交通の要地に定着するようになり、淀川や瀬戸内海の港々に遊女の集団地が生まれる。学者政治家大江匡房《おおえのまさふさ》（一〇四一―一一一一）の著『遊女記』は、その状況を次のように記している（原漢文）。

「山城国与渡津《よどのつ》ヨリ巨川ニ浮ビ、西行一日、之ヲ河陽《かや》ト謂ウ。山陽、西海、南海三道ヲ往還ノ者、此ノ路ニ遵《したが》ワザル莫《な》シ。江河南北シ、邑々拠々タリ。流ヲ分チ、河内国ニ向ウ。之ヲ江口ト謂ウ。蓋《けだ》シ典薬寮味原厨、掃部寮ノ大庭荘ナリ。摂津国ニ到ラバ、神崎《かんざき》、蟹島《かしま》等ノ地有リ。門ヲ比《なら》ベ戸ヲ連ネ、人家絶ユルナク、娼女群ヲ成ス。扁舟ヲ棹《さお》シテ旅船ニ着カバ、以テ枕席ヲ薦《すす》ム。声、渓雲ニ遏《かつ》シ、韻、水風ニ飄《ただよ》ウ。経廻之人、家ヲ忘レザル莫《な》シ。洲芦浪花、釣《ちょう》翁商客、舳艫《じくろ》相連ナリ、殆《ほとん》ド水無キガ如シ。蓋シ天下第一之楽地也」

与渡津は現在の京都市伏見区淀、巨川は淀川、河陽は京都府乙訓郡大山崎町、江口は大阪市東淀川区南江口、神崎は兵庫県尼崎市神崎町、蟹島は大阪市淀川区加島三丁目である。旅人が海船から河川に乗り換える交通の要衝に、おのずから遊女が群集する繁華殷賑のさまがよくわかる。

有名な遊女としては、江口に観音、中の君、小馬《こむま》、白女《しろめ》、主殿《とのも》、神崎に河菰姫《かわこもひめ》、孤蘇《こそ》、宮子、力余《りきょ》、狛犬《こまいぬ》、蟹島に宮城《みやぎ》、如意《にょい》、孔雀《くじゃく》、香炉《こうろ》、三枚《さんまい》らの名が記してあり、

「皆是レ倶尸羅《ぐしら》ノ再誕、衣通姫《そとおりひめ》ノ後身ナリ。上ハ卿相《けいそう》ヨリ下黎庶《れいしょ》ニ及ブ。牀第《ねま》ニ接シテ慈愛ヲ施サザル莫《な》シ」

と、すべて超一流の美人で、しかも客の身分を問わずサービスに徹した。

これらの遊女には後世のような暗さが見られず、出身もさまざまで、時には、

「亭子院（宇多上皇）鳥養《とりかい》院（大阪府摂津市鳥飼）にて御遊ありけるに、とりかひといふことを人々によませられけるに、あそび（遊女）あまた集れる中に、歌よくうたひて声よきもの丶有けるをとはる丶に、丹後守（大江）玉淵が女《むすめ》白女となん申ける」（『古今著聞集』五）

というようなこともあった。

江口など河港の地の遊女集団は、その後の源平、鎌倉期にも繁栄を続け、全国各地に同様遊女町が簇生《そうせい》した。主なものを拾ってみる。

山城宇治、木幡《こばた》、淀、竹田、小椋《おぐら》（以上『雲萍雑誌』）、奈良木辻、近江鏡、三河矢矧《やはぎ》、美濃野上、赤坂、鎌倉大磯、化粧坂《けはいざか》、喜瀬川、手越、近江朝妻、尾張井戸田、遠江池田、堺乳守、播磨室ノ津、周防室積、和泉高渕、越前三国、備後尾道（以上『賤者考』）、尾張琵琶島（『塩尻』）等々である。

有名遊女としての肥後の檜垣《ひがき》（『後撰和歌集』）、越後寺泊の初君（『玉葉和歌集』）、近江海津の金《かね》（『古今著聞集』）らの名前が残っている。

庶民相手の傀儡女

前掲大江匡房に『遊女記』と並ぶ『傀儡子記《かいらいしき》』という書がある。傀儡子はクグツと訓じ、人形まわしのことである。大江匡房によれば、

「定居無ク当家無ク、穹廬氈帳《きゅうろせんちょう》、水草ヲ逐《お》ヒ以テ移徙シ、頗《すこぶ》ル北狄《ほくてき》ノ俗ニ類ス」

とあり、天幕《パオ》を畳み、牧草を求めて移動する蒙古遊牧民とそっくりの生活をしている流浪の芸能人とあるが、これがいつの間にか遊女と混同され、後世好事家《こうずか》の論争の種となってしまった。

「傀儡子ハ歌舞ヲ専《もっぱ》ラニセシヨウニミエタリ。（中略）然レドモ皆女色ヲ売《うり》シ者ニシテ、遊女ノ下輩ナルモノト見エタリ」（『塩尻』）

「傀儡は二様ありて、いと紛らはし。事物紀原、列子通典、梁鍠《りょうこう》傀儡詩、これは木人形なり。西宮より出づる。箱出《はこで》狂坊《くれぼう》といふ。又、一様は遊女をいへり。下学集、本朝俗、遊女を呼んで傀儡と曰《い》ふ。定家卿、季経朝臣などの歌は、遊女をよみ給へり。いと紛らはし」（『傍廂』）

といろいろ考え方があって、結局、

円光大師伝三十四巻播磨国
室の泊りにつき給ふに、小
船一艘近づきたる　これ遊
女がふねなりけり云々

播磨室の津の遊女（『円光大師伝』より）

中世経ヶ島の遊女『法然上人絵伝』より

白拍子　（『和国諸職絵尽』＜左＞と「七十一番職人歌合」より＜右＞）

図１　散娼のさまざま（その１）

「傀儡は山岳により、遊女は河海によるものなり。傀儡は信濃、美濃、近江の者を上等とし、播、丹、作の者これに次ぐ。筑紫の者は下等なりとぞ。其の夫は咒語《じゆご》を以て祈禱し、手妻幻術の如き事をなして世人を惑《まど》はし、妻及び小女を遊女に等しき穢行《えぎよう》をなさしめて海内《かいだい》を横行す」（『愚雑俎』）

というあたりにおちつきそうである。つまり傀儡子集団は全国を遊行しながら、内陸地では男性が人形まわしなど芸能を演じ、河港、海港では女性が売春をして、共に生活していた、ということである。

なお『傀儡子記』は傀儡子子女の主なものとして、小三、日百、三千載、万歳、小君、孫君の名をあげている。

察するに江口、神崎などの遊女が多く貴人に接するのに対し、傀儡子女は庶民の相手をしたと思われる。固有名詞は両者とも共通して難解である。

白拍子の登場

平安末期になると新しい遊女の型態として白拍子《しらびようし》が登場する。鳥羽天皇在位（一一〇七―一一二三）のとき、京極太政大臣家輔の娘和歌の前は琴、歌舞の名手であったが、島の千歳とともに「白拍子舞」を創始した。そのスタイルは、

「始は水干《すいかん》に立ゑぼしを著《つけ》て銀作りの白鞘巻をさして舞ひければ、男舞とぞ申しける。然るを中比《なかころ》より、ゑぼしをばのけて、水干ばかり著て舞ひたるよし、平家物語に見えたり。水干は多く白色を用ふる物なれば、白拍子と名付けたるなるべし。朗詠集にある詩歌などをうたひ舞ふ物なり」（『貞丈雑記』）

という男装である。それが次第に軟化してゆく過程がわかる。最初は純然たる歌舞芸能だけだったのが、時とともに遊女化していったためであろう。

また別説あり。

「そのかみ後鳥羽院の御宇に通憲入道といふ者、磯の禅師といへる女に教へて舞はせける。是より事起りて、遊女みな此ふうを学びて、笛鼓《ふえつづみ》もなくて今様をうたひてまひかなでけるを、白拍子と名付たり。後には笛鼓を入てまはせける」（『江戸雀』）

これの原典は『徒然草』で、磯の禅師というのは、かの源義経の恋人静御前の母である。

源平期の遊女で名の残っている人々を列挙してみると、まず『平家物語』で有名な祇王、祇女、仏、源義経の愛人静御前、曾我十郎の恋人大磯の虎御前、源義朝の情婦美濃青墓の延寿、平宗盛の悲恋の相手熊野《くまの》、その他、池田の侍従、手越少将、手越の千手（同一人か）、黄瀬川の亀寿《かめじゆ》、微

桂女（『東北院職人歌合』より）

桂の女（『三十二番職人歌合』より）

湯娜と比丘尼・丸太（『睡余小録』より）

江口の君（『浮世又兵衛図画証録』より）

図2　散娼のさまざま（その2）

妙らの面々であった（『平家物語』『平治物語』『曽我物語』『吾妻鏡』『義経記』など）。

このうち祇王・祇女と静御前は原典『平家物語』に「白拍子」と明記してあるが、他はよくわからない。要するにこのころは、なお繁昌を重ねている江口、神崎、蟹島などの水路系遊女と、白拍子を名乗る都市型遊女、各地の宿場女、傀儡子《くぐつ》と呼ばれる流遇遊女、それに一匹オオカミの下級散娼と、この五種が共存していたと思われる。

「源平乱――寿永四年（一一八五）――の後、平家の侍女等、下の関、門司関、赤間関などにさまよひ、世わたるたつきも知らざれば、あそび女となれりともいへり」
（『倭訓栞』）

戦乱は不幸な女性を生む。ある平家の一女官は、一族滅亡のあと、野山に咲く花を碇泊の旅人に売って生計していたが、それだけでは生きられない。いつか花の代わりに身を売るようになった。昔を知る者は彼女を「上臈《じょうろう》」（高級女官）と呼んだが、ここから音の通じる「女郎」の語が生まれ、ついでに買春の料を「花代」というようになった（『日本遊里史』）というが、いかがなものであろうか。

『吾妻鏡』によれば、建久四年（一一九三）初代征夷大将軍源頼朝は里見冠者義成を召して「遊君別当」に任じ、これを遊女たちに周知せしめた。急激に増加した遊女たちの社会で起こる争い事の訴論を裁断する役で、鎌倉幕府滅亡まで続いたが、単なる社会的仲裁職で、税の取り立てや遊女組織の編成までには至らなかったと思える。

桂女・加賀女・湯女の出現

南北朝から室町時代に入ると、京都の街衢《がいく》、とくに社寺門前に茶屋、遊女屋が営まれ、後世の花街の原形を示していた。その詳細については第2節に譲る。

他にこの時代の特徴として「桂女《かつらめ》」「加賀女」の登場と「風呂屋」「湯女《ゆな》」の出現を挙げることができる。

桂女は山城国葛野郡《かどののごおり》桂（京都市右京区）の里の遊女、加賀女は加賀国（石川県）から入洛した遊女群で、ともにすぐれた歌舞の技芸を売り物として公方《くぼう》殿中などにも参入していた（『殿中日記』）とあるから、このころすでに品位低下して足軽雑兵の玩《なぐさみ》物となっていた白拍子に代わる高級遊女と見るべきであろう。

「風呂屋」の文字は『太平記』の畠山道誉入道延文五年（一三六〇）関東下向のくだりに、

「今度《このたび》の乱は畠山入道の所行也と落書《らくしょ》にもし歌にも詠《よ》み、湯屋、風呂屋の女童部《めわらべ》までもてあつかひければ、畠山面目《めんぼく》なくや思ひけん、暫く仮病して居たりけるが……」

とあるのが初出とされているが、これが昔からある蒸し風呂か、現代のような浴槽式かはっきりしない。いずれにせよ、浴場とサービス女性を備えた接客営業が南北朝時代からあったことは確かである。

もっとも湯女の方はもう少し古く、建久二年（一一九一）僧仁西が有馬温泉（神戸市北区）を再興して十二坊舎を設け、坊ごとに大湯女、小湯女を置いたのが始まりといわれる（『公衆浴場史』）。大湯女は世話役の年増《としま》だが、小湯女は妙齢の美人ぞろいで、浴客の酒席で歌ったりしたとあるから、遊女ないしこれに近い存在だったのであろう。

桂女、加賀女はいつか一般遊女に同化して、その称が消えたが、湯女は江戸期まで繁昌を続け、「垢かき女」「猿」などの異名で一時は反主流派遊女の主役ともなった。

宝暦のころ（一七五一―一七六三）京都室町五条上ル「松屋風呂」、一条堀川「柳風呂」が、この手の風呂屋として残っていたという記録もある。

2　花街の形成

遊女群の定着

室町末期に近づくにつれ、遊女の所在地をはっきり示した資料が目立ってきた。以下、公卿や僧侶の日記類による京都の状況であるが、資料の残っていない大坂、奈良など他都市でも、遊女集団が一定の地に定着するようになる傾向が察せられる。

貞和《じようわ》三年（一三四七）二月二十四日「今日未《ひつじ》の剋許《こくばかり》、下北小路（七条通の一筋北の東西路）西洞院《にしのとういん》の傾城屋焼亡す」（『師守記』）

応永二十九年（一四二二）一月十一日「夜に入り松扣《まつばやし》（地《じ》下《げ》藤原姓）参る。風流《ふりゆう》五条の立傾城の体《てい》、之を学ぶ。其の興あり」（『看聞御記《かんもんぎよき》』）

応永三十年（一四二三）二月十四日「聞く。京辺焼亡あり、三条辺《あた》りの遊君の家焼失すと云々《うんぬん》」（『看聞御記』）

永享三年（一四三一）十一月二十六日「今朝京錦小路町焼亡す。傾城一人焼死すと云々」（『看聞御記』）

寛正六年（一四六五）六月十二日（当寺（相国寺）門前商売公事、御即位に就き段銭之《これ》を懸けらる」（『蔭涼軒日録《おんりようけんにちろく》』）

出てくる地名を整理してみると、東西路は三条、五条、七条へんと錦小路、南北路は西洞院通に集中している。高名の禅僧一休宗純（一三九四―一四八一）の『狂雲集』はしがきは、もっとも具体的である。

「洛下ニ昔紅欄古洞ノ両処有リ。地獄ト曰《い》ヒ加世《かせ》ト曰フ。又安寧ノ坊ノ口《ほとり》ニ、西ノ洞院ニ有リ、諺《ことわざ》ニ所謂《いわゆる》小路也。歌酒ノ客、此ノ処ニ過《よぎ》ル者、皆風流ノ清事トナス也。今街坊ノ間、十家ニ四五ハ娼楼也。淫風ノ盛、亡国ニ幾《ちか》シ」

安寧坊は旧平安京の市街区画の一つで、六条と七条の間、その西洞院通の両側、十軒のうち四五軒が女郎屋だというのだから、これはもはや完全な花街の形態である。しかし、それはまだ「花街前史」のなかの花街であり、「花街史」本記としての花街ではなかったのである。

花街の定義

ここで本『日本花街史』の対象である花街の定義を説明せねばならない。

試みに手元の『広辞林』（大正十四年刊）を見ると「花街《かがい》―いろまち。いろざと」とあり、では「いろまち」を見ると「いろざと。遊廓」、そこで「遊廓」を探すと「多数の妓楼を集合せしめたる一定の区画」となっている。「妓楼」は同じく「いうじょや。じょろうや」であった。一方『日本国語大辞典』（昭和四十九年刊）を見ると「花街―〈かかい〉とも。遊女屋、芸者屋などの集まっている所。花柳街。遊里。色里」と記してあった。

要するに「遊女屋、芸者屋などの集合した地域」ということで、一応、その通りだと思うのだが、著者はこれに一異見をつけ加えたい。著者がこの本でいう「花街」とは、遊女屋、芸者屋などの単なる集合地ではなく、「機能的に統制のとれた」集合地でなければいけないのである。

もう少し具体的にいうと、一定の役員（普通年寄《としより》、時には肝煎《きもいり》という）によって指導された相互扶助組織を持ち、官憲や競争相手には結束して対処する生活協同体の根拠地、なのである。

この定義はたしかに、これまで社会常識とされていた広義の花街とは異端のものであるが、この本に限り、あえて採用することにした。理由は「京都花街史」のほとんどすべての部分が、この定義通りの「統制」「相互扶助」「結束」の歴史だからである。

従って、江口・神崎の地も、一休和尚のいう西洞院の妓楼群も、この本の対象とする花街の範疇《はんちゅう》から除外した。それらは単なる、遊女の群れる港、女郎屋の並ぶ通りにすぎなかったのである。

第二章　京都花街史総説

1　京都花街の発生

「九条の里」と呼ばれた廓

ここでいう花街について第一章第2節で「遊女屋、芸者屋などが集合した機能的に統制のとれた地域」と定義したが、では、そのような狭義の花街はいつ発生したのか。たいていの本は、これについて、

「天正十七年（一五八九）浪人原三郎左衛門、林又一郎が豊臣秀吉の許可を得て京都冷泉《れいぜい》万里小路《までのこうじ》に一廓を開いた」

のが始源であるとしている。

ところが実際は、第一章第2節で紹介したように、それ以前にも「花街らしきもの」が存在していたことは確かである。具体的な例としては、

「洛中の遊里とも称せられるものは、足利三代将軍義満の応永四年（一三九二）頃、東洞院七条下ル辺に傾城町を免許せられたるを以て嚆矢とする。これ『九条の里』と呼ばれた廓である」（『灰屋紹益と吉野太夫』）

というのがあり、また少し下がった室町末期、五条東洞院界隈が京都市内屈指の傾城町だったともいう（『京都の歴史』四）。

「猿《ましら》源氏申すやう『人に尋ねて候へば、五条の東の洞院に螢火と申す上臈《じょうろう》にておはしますと教へ侍る』と申しければ、南阿弥聞給ひて『それこそ洛中に隠れなき遊君にて、月のくるれば光かゝやく女なれば、螢火《けいか》と名付たり」（『猿源氏草紙』）

ただし、これだけの資料では、九条の里や五条東洞院が本書でいう「機能的に統制のとれた」遊廓であるとは立証できない。

傾城補任状の内容

ところがここに、権力側の遊廓統制を立証する画期的な文書が出現する。これを紹介した文献も多く、内容も筋が通っており、まずは信憑性十分な基礎史料と認められる。いわゆる大永八年（一五二八）の「傾城補任状《けいせいぶにん》」と称されるもので、原史料は次のＡＢＣ三種から成る。日付順に原文通り紹介すると、

A

補任洛中傾城局公事為
御家恩勢多方々雖被仰付於御改易之上者如先規竹内新次
郎重信被仰合事
右以人行被宛所実也仍御公用年中仁拾五貫文宛於有其沙
汰者被仰合訖若於無沙汰者雖為何時可有御改易者也依補
任如件
　大永八年戊子六月二日
　　　　　　　　春日修理太夫
　　　　　　　　　仲康　花押

（補任す　洛中傾城局公事　御家恩として勢多方に仰せ付けらるといえども、御改易の上においては、先規の如く竹内新次郎重信を仰せ合わさるる事。
右の人をもって宛行《あてが》わるる所、実なり。仍て御公用は年中に拾五貫文宛、其の沙汰あるにおいては仰せ合わされ訖《おわ》んぬ。若《も》し無沙汰においては、何時たりといえども御改易あるべきものなり。依って補任、件《くだん》の如し）

B

洛中傾城局公事儀守本所久我殿御補任之旨如先規可被全
知行候也仍状如件
　大永八
　　六月十六日　　　　三好筑前守
　　　　　　　　　　　　元長　花押
竹内新次郎殿
（洛中傾城局公事の儀、本所久我殿御補任の旨を守り、先規の如く、知行を全うせらるべく候なり。仍て状件《くだん》の如し）

C

洛中傾城并仲人公事致事任由緒旨依之対本所補任筑前守
進折帋上者無相違可有存知者也仍状如件
　享禄元
　　十二月五日　　　　塩田相模守
　　　　　　　　　　　　胤光　花押
竹内新次郎殿
（洛中傾城ならびに仲人公事致すの事、由緒の旨に任せ、本所に対せられ補任筑前守の折紙を進《まいら》す上は、相違

無く存知あるべきものなり。仍て状件《くだん》の如し)

A、B、C一セットのこの史料の紹介文献を調べてみると、Aは『京都坊目誌』『京都府下遊廓由緒』のほか『守貞漫稿』『曲亭漫筆』『著作堂一夕話』『橘窓自語』『日本遊里史』『売笑三千年史』『波娜婀娜女《はなあやめ》』など多数に載っているが、BとCはともに『京都坊目誌』『京都府下遊廓由緒』の二書のみである。つまりAの方が重視さるべき根本史料ということになる。

大永八年、九月に改元して享禄元年は後奈良天皇、足利将軍義晴の代、京都を中心とする足利家諸将の内訌戦がなおも続き、全国的大争乱(戦国時代)に突入する直前である。それを前提として、三史料に関する各文献の所説を整理してみると、

「大永年間傾城別当竹内新次郎重信と申す者有レ之、如レ左補任状許状等、今傾城町(島原)ニ所持罷在リ候事。遊女は久我《こが》家之支配ニテ補任状之春日仲康者《は》久我家之家来之由、申伝へ候」(『京都府下遊廓由緒』)

「京にて見たりし洛中傾城局の券書(紙中堅一尺余　横一尺五寸許《ばかり》)これ又二百余年の古書なり。(A全文を紹介して)東鑑に里見冠者を傾城の別当に補するよし見えたり。室町家の時なほ志かり。遊女を傾城といふこと大にふるし」(『曲亭漫筆』)

「竹内新次郎重信は、いま堂上の竹内殿《たけのうち》の先祖なり。この洛中傾城局はいづくに在しや考べし」(『橘窓自語』)

「あらゆる盲目の座頭を、久我にて司さどるなり。是によりて久我流の人は、座頭のことをきたなくいはぬなり。また傾城遊女の課役をも、久我家へとるなり。其子細はいまだ詳ならず」(『梅村載筆』)

傾城局の設置と徴税機構の確立

「大永八年幕府は新に傾城局といふ官署を設置し、京洛中の遊女娼婦に一々官許の券面を下附し、御用といふ名の下に、一人に就き年中十五貫文づつの税金を賦課し、若し不沙汰するときは容赦なく妓楼の財産を没収するといふ、強制的の徴収を励行するやうになつた。(『売笑三千年史』)

「室町幕府の大永八年に傾城局といふものを設けられ、同年六月春日修理太夫の薦《すすめ》によつて竹内新次郎重信が傾城別当に補せられた。この傾城局は遊女に関する一切の訴訟を司どらしめるのであるが、又一面には官許の鑑札を下渡して遊女一人につき一年十五貫文づゝの税金を賦課徴収した。而して之を納付せざる場合には容赦なくその財産を没収した。公娼はこゝに紀元をもつてゐる」(『日本遊里史』)

このころ銭一貫文で米一石が相場だから、十五貫文は現在の消費者米価に換算して約百十二万円。相当の酷税である。

いずれにせよ、かかる収税機構が確立されたことは、遊女間の統制が完成したことを意味する。ただし当時はまだ、恒久的な遊廓施設はできていない。竹内新次郎は、どのような手段によって無数の遊女を掌握したのであろうか。

2　最初の集団公認娼妓街二条柳町

秀吉と二浪人

大永補任状から六十年経った天正十七年（一五八九）—豊臣秀吉の全盛期である。前々年天正十五年島津義久を九州に攻めてこれを降した秀吉は同年聚楽第《じゅらくだい》に移り、前年十六年十月には北野の大茶会を開いて、官民に泰平到来を大宣伝している。

ただし京都の地は、応仁以来の戦乱で荒れに荒れた傷跡が恢復せず、復興の気運はようやく高まったものの、都心でさえ、まだ人屋まばらであった。

これに目をつけたのが当時万里小路《までのこうじ》（現柳馬場）二条辺に住んでいた原三郎左衛門秀正という人物で、豊臣秀吉の許可を得たうえ、同志林又一郎（与兵衛）と協力して付近一帯を整地し、日本最初の集団公認娼妓街を形成した。廓入り口に二本の柳があったので「柳町の廓」と称した（『波娜婀娜女』『京都坊目誌』『塩尻』『一目千軒』）。

この地、東山殿（足利義政）御酒宴の跡地とされ（『波娜婀娜女』『一目千軒』）、各書を総合するに、柳馬場通を中心とする二条・押小路間ということはわかるが、東限、西限が不明なので面積を割り出すことはできない。

開発の主人公原三郎左衛門は『名妓吉野』によれば、源頼光の後胤、美濃土岐の一族で、父伊予守頼明は将軍足利義輝に仕えていたが、故あって浪人し、三郎左衛門は豊臣秀吉の馬の口取になり、のち病気で退職した。もちろん自分も廓中に一軒建てて娼家の主人となり、のち寛永の島原移転に従って、子孫が島原上之町西南角、桔梗屋《ききょう》八右衛門の名跡を継ぐ。桔梗は美濃土岐の家紋である。

仲間の林又一郎は出自がはっきりしないが、同様島原で下之町西南角、藤屋八郎左衛門、別称扇屋四郎兵衛となり、江戸初期の寛文十二年（一六七二）、大坂の新町遊廓へ移り、新町扇屋の祖となる。このとき京都から伴って行ったのが名妓夕霧らである。

この林又一郎はまた、天和・寛永ごろの作とみられる「四条河原図屛風」（堂本家本）に遊女かぶきの主催者として「又一」の名を残している。又一座は慶長十五年（一六一〇）ごろ、加藤清正に招かれて熊本へ下ったこともある（『京都の歴史』四）。

『日本遊里史』は廓創設に関する秀吉と原三郎左衛門の交渉を次のように記している。出典も定かでなく、せりふがあまりにも芝居がかっていて信憑性が薄いが、経過の大筋がわかりやすいので、要約して紹介しておく。

「太閤の馬の口取に原三郎左衛門という人があって、天正十七年のある日、太閤のお供をして万里小路二条辺俗に柳馬場を通りかかる際、三郎左衛門、公の馬前に跪いて申し上げるには『私内々考えまするに、洛中に遊女町を建て、京中に散らばっている傾城を抱《かか》え集めて格子、局をかざり、糸竹の調べに歌舞を尽し、衆人を慰めて京師の賑いに致したい』と。秀吉公うなづきほほ笑まれて、国家安泰の瑞相にもなることであろうからと、早速許した」（五十四歳の天下人秀吉が輿でなく馬に乗ったであろうか）

「そこで三郎左衛門は林又一郎という者と力を合わせて人夫を招きよせ、当時道の左右に柳の並木が生えつづいていたのを、枝を打って門の柱に用い、仮の篭屋《そおく》をしつらえ、暖簾《のれん》をかけわたしたるところを、太閤帰洛の際通りかかり見て、彼奴《かやつ》めは早《は》や遊廓をしつらいたるよな、さても心よし。なおも差急ぎて棟を並べ家ごとに格子をとりつけ遊女を飾るべきよし、仰せふくめて帰城された」

「五月に工事を始めて約半年ばかりで完成し、それから諸方に幽居していた者ども馳《はせ》集まって三郎左衛門の配下に属し、家を作り暖簾を掲げ、床几を出し、その年の暮れには随分町らしくなった。万里小路通、二条、押小路南北三丁の間、上中下の三町に分ち『柳町の遊里』と呼んだ」

「秀吉公も時おり出遊して、顔を袖で被《おお》い、格子、局まで残りなく素見《ひやかし》されたそうである。妓楼の建築に格子、局を設けたことは、風呂屋の経験が教えたところであろうが、遊女を飾って売り物にするための一手段であったことも確かである。かかる『居稼店《いかせぎみせ》』の制度は秀吉が京都で初めて公許したことになる」（『日本遊里史』）

秀吉の廓利用策

二条柳町遊廓創設から四年経った文禄二年、秀吉の第一次征韓軍が半島各地で戦っているころ、京都所司代前田玄以は、柳町の遊女屋を三級に分けて、上三十文、中二十文、下十文の「落銭」を徴収したという。遊女を一か所に集めて遊廓を形成させた大きな理由の一つが徴税対策であったことが、これでわかる。

翌文禄三年、和平工作のため渡日した明《ミン》使沈惟敬を秀吉が接見すべく準備が進められていた閏七月十三日、近畿一帯を襲った大地震で伏見城も倒壊、焼亡。殿中の女性死亡者は「上臈《じょうろう》女房七十三人、仲居下女五百余人」（『増補家忠日記』）という惨状。この女手不足を補うため動員されたのが二条柳町の遊女たちで、殿中臨時雑仕《ぞうし》として活躍した。これも秀吉の発案だとされている。

3　開放的遊廓・六条三筋町の誕生

強制移動させられた二条柳町遊廓

二条柳町遊廓が官憲の意向により六条の地へ強制移転させられたのは慶長七年（一六〇二）である。二条開廓から十三年、この間、世は大きく変わった。

無意味な朝鮮戦争をなおも続ける秀吉は、出征将士の辛苦をよそに大がかりな花見をしたり、自慢の聚楽第をこわしたり、養子の関白秀次を自殺させて妻妾三十余人を惨殺したり、もはや異常としか思えぬ所業の数々であったが、慶長三年八月、六十三歳で死んだ。次の実力者徳川家康は露骨に実力を誇示して秀吉譜代の諸将を押え、反抗して立った石田三成らを慶長五年（一六〇〇）九月関ヶ原に完敗させて揺るがぬ地盤を確保した。そして板倉勝重を初代京都所司代に任じて、京都に対する干渉を強化する。その翌年が遊廓六条移転なのである。

移転の理由は、都市が発展して周辺が稠密な都心となったこと、御所と近すぎることなどであるが、折りから造営中の二条城からも遠ざけたかったに違いない。より広く、より繁華な売春団地をつくることによって、税収の増大をねらったともカンぐられる。

新しい敷地は、北は六条坊門通（現五条通）南は魚棚（六条）通、東は室町通、西は西洞院通に囲まれた広大な一画で、現在の地図で計算してみると東西二百三十㍍、南北百八十㍍、約四万一千平方㍍（一万二千五百坪）となる。

もっとも、はじめ移ったときは室町—新町間の東半分だけで、この中に北から上之町、中之町、下之町という三本

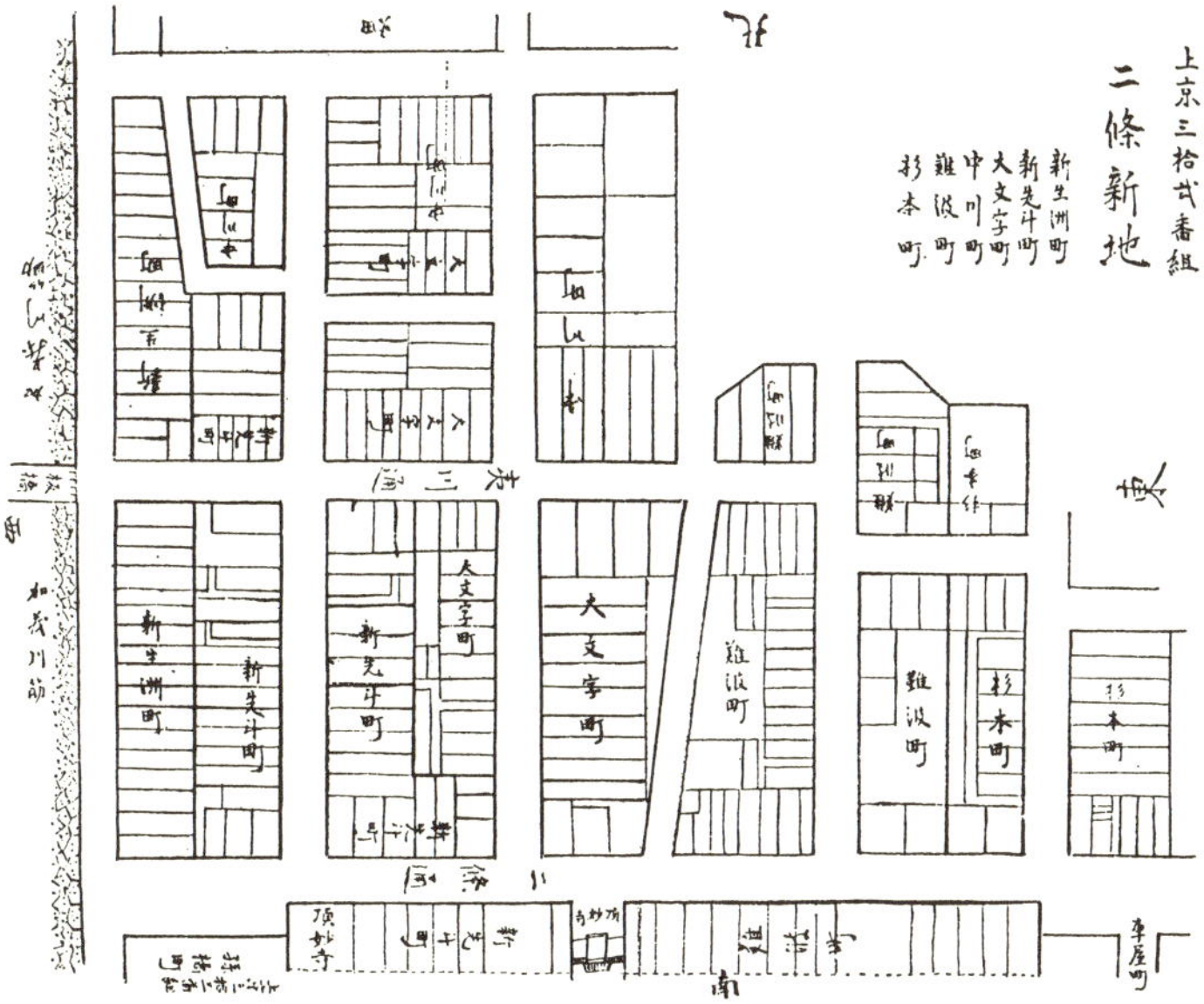

二条新地古地図

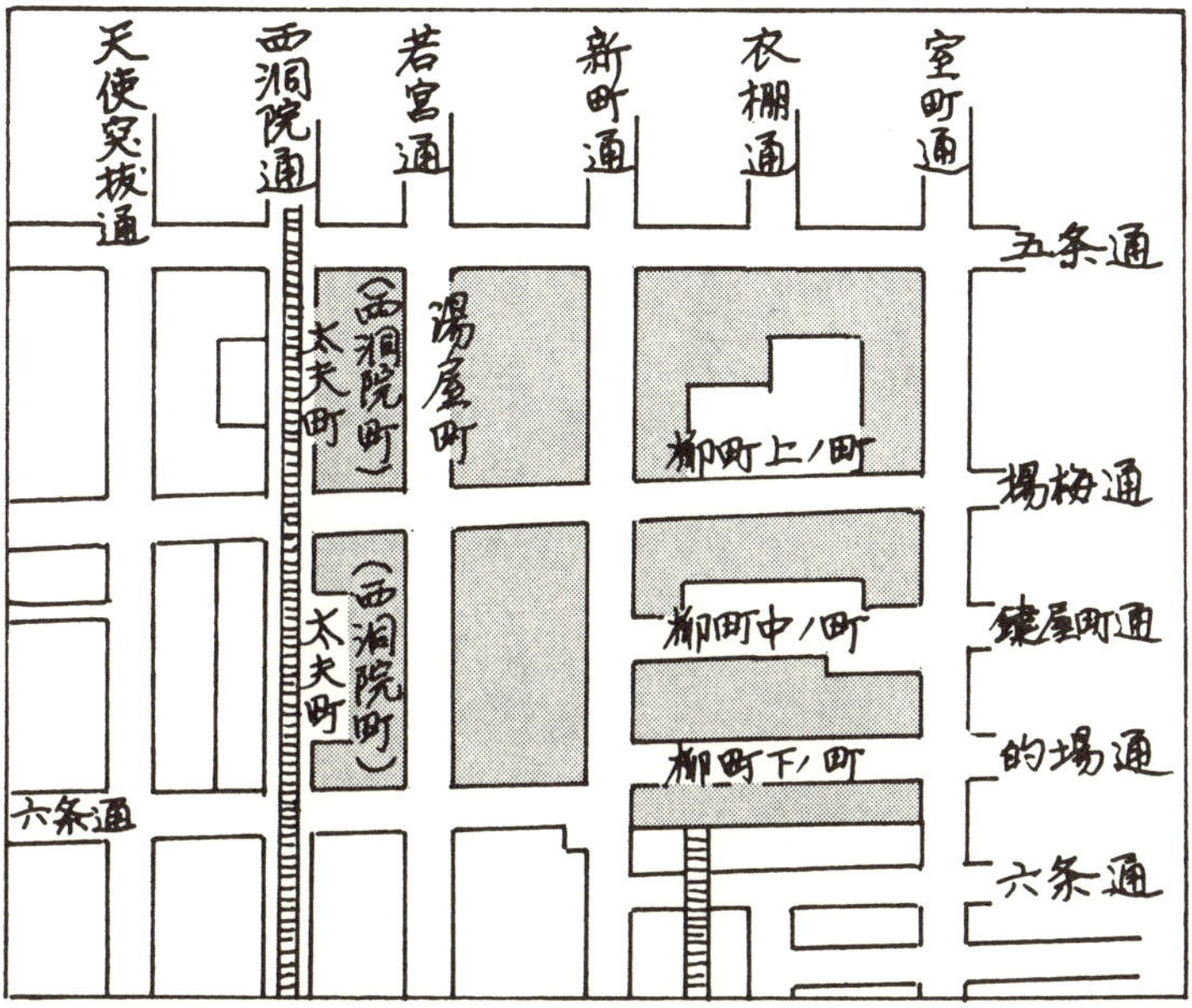

六条三筋町古地図

図 3　二条新地と六条三筋町古地図（『京都の歴史』第 5 巻より）

の通りが東西に走っており、このため「六条三筋町」と呼ばれた。また「六条柳町」とも称したが、これは遊里を暗示させる「柳町」を二条から受けついだのであろう。

同業者の参入と合法化

西半分に属する西洞院通の東側に上・下太夫町ができたのは、十五年後の元和三年(一六一七)のことと思われる。この新町は遊女歌舞伎などを興行する人々によって作られたもので、本来の三筋町側から不法な外来者として、しばしば所司代に抗議文が出されている。これによれば、新しい太夫町の遊女は四条河原などで人よせ演技をしていた女たちで、非合法のものであるときめつけている。面白いことに、ここにも二条柳町創始者の一人林又一郎の名が、遊女歌舞伎興行者の一人として出てくる。三筋町側の抗議文によると、彼は三筋町にも店を持ち、四条河原辺にも出店を持っていたらしい。

しかし所司代側のうやむやな態度もあって、いつか両太夫町も正規の業者と認められ、つづいて太夫町と三筋町の間の若宮通―新町通間も、西七条の中堂寺から出てきた連中によって湯屋町花街ができ、結局、六条三筋町は前記のような広大な花街としてまとまることになるのである。役所としては、先住三筋町の意向にもかかわらず、京都の各所に散らばっている非合法遊女を、この六条三筋町地区の空いたスペースへ押し込んで合法化する政策であったと思われる。この項については第5節で詳述する。

教養人としての太夫

こうしてできた六条三筋町は、二条柳町の場合もそうであったが、堀や塀で厳重に区切られることはなく、通りの端ごとに設けられた木戸口によって自由に出入りでき、この後の島原遊廓に比べれば、はるかに自由な空気であった。木戸口を一歩入れば、そこは弦歌と脂粉と紅灯の歓楽郷で、二階建ての遊女屋に、上は太夫から下は端女郎に至るピンからキリまでの女性が妍をきそい、金高に応じてサービスに余念がなかった。

『吉野伝』によれば、主な遊女屋は林家、柏屋、宮島屋、永楽屋、八左衛門家、五郎左衛門家など。著名な遊女としては「三筋町七人衆」の吉野、対馬、土佐、三笠、小藤、葛城(石州とも)、初音太夫、「六条四天王」の万戸、淡路、野風、長島太夫などの面々であった。これらの太夫たちが、いずれもすばらしい美人であり、すぐれた教養人であったことは確かであろう。

人気博した遊女歌舞伎

慶長七年から寛永十八年までの三十九年間の六条三筋町時代の前半は、遊女歌舞伎の全盛時代である。『孝亮宿禰《たかすけのすくね》日次記《ひなみき》』慶長十三年二月の項「四条女歌舞妓見物せしむ。数万人群集す。目を驚かす者也」の表現は決して誇張ではなかった。

演者はすべて六条三筋町の太夫級遊女、場所は四条河原、芝居小屋は丸太柱に葭簀《よしず》か竹矢来をめぐらしただけの粗末な構造で、客は立ったり座ったり寝ころんだり、勝手なスタイルで見物する。これだけは板ばりの舞台は能形式で、橋掛りや屋根のついたものもある。芝居といってもまだ筋はなく、出雲お国以来のややこおどり、それの発達した念仏踊、さらに簡単なしぐさの狂言(物まね舞踊)が演ぜられた。このころ最も人気を博したのが、帯刀、男装の美女による傾城《けいせい》買いのまねであった。

伴奏は笛、鼓、太鼓と歌謡で、慶長末年には三味線がこれに加わった。普通、伴奏は男性、歌唱は男性と女性で、主演女優も宝塚の男装スターよろしく、踊りつつ歌った。どのような歌詞であったか、一例を示しておく。

〽我が恋は月にむらくも花に風とよ、細道のこまかけて、思ふぞ苦しき、山を越え里をへだてゝ人をも身をもしのばれ申さん、なお〳〵に歌にふしとはおもひ候へど、それふく笛は宵のなぐさみ、小唄はよなかの口ずさみとよ、あかつきがたに思ひこがれて吹く尺八は、君にいつも双調《そうちょう》、別れて後はまた黄鐘《おうしき》、春雨のしだれ柳のうちしほりたるを、見るにつけても此春葉にと、世の中の人と契らば薄くちぎりて、末までとげよ」(『国女《くにじょ》歌舞妓絵詞』)

とくに主役として名前の残っているのは、吉野、対馬、土佐、ていか(定家?)、尾上、高島の六条廓諸太夫(『露殿物語』)で、年三回位の出演だったらしいが、舞台上に見るその美しさは、当時の人々にとって筆舌につくしがたいものであり、

「今やう(今様)をうたひ、舞女のほまれ世に聞え、顔色無双にして、袖をひるがへすよそほひに、見る人心をまどはせり。……かかるいつく(美)しき立すがたに見ほれ迷はぬ人は、ただ鬼神より猶《なお》おそろしや」(『慶長見聞集』)

という一般の陶酔ぶりであった。

劇団を経営する遊里側としては、前記林又一郎や西洞院の道喜、佐渡島某らの名前が残っているが、では、なぜこれら遊女屋が女歌舞伎の興行に乗り出したのか。『日本演劇全史』は「そのころの巫女《みこ》は遊女を兼ねたものであり、従って巫女出身の出雲お国を座頭とする美少女舞踊団は遊

女的職能をも持っていた」と遊女と歌舞芸能人の接点を示し、六条廓の遊女らが、みずから会得している技芸の教養を利用して四条の舞台に進出し、廓の宣伝に一役買った、としている。まさにそうであったろう証拠に、このあと遊女組織による同様な舞踊団が各地に簇生《そうせい》しているのである。

女かぶき禁止の理由

遊女かぶきが幕府によって禁止されたのは、寛永六年（一六二九）十月。豊臣氏滅亡のあと家康が死に、大御所秀忠のもとで三代目家光が将軍となって四年目、ようやく元和寛永偃《えん》武《ぶ》で国も人もおちつき始めた時である。

禁止の理由は、遊女の廓外解放の弊害であろう。売春婦の芸術舞台進出には、しょせん社会的無理が伴うということか。

「歌をうたひて舞ける妓女なれば、歌舞妓と名づけたり。いつのころよりか遊女どもの芝居をかまへて、歌舞妓をいたしけるに、たかきいやしき軽はずみのとびあがり共、これに愛《め》でまよひて、芝居桟敷にしみ合《あい》をし合て見物する。猶飽《なおあき》たらず常買《つねがい》に買て参会《こう》をとげ、一跡を仕《し》うないて名をながし、あるひは喧嘩口論をいたして、公《く》事《じ》沙汰に及ぶ。これ国家のさまたげ、諸道のつゐえ、わざはひの根元なりとて、女歌舞伎を禁制せらる」（『江戸名所記』）

「いつの比《ころ》までか此処にてもたはれ女《め》どもの舞しに、皆人六根をなやまし、心を六塵にとらかし、宝をなげうち、あるハ父母の養を顧ず、あるハ子持が悋気《りんき》も厭《いと》はず。（中略）されば国のさまたげ民の煩《わずらい》、やむことなしと、所司代よりうかれ女《め》のかぶきを法度《はっと》せらるゝ也」（『京童』）

高級遊女に太夫名を称した由来

現在、古い型式の劇場では正面高く櫓《やぐら》を掲げ、京都南座では毎年十一月、その下に竹矢来を組んで、顔見世興行出演の東西役者名の招き看板を並べる。櫓と竹矢来は、遊女かぶき当時の小屋の名残りである。

もう一つ、遊女かぶきは京都の遊廓に「太夫《たゆう》」名を残した。太夫とは中古官制による職《しき》の長官「大夫《たいふ》」から転じて能、舞などの最高演技者の称となったもので、四条河原で演ずる遊女名人の名に付けられるようになり、やがて廓内で高級遊女の称となった。後進遊廓の江戸吉原、大坂新町でも追随した。ついでながら、吉原のもう一つの高級遊女の称「花魁《おいらん》」は関東方言から出たもので、上方では絶対に使わない。

○延宝年間古画、京師夷屋儀左衛門芝居の図
爰に吉備がかぶりしもの　後には帛の湯かたびらなといひしにて是即かつら帯なり　前のお国かぶきの画と合せ見べし

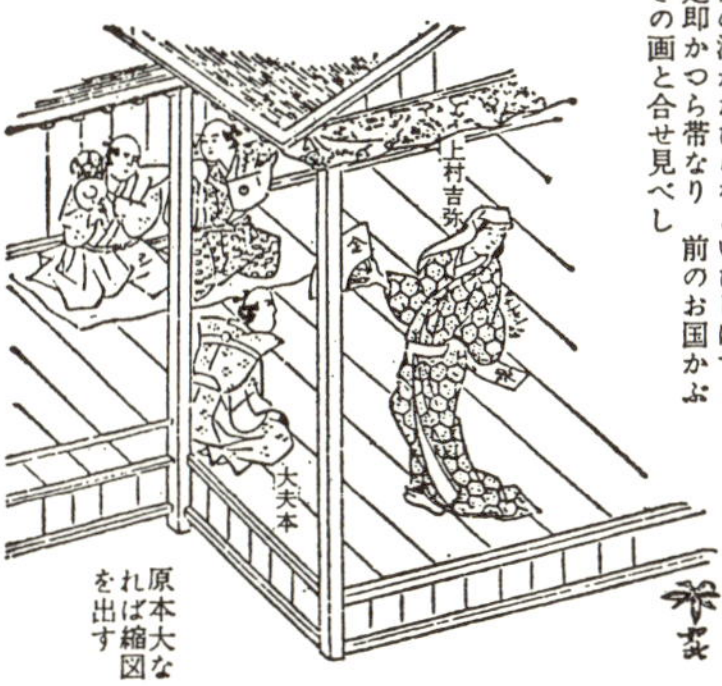

矢ぐら幕の紋雪笹なるべし

原本大なれば縮図を出す

若衆芝居の図
○あの山見さい、このやまみさい、いたゞきつれたおはら木を、といへる古き小歌をうたふ也　むかしは舞ふものみづからうたひし故、声よきをめでたり
○夷曲集に、若衆小金といふもの小歌の音頭上手なりしを、以春、「音頭の歌にて人を呼子鳥こきん一部の大事とそきく」
　そのかみ京師には夷子屋吉郎兵衛、大和屋六兵衛、村山又兵衛などの芝居あり　此若衆かぶきもそれらの芝居なるべし夷屋が紋は下にみゆ

若衆芝居の舞台と桟敷

図4　若衆かぶき2態（『画証録』より）

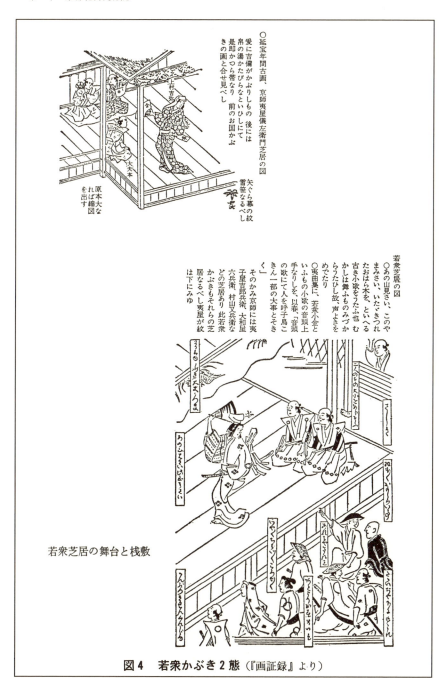

もっとも太夫名由来については他説あり。後水尾天皇の元和四年（一六一八）舞の上手な遊女を宮中に招くため、特別に「丹波大掾《たいじょう》荻原吉政」という称を賜ったのがはじまりともいう。（『遊女と街娼』）

「此《この》（太夫の）名称の起因は、六条三筋町の頃《ころ》、全盛の女郎が余芸を捨てゝ、専ら能狂言に憂身《うきみ》をやつしける故、此名を付するに至りしとなり」（『波娜婀娜女』）

堂々と貴顕が出入りした廓

遊女かぶきの禁止とは関係なく、本来の六条三筋町は繁栄しつづけた。とくに寛永期（一六二四―一六四三）に入ると宮家、公卿、高級武家、豪商らハイソサエティーの人々がさかんに出入りする。

「かくて元和のはじめに浪華津の浪しずまり（大坂の陣終結）てよりは、天《あめ》の下にありとある人、みながらやすくたのしき時にあひしかば、やんごとなき御かた〴〵、国の守《かみ》などもこゝに通ひ給ひて、よき人になれまいらする遊女どもなれば、その様おのづから風流なりけり。万《よろず》のあそびわざもむかしめきて、十炮香具、おほひ歌より連歌し、弾《ひき》ものも琵琶、琴など、すべてえん（艶）なることをこのみて、下者のわざは目にだもふれず」（『吉野伝』）

「板倉侯（重宗）所司代のとき、凡て公家《くげ》衆花街《くるわ》へ通ひ給はんには、夏は下に白帷子《かたびら》衣、冬は白無垢《むく》を着用あるべし。然らざれば制度の害になるよし、堅く触れられたり」（『羇旅漫録』）

所司代から着衣の干渉までされるうるささはあったものの、公卿たちは堂々とこの世の極楽へ通った。中でも有名なのは、豪商灰屋紹益と吉野太夫をはりあって敗れた公卿の最高峰、関白近衛信尋《のぶひろ》、八千代太夫とのロマンスで知られる知恩院門跡良純法親王（後陽成天皇の第八皇子）らである。三筋町側が、これらの貴人を迎えて楽しく遊ばせてあげることに努めたのは当然で、信尋をセキシロ（関白）、法親王を（八千代に熱心だから）八さんと呼んでいたのも愉快である。これらユニークな男女群像については、第九章「名妓列伝」で詳述する。

この六条三筋町遊廓も寛永十七年（一六四〇）七月、幕府の手で洛西朱雀野《すざくの》へ追いやられ、やがて「島原」の名で繁栄することになる。六条三筋町、三十九年の生命だった。

4　新天地島原への突然の移転命令

「島原の乱」さながらの混乱で

六条三筋町の遊廓が都の西郊朱雀野の一画へ強制移転させられたとき、その命令があまりにも突然唐突であったため業者は大混乱し、荒涼たる田野にあるいは仮屋を作り、あるいは幕を張って一時の雨露をしのいだ。その混乱の状況が、つい先年（寛永十四、十五年）の肥前島原の乱のようだったので、新遊廓を「島原」と称した、というのが定説のようだが、移転命令が突然だったかどうかは別として、幕府の移転計画はずっと前から進められていたのである。

すでにこの移転より十年も前、遊女かぶきが禁制された翌年の寛永七年（一六三〇）七月十三日付けの、六条廓を郊外へ移転させるべきだという幕府側公文書が残っている。

「一、六条 幷《ならびに》 中道（堂）寺傾城町、いつかたへ成《なり》とも見計《はからい》、町はつれ（はずれ）へ出し可ㇾ申候。面むきの家、結構に仕《つかまつり》ましき由可㆓申付㆒事」

これは所司代板倉重宗が事務連絡のため江戸へ行ったとき、幕閣から示された京都対策条々の一つであり「どこか町外れへ」の幕府方針がすでに固まっていたことがわかる。

移転の理由としては、例によって京都の都市化がますます進み、廓の周辺が人家密集地となったことである。別の理由として、

「板倉侯（所司代重宗）洛中通行の日、摂家の女中乗物にあふ時は、毎時斟酌《しんしゃく》（程よくとりはからう）せらる。或日また例の女中乗物に行あひぬ。侯馬をとどめ、いづれの北の方にやと問《とわ》しむ。従者おそれて、是は太夫にて候と答ふ。侯大に怒り、すべて遊里を洛中の中央におく故にかゝることはあるぞとて、上に請ふて廓を片隅へうつされたり。六条のころ遊女の全盛、これにてしるべし」

（『羇旅漫録』中の橋本経亮話）

つまり遊女町の思い上がりに腹が立ったこともあって、移転を決した。

その後、よほど準備と調査に手間どったとみえ、十年もたった寛永十七年七月二日付けで新しい屋敷地が公表され、同月十二日付けで遊女屋側から請書《うけしょ》が提出された。これによると、請け取った新屋敷は、東西九十九間、南北百二十三間、広さ一万二千百七十七坪。外側に幅一間半の堀

をめぐらし、丹波街道から東側入り口まで長さ百五十三間、幅三間の道路をつけ、これらを総合計すると一万三千四百五十九坪五合で、永代租税（固定資産税）免除の特典つきであった。

場所は現在のJR山陰線の東側、丹波口駅の南側から東へ広がる「西新屋敷」と称する一帯である。請書の名儀人は（六条）柳町上之町善左衛門、同中之町源右衛門、同下之町円雪、太夫町三四郎、中堂寺町次郎兵衛で、

「右之間数、六尺五寸棹にて、少しも相違無二御座一請取申候。地割の儀は中間《なかま》といたし、古しへの屋敷之ごとく割前仕、中分無レ之様に可レ仕候。為レ其如レ此御座候」

（『角屋文書』）

と六条三筋町内での各業者の既得権を尊重して、文句の出ないよう公平に分割することを誓っている。このころ都の西南坤《うしとら》の方角にあるので、坤廓《こんかく》とも呼ばれた。

隔絶された極楽世界

門は東側の北端に一か所（のち中央部へ移された）だけ設けられ、堀の内側には高さ六尺ほどの土塀がめぐらされた。享保十七年（一七三二）西側にも門ができたが、番所が置かれて遊女の外出に目を光らせたので、廓内は全く世間と隔絶した閉鎖世界であった。二条柳町にも六条三筋町にもないこの隔絶構造こそ、新しい遊廓島原の特徴である。それだけに、入門してくる遊客にとっては、この世の極楽世界へ進入する神秘の門とも思えたことであろう。

面白いのは、置屋、揚屋《あげや》、茶屋など遊廓特有の建築のほかに、一般市民生活に必要な物品の販売業者が入居してきたことで、これらは「素人屋」と呼ばれ、廓中央部の東西の大通り「胴筋《どうすじ》」の両側に立ち並んだ。その数は時代とともに増えたと思われるが、江戸初期すでに小間物屋、楊子屋、紙屋、餅屋、ぜに屋（両替屋）、八百屋、豆腐屋、質屋などが揃っている（『朱雀遠目鏡』）。米屋と酒屋のないのが不審だが、ともかく生活の面でも一般市民と隔絶した、廓だけの流通機構を持っていたことがわかる。

なお、島原へ移転した年について『一目千軒』『京都府下遊廓由緒』『波娜婀娜女』『日本遊里史』などは寛永十八年としているが、各文書の日付から見ても、これは『京都の歴史』『緑紅叢書』などの十七年説が正しい。

5　幕府の過酷な遊女取締まり

島原優先の「元和五ケ条」

二条柳町や六条三筋町、さらに島原と、京都の初期の遊廓がすべて時の権力機構によってつくられた経過は、この章の第1節から第4節までに詳述した通りである。この節では、それ以降の幕政安定時代から幕末、明治初年までの権力機構による遊里干渉の歴史を述べることとする。

この歴史でも終始一貫しているのは、島原を唯一の公認遊廓とし、これに他の遊里を「支配」させるという幕府の方針である。江戸における吉原も全く同じ立場である。これが法文化された最初の記録は元和三年（一六一七）三月の六条三筋町を対象としたいわゆる「元和五ケ条」であろう。それは次のようなものである。

元和三巳《み》年三月傾城町被仰付候節御書付（『徳川禁令考』）

一、傾城《けいせい》町（三筋町）之外《ほか》、傾城商売不レ可レ致。并傾城町囲《かこい》之内江、何方《いずかた》より雇に来候共、先々江傾城を遣《つかわす》事、向後《きょうこう》一切可レ為二停止《ちょうじ》一事

一、傾城買遊び候者、一日一夜より長留不レ可レ致事

一、傾城衣類紺屋染を用《もちい》、総而《そうじて》金銀之摺箔《すりはく》等、一切著させ申間敷事

一、傾城町家作普請等美麗に不レ可レ致。町役等は江戸町之格式之通、急度《きっと》相勤可申事

一、武士町人体《てい》之者にかぎらず、出所慥《たしか》ならざるもの不審成《なる》者致二徘徊一候ハヾ、住所致二吟味一、不審ニ相見へ候ハヾ、奉行所江可二訴出一事

右之通急度《きっと》可二相守一者也

三筋町以外遊廓ならぬ、その区域外へ遊女を出すこともならぬ、客の遊興は一日一夜限り、遊女の衣類は質素に、建築は簡素に、町役の勤務は厳正に、怪しい人物は奉行所へ届けよ、という、まことに簡単な内容であるが、これが以後二百五十四年間の統制の基礎となった。もっとも、この二十数年後に建てられた島原・角屋の豪華絢爛《けんらん》たる大建築、江戸中期以降の諸文献に見られる遊女の華麗な衣装など、時とともに条文の適用が緩かになった点も認められる。しかし三筋町—島原のみを優先する大原則は、ついに崩れなかった。

三筋町の他業者排斥

この御書付の第一条「傾城町以外では遊女営業禁止」に六条三筋町が力を得たのは当然である。三筋町側ではさっそく、同年六月に「外町々傾城屋背之者、差止之儀」の訴えを提出している。『京都府下遊廓由緒』によれば、

「元和三丁巳年六月傾城屋（三筋町）惣中ヨリ外町々傾城屋背之者差止之儀、所司代板倉伊賀守（勝重）江訴訟、裏書之裁許面ヲ以テ発明（判断）スルニ、六条柳町ハ上町・中町・下町之三筋ト見ヘタリ。此願書中背之場所、為レ後証記レ之、左之ごとし

四条河原町　又市（此人柳町より出申候）
同ていあんのうしろ　一町
同こり木町　一町
同中島　一町
同ますや町　一町
とひ小路通　しつか太夫
同たかみや町　一町
たこやくし通　ゐいらくや
二条たわら町　たまかつら
こうしんのうしろ　三町
北野　六軒町
同　れいしよう
大仏こも町　一町

右之後モ追々背之女、傾城町江差下シ之事アリ

このうち第一番目の「四条河原町に遊所を持っている又市」に注目したい。「此人柳町より出申候」という注釈は、彼が二条柳町創始者の一人林又一郎であることを示している。もちろん六条三筋町遊廓にも関与している人物であるが、この場合は、もう一つ女歌舞伎と縁の深い四条河原に出店を持ち、それが「外町々傾城屋背之者」つまり三筋町以外の非合法業者として三筋町仲間から訴えられた、ということである。この男、初期京都花街史上、このほかにもいろんな所に顔を出している、珍しい人物である。

領域取締権を付与された三筋町

幕府側はさらに三筋町保護の方策を進め、同年十一月にはついに、同遊廓に傾城取締まりを命ずる所司代板倉伊賀守勝重の達しが出た。

「傾城ノ義ハ下京柳町（三筋町）ニ被二仰付一候。柳町ノ外、上下京傾城置レ預申候ハゞ、其女柳町年寄ニ被レ下候、其趣可二申触一事」（『日本遊里史』）

遊女町は三筋町だけである。そのほかの地に遊女がいたら、これは非合法の者であるから、三筋町の役員に渡し、

管理させる、という、きわめてはっきりした特定遊廓保護の一札である。

この特権を早速、表にふりかざした格好で、六条三筋町側は、達し直後の元和三年十一月二十二日付けで「廓外遊女の禁止」を幕府に訴えている。

「　乍《おそれなが》レ恐《ら》申し上げ候

一、けいせい(傾城)やハ六条柳町三町之外ハ御法度《はっと》ニ被仰付、忝《かたじけなき》次第ニ奉レ存候。然ハ今迄京中ニ居申けいせいを売候者共、御屋敷を申うけたき御そしよう申上ル由ニ御座候。いま迄京中ニてけいせいを売申者共ハ、けいせいをもち申すじにてハ無ニ御座一候。御屋敷被レ下候へハ、けいせい町も四町ニ罷成申候。如ニ先々一けいせい町ハ柳町三町迄ニ被ニ仰付一被レ下候は、忝可レ奉レ存候。

一、八郎兵衛と申者ハ、大坂之町人ニて御座候事。

一、権《ごんのじよう》尉と申者ハ、伏見之餅やニて御座候事。

一、えいらく屋と申者ハ、伏見之銭売ニて御座候事。

一、むさしと申者ハ、てらのあんと(庵堂?)にて御座候事。

一、藤十郎と申者ハ、出雲のねぎ(禰宜?)にて御座候事。

一、甚三郎と申者ハ、大仏のはたこやにて御座候事。

一、甚右衛門と申者ハ、町人にて御座候事。

右七人ハ如レ此候。

柳町惣中

徳左衛門　花押

弥　十　郎　花押

長左衛門　花押」

呈上

御奉行様

(『史料京都の歴史』十二)

「傾城屋はわれわれ六条柳町(三筋町)三町だけ公認と仰せ出され、まことにありがたく存じております。が、これまで市内あちこちで売女営業している連中が柳町への割り込みを企んでおります。それはこの七人です。ぜひ取り締まっていただきたい」という趣旨で、奉行所側でもこれに応じ、裏書の形で、

「出合屋(この場合は揚屋)仕り候ものハ、柳町近所ニ可ニ罷有一候。又けいせいをば三町として取り可レ申之由、申付候也」(『同』)

と三筋町保護を再確認している。

非合法売春の統制

ただしこののち、三筋町廓と奉行所がつねに一心同体で動いたかというと、必ずしもそうではない面がある。廓側は現在の自分たちの利益を守ることだけが大切で、外来者を入れて廓の規模を大きくすることには反対だったが、奉

行所側は散在する非合法売春を把握統制するために、これを廓に結集させたい考えがある。翌元和四年（一六一八）には、次のようなやりとりがあったのである。（『史料京都の歴史』四）

「　乍恐申上候
一、けいせい屋之儀ハ、六条柳町（三筋町）三町之外ハ御法度ニ被二仰付一候処ニ、六条西ノとい（洞院）ニて、一町新町を立て、御法度之けいせいをうり申候ニ付、自二御公儀一之御諚ニてけいせいをうり候哉と申遣し候えは、自二御公儀一御尋ニ而《て》候ハヽ、罷出で理《ことわ》り可二申上一由申候間、被二召出一聞召《きこしめし》被二仰付一被レ下候は、奉二忝《かたじけなく》存一候。
元和四年十月二十三日　六条柳町惣中
伝左衛門　印
又左衛門　花押
久左衛門　印
」
御奉行様

この中にある六条西洞院というのは、三筋町廓のすぐ西側に接する地域である。そこへいつの間にか新町を立てて傾城屋営業をしている連中がいる。公儀の許可を受けてやっているのかと詰問したところ、逆に公儀からお尋《たず》ねがあるのなら、いつでも出頭して申し開きする。こちらにはちゃんと理《ことわり》がある、と申すのです。いったい「傾城町は三町だけ」という我々へのお約束はどうなっているのでしょう――少し意訳するとこういうことになる。一種の抗議文である。これに対する奉行所の回答（裏書）がふるっている。

「今度《このたび》、京町中方々《ほうぼう》にてけいせい、かふき（歌舞伎）其外を人よせいたし候ニ付て、此方より新町《ちよう》申付候を申事候哉《や》、不審に候。能々《よくよく》見極め候而《て》、急《きっと》可二申上一候也。此判形仕り候もの（伝右衛門ら三人）直《ただち》ニ此方へ可レ来候。口上尋ね可レ申候也」

一町立てることを役所の方から申し付けるなど「不審」ではないか、と逆ネジを食わした形であるが、実は役所の方にも申し分がある。それは前年元和三年十一月の回答に「出合屋仕り候ものハ、柳町近所ニ可二能有一候」の文字が入れてあること。このとき抗議しなかった三筋町側の負けである。

かくして役所の強圧もあって、六条三筋町には西洞院町が加わって三町が四町にふえ、しかも新しい一町は別名格好のよい「太夫町」と呼ばれるようになった。

しかしいずれにせよ、この廓と所司代・奉行所の密着態勢は崩れることなく、それは次の島原遊廓にも適用されて、島原が他遊廓を支配する法的根拠となるのである。

寛永傾城法度と寛文の触書

島原移転後の寛永十九年（一六四二）八月二十日付で所司代板倉重宗が出した「寛永傾城法度」は「元和五ヶ条」をさらに具体化したもので、次の箇条から成る。

法度

一、傾城京中之町ぇ一切出し申間敷候事

一、傾城之衣類、絹紬より上ハ不レ可レ着。但し紺屋染たるべき事

一、きる物えり幷帯ニ金襴、唐織、緞子《どんす》、かのこ、金入之巻物、縫薄（箔）を致間敷候事

一、傾城町囲之内ニ而《て》も、傾城を乗物ニのせ間敷事

一、傾城町之内、当座之喧嘩は、可レ為《たるべき》ニ死損一事

右於ニ相背一は、急度《きっと》曲事ニ可ニ申付一候事。但し訴人罷出候者、於レ有レ之ハ其傾城を褒美ニとらせ可レ申候者也

「元和五ヶ条」に比べ遊女乗物禁止と喧嘩による刃傷は双方とも死損、の二項目が多いことに注目されたい。そして最も注目すべきは最後の「右の条々違反を訴え出た者には、その遊女を褒美として与える」というくだりである。ここにも女性を人間でなく道具として扱う非人間精神が露呈されている。最高級遊女の太夫もまた、実は商品にすぎなかったのである。

寛文十年（一六七〇）六月二十七日、月番京都西町奉行雨宮対馬守正種から出された触書はさらに具体的な罪科を示した。これまでにない厳酷な内容となっている。

此比《このころ》、京都町中幷びに寺社門前町に、遊女を抱《かかえ》置き、商売せしむ族《やから》これある由、其の聞えあるに就き、所々これを改め、遊女を抱置き候ものは、或は籠（牢）舎の上追払い、或は断罪せしめ、支配人地主にも過怠これを申付け、地は品により闕所せしめ候。自今以後は、前々より御法度の通、弥《いよいよ》遺失なく相守り、遊女一切隠し置くべからず。町中の義は、年寄五人組これを改め、寺社門前の儀は、其の支配の面々より、急度相改むべし。清水、八坂、祇園、北野門前町の茶屋は、兼而《かねて》御定の通り、茶たて女一人宛《ずつ》差置くべし。是又見分の体《てい》遊女と相見え候者、抱え置候はば、たとえ不商売と雖も曲事たるべし。況《いわ》んや隠し置き、商売せしめば、厳科に処せらるべく候間、此旨固くこれを相守るべき事。

右の通、洛中洛外社寺門前町中へ、町中急度触《ふれ》知らしむべく候。十ヶ日これを過ぎ相改め、若《も》し違背の輩これあるに於ては、書面の通り曲事たるべきの旨、申聞くべきものなり。

相当に恫喝的な字句であるが、実際に極刑に処した例が

貞享二年（一六八五）七月、所司代稲葉丹後守正通（相模小田原侯）のとき、東石垣（宮川町）で起きている。

遊女数多《あまた》隠し置、殊更《ことさら》家作美麗を極め、御歴々貴族方彼是《かれこれ》被レ為レ成候。遊興頗る大に及びしかば、茶屋亭主九人牢舎、其後石垣町居宅の前にて三日肆《さらし》置、居宅ノ前にて死罪六人、（他は）五畿内追放、遊女は元親へ返し被レ遣。右九人の者家欠所、買得の者へ被二仰付一、以後堅く茶屋致間敷、旅籠屋料理屋斗《ばかり》仕り、茶屋女一切抱間敷旨被仰出候（『京都先斗町遊廓記録』）

その後、死罪の記録がないところを見ると、よほど目に余った営業ぶりだったのであろう。「御歴々貴族方」でにぎわったことも、鉄槌の一因であったと思われる。

連発された「隠売女取締令」

このあと元禄（一六八八―一七〇三）から寛延（一七四八―一七五〇）に至る四十数年間は、隠売女《かくしばいじょ》を取り締まろうとする、同じような内容の布令の連発である。めぼしいものだけ拾ってみる。

元禄十年（一六九七）二月

「従二前々一町遊女停止之処、項日《このころ》白人《しろうと》と名付遊女之類《たぐい》、数多《あまた》有レ之由相聞、不届に候。向後、其町切に急度改レ之……」

元禄十三年（一七〇〇）四月二十九日

「茶立女之儀、茶屋一軒に一人ツ、木綿衣類を着せ可レ差レ置之旨、前々申付候処、頃日猥ニ大勢抱置、絹類之衣装をも着用いたすのよし、相聞之不届に候。前々之通、急度可レ相二守之一候。向後……」

正徳四年（一七一四）十二月

「惣而町方端々幷新地等ニ、遊女体之もの有レ之由、及二御聞一被レ成候。兼々遊女差置候儀ハ御法度之旨被二仰付置候処、不届に思召《おぼしめされ》候。見合次第召捕り御吟味の上……」

寛延三年（一七五〇）八月十三日

「茶屋株差免じ置候場所幷市かけ水茶屋等ニ而《て》、近来ハ夜分猥ニ止宿致させ候旨、粗《おおむね》相聞へ、不レ憚二公儀一、甚だ不届之至ニ候……」

「惣年寄」に任じられた島原と「島原流し」

島原に京都全遊廓の「惣年寄」という役名がついたのは意外に遅く、宝暦十一年（一七六一）十一月である。所司代は阿部伊予守正右（備前福山侯）であった。『京都府下遊廓由緒』の島原の項によると、

「傾城町（島原）江洛中其外茶屋惣年寄申付相成候由」（旧記無レ之古伝）」

とあるが、同じ『…遊廓由緒』の二条新地の項では、

「傾城町江茶屋惣年寄申付相成り、二条新地茶屋株之者モ株料差出候由（旧記無レ之古伝）」

となっている。他の廓にこの関係の記録がないが、おそらく島原が惣年寄の名儀を得たのを機に各廓に対し、営業権継続の条件として新たに「株料」を要求したのであろう。

明和七年（一七七〇）八月五日、久々に大がかりな私娼狩りが行われ、多数の私娼が検挙され、島原へ送り込まれて、最下級の娼妓として労働させられた。世人はこれを「島流し」と称した。所司代は土井大炊頭利里（下総古河侯）である。対象となったのは、他の遊廓ではなく、市内各地に散在する散娼であったと思われる。

天明の大火と「遊里無制限許可」のデマ

天明八年（一七八八）一月三十一日未明、宮川筋団栗《どんぐり》東入ルの両替屋から出た火は、たちまち鴨川を越えて、市街の大半を焼く大火となった。被災家数十八万三千余。御所も全焼した。この大火の直後、奇妙なお触れが奉行所から発せられた。

「京都大火ニ付、諸商売株式ニ不レ拘、手広ニ渡世可レ致旨沙汰ニ付、茶屋株之儀モ年限ニ不レ拘渡世致シ候由」
（旧記無レ之古伝）」

ところが、この記事は『京都府下遊廓由緒』の祇園町の項にしか載っていないのである。都市復興のための景気付けとして、遊里無制限営業許可も考えられない策ではないが、それにしてはこのあと、依然として全市的に遊里に対する厳重な統制が続いているのが納得ゆかない。おそらく、大火後の業者の希望的観測がデマとなって祇園町をかけめぐり、いつの間にかお役所の布令が出たように一部の人が錯覚してしまったのであろう。著者はこれを虚構の記録と見る。

寛政二年の私娼大手入れ

悪貨が良貨を駆逐する、この経済上の原則はピタリと遊里にもあてはまり、非公認売女は取り締まっても取り締まっても数を増し、島原はしだいに衰退の一途をたどる。たまりかねた島原は陳情、運動を繰り返し、当局に私娼取り締まりを迫る。その結果行われたのが寛政二年（一七九〇）六月の私娼大量検挙であった。時の所司代は太田備中守資愛（遠州掛川侯）である。老中に日本列島大粛正をめざす松平越中守定信（奥州白河侯）がいたのも、島原側にとって幸いだった。この時は祇園町その他の遊里も対象となり、捕えられた隠売女《かくしばいじょ》は実に千三百余人に達した。これらの女は、例によって島原へ「島流し」され、最下級売女の労働

を強制された。

「祇園町同新地ヲ始メ茶屋株等ノ隠売女千三百人余、傾城町（島原）江娉ニ差下ケ相成リ、所々之茶屋株一時ニ差止ラレ、傾城町江ハ売女調之為救銀十五貫目下渡し相成候事」

これは『京都府下遊廓由緒』島原の項の記述だが、同書の祇園町の項には同じ文章の後に、

「懸り合無之茶屋ハ先前之通リ茶立女一人宛《ずつ》差置、遊女ニ紛《まぎれ》間敷様申渡シ相成候由」

と加えてある。たまたま売女を置いていなかったので助かった茶屋もあったことがわかる。

6　幕末における遊里統制の軟化

公認された四大遊里

島原へ交付した救銀十五貫目は、一時に千三百人もの女を収容せねばならぬ島原が、その施設を作るための助成金ということであろうが、当時の銀相場、米相場から現在の消費者米価に換算すると、ざっと千四百万円である。

ところが、それからわずか半年もたたない同年十一月、事態は急に変わり、祇園町などはホッと息をつけることになった。

「寛政二年十一月、祇園町同新地、二条新地、七条新地、北野上七軒都合四ケ所江、遊女屋二十軒宛《ずつ》、五ケ年の間差許し相成り、遊女多人数有レ之候テハ不レ宜趣ニテ、一軒十五人ニ相定リ、去ル六月中傾城町ニ差下相成候隠売女分賦之上、諸事傾城町ヨリ差配取締申付ケ相成候事」（『京都府下遊廓由緒』）

祇園町など四大遊里に、初めて遊女を置くことが公認されたのである。寛永十七年の島原開基におくれること百五十年、思えば永い日陰の廓であった。ただし今度の条件はきびしいものであった。期限は五ケ年だけ、遊女屋は一廓に二十軒、遊女は一軒十五人、四廓全部で千二百人というものである。しかも一人につき五匁、千二百人で六貫文（約五百六十万円）を毎月「口銭」として島原へ納入するというのであった（『日本遊里史』『売笑三千年史』）。

それでも四廓の業者たちは、嬉々として島原へかけつけ、半年前に送り込まれていた元従業員の売女らを引き取って帰った。

だがいったい、どうして半年足らずの間に、所司代の方針が急転回したのか。考えられるのは、私娼側の猛烈な運動、それも大判小判の実弾が飛び交う大攻勢に、お上が屈したということか。もう一つの推測は、人間の本能というものは格式や統制とは無関係で、イタチごっこのような隠売女摘発の繰り返しは無意味だと、役人たちがそろそろ気がついてきたのではないか、ということである。

いずれにせよ、この辺が転機で、幕府の対応策は、しだいに軟化の方向へ傾いてゆく。その傾斜度はまた、幕府の政治的活力が衰退してゆくゆるやかなカーブと、まさしく一致していた。

文化十年（一八一三）二月、幕府はついに京中茶屋株の全面的許可を町奉行名で布令した。京都所司代は酒井讃岐守忠進《ただゆき》（若狭小浜侯）であった。

「茶屋株之類、今度《このたび》在来之通差免じ候間、前々右商売いたし来町々ニ而《て》、一株ニ茶立女之類一人宛召抱、渡世致し候儀、勝手次第之事に候。尤《もっとも》寛延四未年（一七五一）二月触置候通り、右之外召仕女働下女等、身上ニ応じ一株ニ三人迄は、召仕候儀不レ苦候。勿論衣類髪之錺《かざり》等、美々敷無レ之様、夏は晒染帷子之類、冬は絹紬其外花麗成織物類着用致させ候儀、決而《けっして》致間敷候……」

このうち寛延四年二月の触れというのは、約五千字にも達する長文だが、①茶屋、料理屋などの接客業は間口六間、②女の衣類質素に、③旅宿長逗留禁止、④女性名儀による営業ならぬ、⑤遊女の他所徘廻禁止、⑥初物を食うな、⑦金屏風や金蒔絵食器厳禁、等々末梢的な禁令を並べただけの内容で、この場合、別に注目するほどのものではなかった。

押し寄せる天保の大改革

天保十三年（一八四二）最後の反動の嵐が吹く。同五年老中に就任した水野越前守忠邦（遠州浜松侯）は、幕政改革の意気に燃えて次々と諸施策を打ち出し、庶民に対しては奢侈禁止令をふりかざして生活を規制してきた。当然、全国の遊里にもその大波が押しよせたのである。

十三年八月「幕府改革ニ付、傾城町之外祇園町同新地、二条新地、北野上七軒、七条新地遊女渡世之者幷所々茶屋渡世ニテ茶立女、芸者等抱置候者共、六ケ月ヲ限リ商売替致シ、是迄抱置候女ハ傾城町ヱ奉公住替ニ差遣《つかわし》、且《かつ》右渡世之者共、傾城町ノ人別ニ差加リ、遊女商売致シ候儀ハ勝手次第之筈ニ相成リ、右ニ付キ傾城町ニ取来リ候口銭ハ以来請《うけ》取り間敷旨申渡シ相成、此時京中之遊里ハ傾城町一ケ所ニ限候事」（『京都府下遊廓由緒』）

つまり傾城町（島原）以外は、六か月以内に抱え遊女を島原へ引き渡して商売替えするか、それとも自分らも島原へ入って遊女商売するか、どちらかを選べというのだから、これは大変だ。緑紅『亡くなった京の廓』によれば、このとき島原へ転居したいという希望業者は千三百軒あったが、実際に移ったのは百三十九軒、その遊女数は芸者も含め五百三十三人だったという。

それはそのはずで、島原の収容能力には限度があり、幕府としてははじめからこれを計算し、大部分の島原へ移れなかった業者を強制的に廃業させるのが目的だったのである。

統制緩和へ転じた幕末

八年後の嘉永四年（一八五一）十二月、所司代脇坂淡路守安宅《やすおり》（播州竜野侯）は「京地潤助」を目的に祇園町同新地、二条新地、北野上七軒、七条新地の四か所に、一か所につき業者二十軒、遊女四十人、期限十か年の条件つきで遊女、芸者の商売を復活させた。ただしこの場合も「傾城町差配致シロ銭請取《うけとり》」で、島原を助成する方針に変わりはなかった。

安政六年（一八六〇）六月には、二条新地の出店として先斗町、北野上七軒の出店として内野五番町、七条新地出店として宮川町、五条橋下が公認となり、これで京都の遊所はすべておおっぴらに出揃ったことになる。

慶応三年（一八六七）十月、所司代松平越中守定敬《さだあき》（伊勢桑名侯）は、各遊所合同の陳情を容れ、従来の期限つき許可をすべて無期限に緩和した。各遊所から年々三千両の上納金を納めるという条件だが、折りしも最後の将軍徳川慶喜《よしのぶ》が大政を奉還した月である。京都の女郎屋の世話など、もはやどうでもよかったに違いない。

維新後の京都花街については、別に第四章を設けた。

公認された島原の「出稼」

さて、ここで注目したいのは、幕府の花街統制策に厳緩の変化があったにかかわらず、ついに島原の総支配という特権は守り抜かれたということである。その形式の一つとして、非公認から公認へ組み入れられた遊所は、すべて「島原の出稼店」ということにされた。つまり京都の公認遊所は、もれなく「根本《こんぽん》」である島原に支店として従属し、例えば北野上七軒は「島原の出稼三」、下河原は「同出稼六」、宮川町は「島原の出稼四である七条新地の出稼一」、先斗町は「島原の出稼二である二条新地の出稼一」といった調子である。

『京都府下遊廓由緒』によってこれを図表化すると次のようなものとなる。①②…の数字が「出稼」の順番である。

表1　島原の出稼関係

- 島原（根本）
  - ① 祇園町 八坂新地
    - 清井町
  - ② 二条新地
    - ②の① 先斗町
    - ②の② 清水下
    - ②の③ 白梅図子
  - ③ 北野上七軒
    - ③の① 内野五番町
    - ③の② 内野四番町
  - ④ 七条新地
    - ④の① 宮川町
    - ④の② 五条橋下
    - ④の③ 壬生
  - ⑤ 三本木
  - ⑥ 下河原
    - 辰巳新地

図5　島原の繁栄（『都林泉名勝図会』より，寛政ごろ）

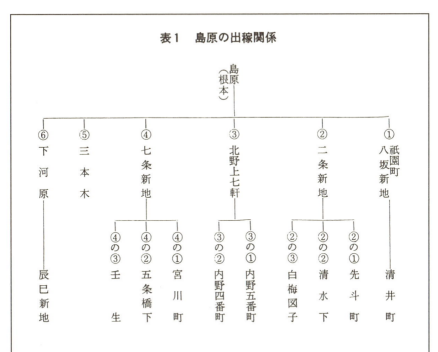

このほか伏見恵美洒《えびす》町（通称撞木町）、同中書島、同墨染の三か所があるが、当時京都市外として除外されている。

なお「傾城《けいせい》町」という呼称が江戸初期から幕府側公文書に使われているが、これは花街という意味の普通名詞でなく、六条三筋町―のち島原を示す純然たる固有名詞なのである。ここにも三筋町、島原に対する特別待遇が露骨にあらわれている。これも全江戸期を通じて終始変わらなかった。

不行跡堂上と堕落僧侶の処罰

幕府は右の手で全遊廓を統治する一方、左手で遊客側に干渉することも忘れなかった。この統制策は、①治安維持のための一般対策、②公卿対策、③僧侶対策の三つに大別できる。
①の一般対策としては、元和三年（一六一七）の「元和五ヶ条」に盛られている「不審の者は奉行所へ」「客の長逗留不可」の条項や「寛永傾城法度」の「喧嘩は死に損」などがこれにあたる。
②の公卿対策は、政治的配慮もあって、相当に気を使ったようである。とくに二代目所司代板倉重宗は、六条三筋町へ通う公卿の識別に手を焼き、「公卿衆は廓へ行くとき、夏は白帷子、冬は白無垢を着用されよ」と服装にまで干渉した人物で、ついに公卿の乗物に遊女が乗っているのを怒って、島原への移転を決めたとまでいわれる。この板倉が、なかなか粋なことをやってのけている。
というのは、後陽成天皇の皇子知恩院宮良純法親王《ほっしんのう》が、三筋町の名妓八千代と馴染を重ねすぎて評判が悪くなったとき、決然として甲州天目山への流罪を決め、このあとこっそりと八千代を身請けして天目山へ送り届けたのである。幕初のころだから、まだこんなおおらかさもあったのだろうが、しだいに公卿に対する統制は強まり、文化九年（一八一二）十一月二十六日には、幕府による不行跡堂上の大処分が行われている。被告は富小路三位貞直（五二）、難波四位宗職（三五）ら十二人で、その全員に追訴事由として「度々遊興」とか「聊《いささか》遊興」とかの文字がついている。

処分の方は「官位被レ止、遠慮被二仰付一」といった程度なのだが、幕府の権力が（もちろん天皇の裁決を要するが）堂上公卿にまで、しかも「遊興」を理由に下される点に意義があった。関西人心への政治的効果をねらったのである。

文政十三年（一八三〇）京都の僧侶多数が召し捕られ、十六人が遠島、七人が三条橋で晒《さらし》三日の刑に処せられた。理由はすべて女犯《にょぼん》、すなわち遊所通いであった。新寺社奉行脇坂安董《やすただ》の厳しい方針による全国一斉の手入れだったが、僧侶世界自体が相当に堕落していたことは確かである。

7 「遊女上位」の島原と「芸者上位」の祇園

芸者の登場

京都の遊所に芸者（芸妓、とくに京坂では芸子《げいこ》）が初めて登場したのは意外に遅く、江戸も後半期に入った宝暦元年（一七五一）である。幕府創始の慶長八年から百四十八年、幕府瓦解の慶応四年（一八六八）まで百十七年、二条柳町開基から数えれば、芸者は遊女に遅れること百六十二年であった。芸者登場の事情としては、

「太夫、天神 自《みずから》 三味線弾かざる故、三絃《さみせん》ひかさんとおもへば、此太鼓女郎をよぶ也。又芸子といふもの外にあり。むかしはなかりしに宝暦元未年にはじまる」（『一目千軒』）

とあって、太鼓女郎は牽頭《たいこ》とも書き、座を取り持つ女性の意であった。しかし、この文章では芸を表看板にしている芸子と一線を画しているようである。太鼓が男性の場合は、のちの幇間《ほうかん》となる。

さて、芸者（江戸では芸子とはいわない）は、江戸でも少しおくれて吉原にあらわれ、ここでも京都が先進地であった。では芸者の前身はなにかというと、

「女芸者は古《いにしえ》の白拍子のなごりなどの如くおもふ人もあれど、さにあらず。もと遊女よりいでて、躍子《おどりこ》の一変せしものなり」（『三養雑記』）

で、やはり遊女の一部が変身したものであろう。白拍子も遊女の一種だと解釈できるが、それにしては鎌倉期の白拍子と江戸後期出現の芸者との間の時間的な開きが大きすぎる。

ところで、芸者と遊女はどちらが格が上なのか。島原角屋主人の手になる『波娜婀娜女』によると、

「芸者と娼妓を比べて、自然芸妙を貴《とうと》ぶというがなべて廓の慣《ならわ》しなれど、此廓《このくるわ》（島原）にては正反対《うらはら》なり。故に同じ花に憧《あこが》るゝにも、雨にうたれ風にいたみて悄《しお》れがてなる花に楽しまんよりはと、遊女に興がり玉ふ方は自然とこの廓に運ばせ玉ふ」

と島原では、あくまで遊女上位であった。さらに、

「島原は娼妓本位なれば娼妓を上席とす。祇園は芸妓本位なれば芸妓を上席とす」（『京都坊目誌』）

「げい子はとしの長少に拘《かかわ》らずみなげい子と云。祇園町のげい子はうつくしく、おやまはおとれり。げい子に

勢《いきほひ》ありて、おやまの上坐をする」（『羇旅漫録』）

などとあって、結局、島原では遊女上位、祇園では芸者上位なのであった。

庶民の人気をつかんだ「芸者」の進出

もっとも『京都町触集成』の芸者ないし芸子の文字の初出は、前記宝暦元年から四十七年もたった寛政十年（一七九八）である。その四月二十一日付けお触れで町奉行所は、

「（忠孝、勤労、節倹など諸美徳を強調したあと）人々娘たる者は、役者小供、女芸子、売女の風俗を賤しむ可き事に候処、近来は能事《よきこと》之よふ（様）に心得、或《あるい》ハ当時流行事などと心得違いたし、役者小供、女芸子、或は売女之姿等を似せ候女子も有レ之哉《や》に候……」

と一般子女の軽薄ぶりを叱り、そんな風潮に乗るでない、と諭している。ということは、発生から四十七年もたって、やっと芸者スタイルがミーハー族の志向に市民権を得た、ということであろう。

ミーハー族とは別に、一般男性の芸者志向はもっと早くから高揚していたとみえ、宝暦七年（一七五七）正月付け奥付のある『一目千軒』では、末尾の島原遊女名簿の中に数多くの「げいこ」の名を載せている。例えば、上之町西南角、桔梗屋治介方は文車《ふぐるま》太夫以下太夫十人、天神七人、端《はし》女郎十人の他に端女郎格で「げいこ・おりへ（織江か）」が名を列ねている。

同様中之町西側の一文字屋伊左衛門方は、太夫一、天神六、端女郎多数と「げいこ」いはの、ちさと、みどり、下之町西側の桔梗屋藤右衛門に至っては太夫なし、天神五、端女郎三人に対し「げいこ」が七人もいる。

大坂の「芸子」と江戸の「芸者」

「女芸者のこと、歌舞は元より遊女の所業なるを、後にはその道心得ぬもの多くなりしより、自づからせぬ事となれり。『一目千軒』に太夫天神みづから三線弾かざる故、太鼓女郎を呼なり。又芸子といふ者外にあり、昔はなかりしに宝暦元未年に始まるといへり。大坂新町細見『澪標《みおつくし》』に、太鼓女郎といふは揚屋茶屋へよばれ、座敷の興を催すものなり。音曲はいふもさらなり、昔は舞なども勤めしものなり。享保中より芸子といへるもの出来たり。これは昔の太鼓女郎とは訳《わけ》ちがひ、三味線を表に立て、裏は色を元とするなり。さるに依て美女あり、勤め方は同じさまなり。江戸は大に後《おく》れたり。『後は昔物語』に吉原の芸者といふもの扇屋歌扇《かせん》に始まれり（中略）。宝暦十二年の頃より其後追々に外の娼家にも出来て、細見の鴇婦《ほうふ》（やりて、仲居）の前の処に芸者誰外へも出し申

（『和漢三才図会』所載『麓の花』より）

（『世事百談』より）

江戸橘町躍子（『江戸名物かのこ』より）

図6　三味線をひく芸者

候と書きたり。それより遙か後に大黒屋秀民見番を立たり。芸者踊り子と肩書して、傾城同様に店を並べて客を取りたる娼家もありき。尤も彼等は後ろ帯にて並び居たり云々」（『嬉遊笑覧』九）

「芸者」と三味線との関係

三味線は戦国期の永禄初年（一五六〇年代）琉球から堺に渡ってきた蛇皮線《じゃびせん》の改良されたもので、取扱法の簡単な割りに音律幽玄なので、たちまち全国に普及した。寛永十年（一六三三）杵屋喜三郎が江戸猿若座の伴奏に初めて三味線を採用してから、いっそう婦女に親しまれ、とくに遊里には欠かせぬ楽器となった。

　こうして、芸者は遊廓で娼妓と共に生活しながら、娼妓とはまた違った生き方をし、最後は幕末動乱の芸者最盛期を迎える。ここで注目したいのは、いわゆる勤王の志士と交渉を持ち、中には明治高官の正夫人ともなった廓の女たちに、遊女は一人もおらず、すべて芸者であったということである。これについては、第九章でもう少し述べてみたい。

〔承〕編 花街史各論

第三章　近世京都花街の盛衰

1　京都花街の特色

〝洛中なかばは妓院〟

享和二年（一八〇二）五月九日、江戸を発った曲亭滝沢馬琴は、東海道を西して、七月三日から同月二十四日まで京都に滞在した。『羇旅漫録』はこの旅の見聞記で、優れたルポライターとしての馬琴の鋭くかつ皮肉な目が京都全市に注がれている。その一節に、こうある。

「京にて島原の外《ほか》御免の遊女町は、五条坂、北野、内野《うちの》なり。五条坂はあこや（阿古屋）株と称す。又近年あらたに免許ありしは祇園、同新地、二条新地、七条河原等なり。その外《ほか》西石垣、上宮川町、東石垣、下宮川町、古宮川町、六波羅野、御影堂うら、都市町、平居町、一ノ宮町、三ノ宮町、膳所《ぜぜ》うら、富永町、末よし町、新ばし、なはて、川ばた、先斗町《ぽんとちょう》、壬生《みぶ》、五ばん町、七番町、三ツ石町、六間町、寺の前、下《しも》ノ森、上七軒、しら女《め》の辻、御霊《ごりょう》うら、杉本町、野川町、大文寺（字）町、先斗町川ばた、難波町、若竹町、新車屋町、丸田（太）町、檀王《だんのう》うら、等、皆私窠《かくしばいじょ》也、凡《およそ》洛中半《なかば》は皆妓院なり」

多少の勘違いも見受けられるが、当時の江戸人としては、美事としかいいようのない知識である。現代の京都人にもほとんど判るまいから、地名の注釈を加えておこう。本書に頻出する重要地名には本文の章、節を示した。注釈の参考文献は『京都坊目誌』『山州名跡志』『京町鑑』などである。

島　原（第三章第2節）　五条坂（第三章第13節）
北　野（第三章第5節）　内　野（第三章第8節）
祇　園（第三章第3節）　祇園新地（第三章第3節）
二条新地（第三章第4節）　七条河原（第三章第6節）

西石垣（第三章第7節）　上宮川町（第三章第9節）
東石垣（第三章第9節）　下宮川町（第三章第9節）
古宮川町（第三章第9節）
六波羅野（東山区東大路—大和大路間の松原通を中心とする一帯。終始私娼）
御影堂《みえいどう》うら（両本願寺、知恩院など御影堂のある寺が、多いが、この場合は下京区寺町通五条下ル、新善光寺と推定される）
都《と》市《いち》町《ちょう》（下京区東高瀬川五条下ル。通称五条橋下の内）
平居町（下京区西高瀬川五条下ル。通称五条橋下の内）
一ノ宮町（不明。下京区の鴨川西岸七条上ルに南北路の二宮町通、三宮町通が平行しており、ともに七条新地内である。この辺か）
三ノ宮町（下京区三宮町通七条上ル、下ル。七条新地内）
膳所《ぜぜ》うら（第三章第3節。のちの祇園乙部）
富永町（第三章第3節。祇園町北側）
末よし町（第三章第3節。祇園町北側）
新ばし（東山区新橋通。祇園町北側）
なはて（第三章第3節。東山区縄手通四条上ル。祇園外六町の一部）
川ばた（鴨川東岸の川端通は左京、東山両区にまたがる長い通りだが、この場合は東山区川端通り四条下ル、つまり宮川町と解釈すべきか、それとも左京区川端通り三条上ルの私娼街か）
先斗町《ぽんとちょう》（第三章第7節）
壬《み》生《ぶ》（第三章第15節）
五ばん町《ちょう》（第三章第8節）
七番町（上京区出水通六軒町西入ル）
三ッ石町（上京区内野四番町内。第三章第8節）
六間町（千本の二筋西、上京区寺之内、下立売間の通り）
寺の前（南区西九条にこの町名あり）
下《しも》の森（第三章第5節）
上七軒（第三章第5節）
しら女《め》の辻（白梅図子。第三章第14節）
御霊《ごりょう》うら（市内に上、下両御霊社あり。この場合は上京区寺町通丸太町下ル。下御霊神社のことであろう）
杉本町（二条新地の内。第三章第4節）
野川町（不明。『山州名勝志』に「吉田〔左京区〕へんの野河御所」云々とあるが、関係あるかどうか）
大文字町（市内にこの町名多し。この場合は二条新地の一部第三章第4節）
先斗町川ばた（第三章第7節）
難波町（二条新地の内。第三章第4節）
若竹町（東山区縄手通三条下ル東入ル）

新車屋町　（左京区仁王門通川端東入ル。三筋目下ル。第三章第4節）
丸　田　町　（丸太町通のことか。別に同通の油小路・堀川間の町名を丸太町という）
檀王《だんのう》うら　（檀王は左京区川端通三条上ルの法林寺の俗称）

江戸の遊所との比較

長々と四十五か所も地名をあげたが、はたして江戸っ子馬琴の目に「洛中なかば妓院」と写るほど京都は遊所が多かったのか。試みに同時期の江戸の遊所を調べてみると、『蜘蛛の糸巻』では三十三か所、『寛天見聞記』でも三十三か所、『かくれさと雑考』は「江戸の岡場所は百六十二個所」としながらも、地名を挙げているのは五十八か所である。これは数え方にもよるわけで、一地区をさらに細分すれば数倍の数字になるのである。結局江戸の隠売女地区は最大五十八と見てよいであろう。当時の江戸人口を百万として一万七千人につき一遊所、一方京都は推定人口三十万だから、四十五か所で割ると六千六百人につき一遊所。なるほど京都は遊所が多いということになる。

ここで馬琴の論評を紹介すると、

「京の節倹なる人気にて、かく多き遊びのそれぞれに世わたりすること、第一のふしぎなり。客は春他国の人三分二、地の人三分一也。秋より冬のうちは地の人三分二、旅人三分一なりと云。故に秋冬はさみ〴〵し」

つまり春の観光客を目当てに遊所が多いというのだが、江戸は百万人口の半分五十万を占める武家の相当部分が参勤交代で在府中の諸藩士、つまり単身赴任族である。もっと遊所が多くてもよいと思うのだが。それとも、京都の方に、観光都市的性格のほかに、春風駘蕩たる好色精神が充満していたのかも知れない。げんに何よりも、京都は歴史的に遊里の先進国なのである。

〝京は砂糖づけの町〟

この辺の空気を二鐘亭半山こと幕臣木室卯雲は、『見た京物語』の中で次のように述べている。

「京は砂糖漬けのやうなる所なり。一体雅ありて味に比せば甘し。然《しかれ》ども、かみしめてむまみ（うま味）なし。からび（ひからび）たるやうにて潤沢なる事なし。きれゐなれば、どこやらさびし。多きもの、寺、女、雪踏《せった》直し、すくなきもの、侍、酒屋、けんどん（麺類）屋、ぐはんにん（願人＝乞食坊主）、生酔《なまよい》、鳶《とび》、駈出し（一部水上などに突き出た建築）」

「（人口の）六分女、四分男たるべし。夜も若き女ひとりあり（歩）く。男女連立《つれだち》て歩行《あるき》くを少しも悪る口いふものなし」

「遊女町を出家のそゝりありく事、少しも遠慮の躰《てい》なし」

「思ふに、京は石地小砂利のみ多く、土気すくなし。故に人きれゐなり。女などにいにしへより美人多きは、国に油気なく、きれゐなるゆへなるべし。魚などむまからず。生《はゆ》る草なども細かにして唐絵《からえ》の如く奇麗なり。どくだみ、藪かうじなどいへるもの、けが(万々一)にも生《は》へず」

男女堂々と連れだって歩き、僧侶が遊里を横行する。これが砂糖づけのように甘い町京都の特性とみられた。美人が多く、生える草まできれいだが、深味のないピンク都市京都であった。だからこそ、いち早く本邦随一の大遊興都市に成長し、諸国遊里の範となることができたのである。

一面の真理を衝く馬琴の「京都評」

ここでもう一つ、馬琴の『羇旅漫録』から「京師の評」を引用しておこう。

「夫《それ》皇城の豊饒《ほうじょう》なる、三条橋上より頭《こうべ》をめぐらして四方をのぞみ見れば、緑山高く聳《そびへ》て尖《と》がらず、加茂川長く流れて水きよらかなり。人物亦《また》柔和にして、路をゆくもの争論せず、家にあるもの人を罵《ののし》らず。上国の風俗事々物々自然に備はる。予江戸に生れて三十六年、今年はじめて京師に遊《あそん》で、暫時俗腸をあらひぬ。京によきもの三ツ。女子《おなご》、加茂川の水、寺社。あし(悪)きもの三ツ。人気の吝嗇《りんしょく》、料理、舟便。たしなき(不満な)もの五ツ。魚類、物もらひ、よきせんじ茶、よきたばこ、実ある妓女」

女性一般はいいのだが、実ある妓女は数少ない、それが不満だと、この江戸っ子は断言している。一面の真理である。

豊富な遊里関係文献

さてこの第三章は、こういう複雑な両面を持つピンク都市京都に無数に存在する遊里を、一つ一つ取り上げた各論である。京都の全遊里に共通する諸問題は、第二章第5節で述べてあるので、これを参照して読み進めて頂ければ幸甚である。

この章の主たる文献は『京都府下遊廓由緒』である。明治五年(一八七二)京都府の命令によって各遊廓が提出した沿革、経過の小史をまとめたもので、原文は「根本《こんぽん》」の島原を筆頭に、以下「出稼《でかせぎ》」(第二章第5節参照)の順番に収録してある。本書の配列の順も、これに従った。

地域の説明については、碓井小三郎著『京都坊目誌』を最も参考とした。同書は明治三十四年（一九〇一）の成立であるが、京都は第二次大戦の戦災を免れ、戦後の地名表示変更も行われていないので、そのまま使える部分が多い。もちろん各廓の現状を実地に踏査し、人口百五十余万の近代的大都市京都の中での、それぞれの廓の跡を位置づけることにも努めた。二条新地、三本木のように完全に都市の中に埋没し去ったくるわも数多いのである。

一方、各遊廓に関する古記録の多くを『京都町触集成』と『史料京都の歴史』から得た。前者は所司代や町奉行所から全市の自治組織である町組《ちょうぐみ》、町《ちょう》に達せられた布告を年代順に集録してあり、後者は京都市史編纂所が市史『京都の歴史』をつくるため永年にわたって収集した官民の古文書を内容別、地域別に整理した史料集で、とも遊里に関する記録が豊富である。

2　現世の極楽・島原遊廓（下京区）

塵界の仙境

「夫《そ》れ島原は日本狭斜《イロザト》の権輿《ハジロリ》にして、京都塵界の仙境なり。巨門儼然《げんぜん》として貴顕の車を容《い》れ、楊柳娟々《けんけん》として遊客の魂を惹《ひ》く、門を入徳と謂《い》ひ、柳を見返《みかえり》と謂ふ。門に入れば街あり。分れて六となる。曰く上之町、中之町、中堂寺町、太夫町、揚屋町、下之町、層楼相接し、美を闘はし、麗を競ひ、絃謌《げんか》潮の如く、灯影昼を欺《あざむ》く。且つ街中樹を植え柵を設け、四時香雲を漲《みなぎ》らし、旦暮艶雲を湧《わ》かす」（『京都繁昌記』）

相当に大仰な漢文調だが、現世の極楽島原遊廓、そのつもりで見たらこのようなものであろうか。かんじんの夜になると、

「而して夕日漸《ようや》く沈み、暮色初めて生ずれば、王母天より降《くだ》りて、一笑百媚《び》、秋波を閃《きらめ》かし、湘妃《しょうき》世に遊んで、千粧万飾春花を欺く。三千の妃嬪《きひん》、位方に正しく、数百の妾《しょう》、腰列《ようれつ》初て定れば、遊客絡繹《らくえき》として、魂《こん》飛び魄褫《はくうば》はる」（同）

擁する大遊女群

三千の妃嬪は、もとより漢文的誇張である。では実際に、どれほど遊女がいたのか。島原最盛期とみられる元禄の数字を見ると、この域内一万二千百七十七坪の中に収まっているのは、

表 2　島原の家数と人口（京都覚書等により算出。「京都の歴史」所掲）

	家数				人口				
	総家数	傾城屋	揚屋	茶屋	総人口	太夫	天神	鹿恋	端
天和 2	147	51	24		1518	12	46	70	154
元禄 3	147				1715				
元禄13	198				1668	12	61	70	219
正徳 5		31	21	18	1583	18	85	58	161

表 3　島原の遊女数（階級別）

年	出典	太夫	天神	鹿恋	引舟	端女郎	娼婦計	芸者	総計
元禄13	元禄覚書	12	61	70		219	362		362
元禄14	日本遊里史	38	91	52	38	約800	1019位		1019位
元禄15	亡くなった京の廓	13	57	54		184	308		308
正徳 5	京都御役所向大概覚書	18	85	58		322	483		483
宝暦 7	一目千軒	21	44		4	64	133		133
慶応 3	四方の花	10	35			22	67	65	132

京・島原の遊客（『しだれ柳』より）

「町数六町、内五町傾城屋、一町あげ屋、家数百九十八軒。人数千六百六十八人。内男四百五十三人、女千二百十五人。此内傾城数三百六十二人（太夫十二人、天神六十一人、鹿恋《かこい》七十人、端女郎《はし》二百十九人）。元禄十三辰（一七〇〇）改」（『元禄覚書』）

計算してみると、一平方キロに四百十七人だから、現在の全国平均人口密度三百二十六人より、はるかに稠密だ。住民の男女比は男二七㌫に対し女七三㌫、女が男の二・七倍もいる。女性人口のうち遊女はその二九㌫というのは意外に少ないようだが、やり手婆や仲居、女中、それに遊女候補の禿《かむろ》、業者家庭の女児などを考えると、妥当な数字かも知れない。

もっとも『日本遊里史』所載の「三都公娼の数と年齢」なる資料によると、島原は元禄十四年調べで揚屋二十五軒、茶屋四十五軒、計七十軒、太夫三十八人、引舟三十八人、天神九十一人、鹿恋五十二人、端女郎約八百人、計千十九人と『元禄覚書』の元禄十三年に比べ、わずか一年後でずいぶん開きがある。これは端女郎が急増したためだが、原典不明で、これ以上解釈のしようがない。

少し下って正徳五年（一七一五）の数字を見ると、

「家数七十軒（内三十一軒傾城屋、二十一軒揚屋、十八軒茶屋）。人口千五百八十三人、内男四百八人、女千百七十五人。女の内傾城数は太夫十八、天神八十五、鹿恋五十八、端女郎百六十一、計三百二十三人（『京都御役所向大概覚書』）

で、これは元禄十三年のとあまり変わらない。どちらも、歴《れっき》としたお役所の調査だから、この辺が信用できる線であろう。

なお宝暦七年（一七五七）刊『一目千軒』は、店ごとに遊女名を列挙してあり、もっとも正確と思われるが、集計してみると、

「置屋は桔梗屋治介以下十三軒、そこにいる遊女は太夫二十一、天神四十四、端女郎六十四、引舟二、計百三十三人、別に禿七十三、やり手十人、芸子二十四人」

「鹿恋」がないのは、「端女郎」に含めたのであろうか。

幕末になると「芸子」が加わって、慶応三年現在の遊女・芸者名簿『四方の花』によると、

「置屋五軒、太夫十、天神三十五、端女郎二十二、芸子六十五、計百三十二」

となる。

比較しやすいように、以上の各数字を表で示しておく。元禄十四年の異様な数字は除いてもよいと思われるのだが。

島原出口の柳（『都名所図会』より，安永ごろ）

江戸初期島原の賑い（『京童』より）

図 7　現世の極楽・島原遊廓

京島原の七不思議

堀川通に壮大な表門を持つ西本願寺の裏側、つまり西側が大宮通である。これを北行して寺域の西北隅に至り、島原ロバス停で左折して西行約三百五十㍍、派出所のあたりが旧島原遊廓の東限となる。北は中央卸売市場、西はJR山陰線、南は正面通以南まで、東西九十九間、南北百二十三間の往時の規模は、堀も塀も形跡をとどめず、人家稠密に建ち並んだ現在では、境界線を見定めることも困難である。

わずかに残る東口の大門《おおもん》と角《すみ》屋、輪違《わちがい》屋の建築が大遊廓の面影を残し、中之町、揚屋町など六つの町名が、現代の地名表示「京都市下京区西新屋敷」の中に生きていることが救いであろうか。あとは各種資料によって、江戸時代の島原くるわを再現していくほかない。

江戸期の島原への交通路は、丹波街道（現正面通あたり）によった。この道は廓の東南隅より少し南側の地点に通じ、ここから廓の東側に沿って、堀の外側を幅三間の道路が北上する。丹波街道から百五十三間にして廓の北端近く、正門東口大門に達する。

ところが『亡くなった京の廓』などによると、この大門の東（京都市街寄り）に衣紋《えもん》橋、さらに東側に思案《しあん》橋があって、遊客は思案橋まできて、迷ったすえ決心を固め、さらに衣紋橋で衣紋を正して入門した、とあり、丹波街道から北上する道とは別に、市街と大門を東西に結ぶ交通路があったことがわかる。橋の名が残っているくらいだから、むしろこの道の方が親しまれていたのではあるまいか。げんに『色道大鏡』の図面を見ると、大宮通から大門までの間にも「茶屋」が散在している。

さて大門の外側には、客と遊女が別れを惜しむ「さらば垣」と遊里の象徴である柳の木があり、門を入ると北側に番所、南側に井戸があって、中は六条三筋町以来の伝統の町名を持つ遊廓街である。中央部に東西に走る大通胴筋《どうすじ》（道筋ともいう）があり、その北側に東から順に中之町《ちょう》、中堂寺町、下之町、南側に同じく上之町、西洞院町（太夫町）、揚屋町となる。

「京の島原七つの不思議、這入口《はいりぐち》をば出口といひ、何《どう》もないのに道筋《どうすじ》と、下《しも》へ行くのを上ノ町、上《かみ》へ行くのを下ノ町、橋もないのに端《はし》女郎、社《やしろ》もないのに天神様、語りもせぬのに太夫《たゆう》さん」（『波娜婀娜女』）

江戸中期からと推定される、あまり格調の高くないこの俗謡が示すように、北を上《かみ》とする京都人の地理常識から見ると、全く逆の町名であるが、わけがある。

「此一廓鬼門（北東）に口をひらきし事を天神の神主歟か

しくおもひて、丑寅《うしとら》(北東)を未申《ひつじさる》(南西)に転じ、上の町を下の町と名附《づけ》し也。なを三筋町の余風を捨ず、西洞院《にしのとういん》と名を残せし也。今太夫町といへるこれ也。都《すべ》て何国《いずく》にてもくるわは一方口なり。京島原も今のひがし口ばかりなりしに、享保十七(一七三二)子《ね》のとし二月に西口ひらきし也」(『一目千軒』)

中堂寺町、西洞院町(太夫町)は元和三年(一六一七)二条柳町組以外の新規参入組によって作られた町である(第二章第3節参照)。

さて、廓をとりまく堀は幅一間半、その内側の土塀は推定高さ六尺くらいである。堀も塀もいわずと知れた遊女の逃走を防止する隔壁であるが、堀は時代とともに埋め立てが進み、天保ころ(一八三〇代)には、すっかり姿を消してしまった。

堀、塀の切れ目は、廓の東北部にある大門のところだけで、ここが唯一の進入路、退出路であったが、大門はのち東側中央部「胴筋」にあたる場所へ移され、享保十七年(一七三二)には西側の、どういうわけか、やや北側に西門ができ、はじめて東西の通り抜けができるようになった。

六つの町には、それぞれ南北端に木戸が設けられ、中央大通りの胴筋から各町へ入るには必ずこの木戸を通らねばならなかった。治安維持が目的であったと思われるが、遊里の繁栄には大きな障害であり、これも天保ごろには取り払われた。

廓内の建て物は揚屋《あげや》、置屋《おきや》、素人屋《しろうとや》に大別できる。揚屋は太夫、天神を置屋から招いて客を遊興させる施設、置屋は遊女を抱《かか》え置いて衣食住の面倒を見る、いわゆる女郎屋で、鹿恋、端女郎はこの置屋で遊客に接する。素人屋は廓住民の生活に必要な八百屋、豆腐屋など一般的業種で、これについてはすでに第二章第4節で述べた。

揚屋は揚屋町だけで営業

注目すべきは、揚屋は揚屋町でしか営業できないという制約である。これに違反した他町の業者を揚屋町側が告発した『口上書』が角屋に残っている。告発の結果がわからないが、当然、奉行所によってその業者は他町での揚屋営業を差し止められたと思われる。木戸の状況などもわかるので全文引用すると、

口上書

一、西新屋敷(島原)揚屋町之儀ハ、板倉周防守(重宗)様御時代、六条より当所へ御引越レ被遊候節、一町限りニ被ニ仰付一、則《すなわち》町名も揚屋町と申候。依レ之、只今迄《まで》其旨堅く相守り、他町ニあけや壱軒も無御座候。勿論、南北ニ木戸有レ之、南之木戸ハ暮六ツ切ニしめ、夜中出入不レ

仕、北之木戸ニハ番両人差置、出入相改メ、御法度《はっと》筋之客一切不レ仕候様、古来より堅く相守り申候。然処《しかるところ》、菱屋七兵衛儀、此度太夫町居宅ニ而《て》新規ニ揚屋可レ仕旨申候ニ付、幸《さいわい》揚屋町ニ明地《あきち》有レ之候間、此方え参り、揚屋仕候様ニ申候得共、承引不レ仕候。右揚屋他町ニ而《て》仕候而ハ町中一同迷惑仕候間、古来之通揚屋町壱町之内ニ而揚屋仕候様ニ被レ為二仰付一被レ下候バ、難レ有可レ奉レ存候。以上

享保九年辰五月十日　揚屋町行事　善兵衛
甚　助
町　中

御奉行様

角屋の豪華な揚屋建築と内容

この揚屋の代表的存在であった角屋《すみや》の豪壮な揚屋建築が、揚屋町に現存する。表全体を格子造りとした特殊な木造は、江戸期何度も増改築の手が加わってはいるが、十分に寛永創建時の面影を残す、学術的にも貴重な遺構で、国の重要文化財である。十二代当主中川徳右衛門が明治三十四年（一九〇一）に書いた『波娜婀娜女《はなあやめ》』は、

「祖先は万里小路《までのこうじ》時代より今の揚屋を営めり。六条三筋町の遺跡は今（明治三十四年）も新町通り五条下る所にあり。新らしき家居幾軒に代りたれども、幸ひ他《ひと》の手に委せず、業にいそしむ町人の炊煙、朝な夕なに靉靆《たなび》けるなり。今の此地（島原）に移転《ひきうつ》りてより二百八十年、（中略）代を継ぐこと爰《ここ》に十二、去んぬる嘉永七年八月十五日の祝融（火事）も揚屋町ばかりは其禍《そのわざわ》ひを免れて、吾家の棟、色つきたる間毎の装飾と共に昔しのまゝを伝へて、名も代々の角屋徳右衛門」

という前書で、階下階上に分けて各間を説明している。これによると、

階下「網代《あじろ》の間」は、天井大長へぎ網代《あじろ》組み、棹縁《さおぶち》北山丸太長さ四間、釘隠し宝尽し。床は二間松の大節木、柱大木波付き。書院は火燈口障子網組み、釣棚は黒塗り、紫釣紐、但し角棚縞桐金砂子、縁《ふち》焼杉からとめん。

同「大座敷（松の間、唐木の間）」は、襖《ふすま》は岸駒《がんく》筆総金張付け墨絵荒波の図、椽板槻長さ四間三分余、巾二尺四寸、三方回し。床《とこ》は柱黒檀《こくたん》、天井板杉巾五尺八寸、但し一枚板、落しかけ唐木五色寄せ組、框黒塗り、地袋金地極彩式桃源の絵、呉月景の筆。

二階「青貝の間」は、襖が岸駒《がんく》筆山水の図、其他総建具残らず青貝。壁青貝一式雪模様、床《とこ》大日松地板下に戸四枚青貝四季模様。額は漢人の筆「日新又日新」篆書青貝ぶせ。

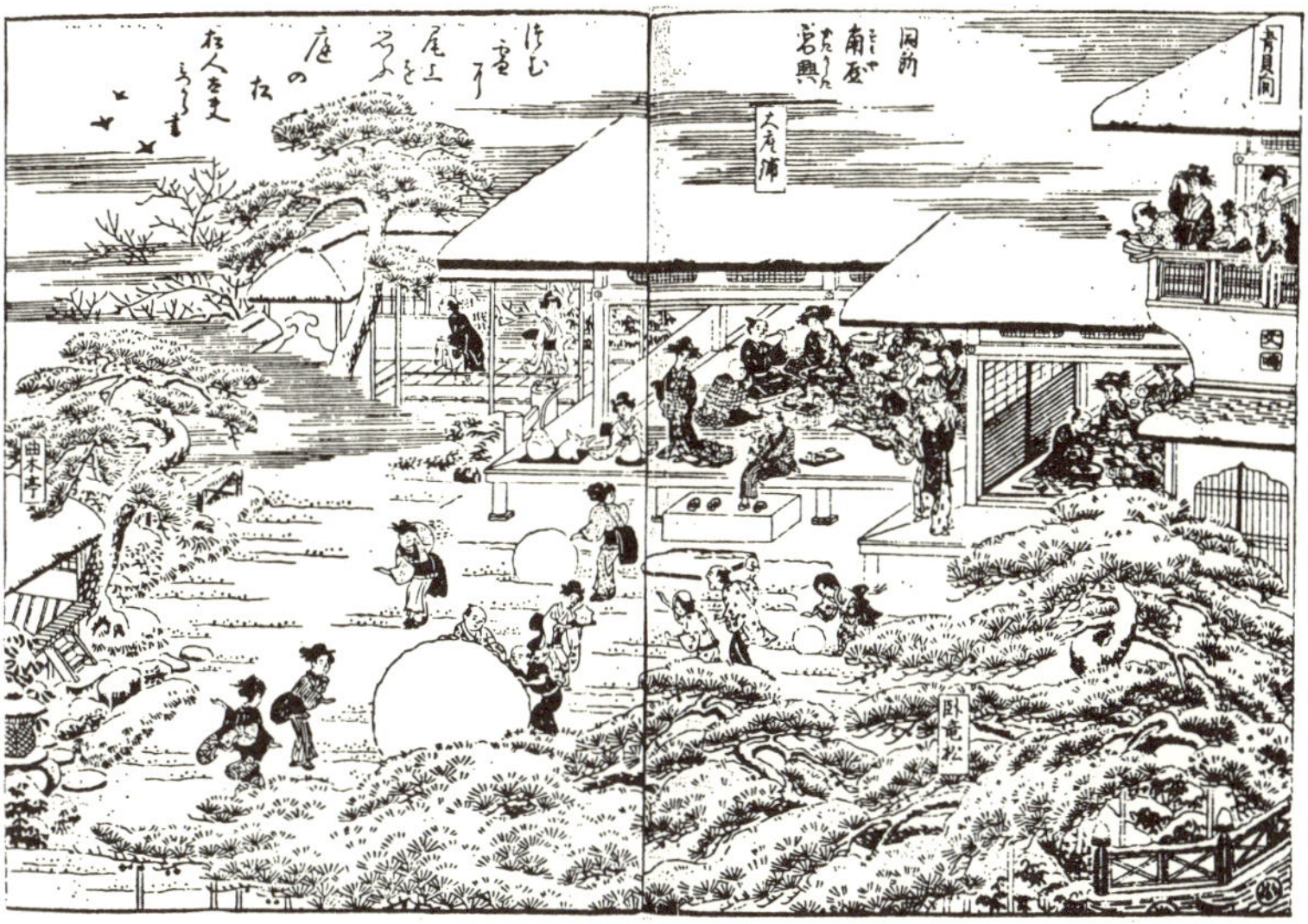

島原京屋の名庭（『都林泉名勝図会』より，寛政ごろ）

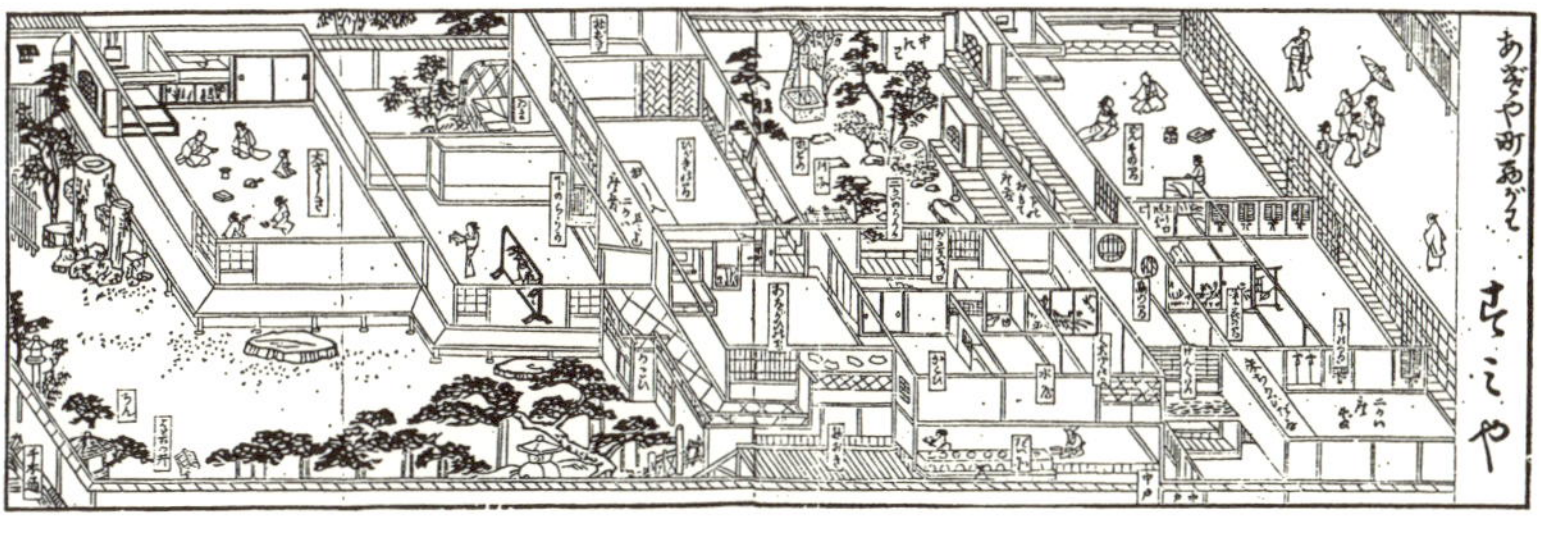

角屋の内部

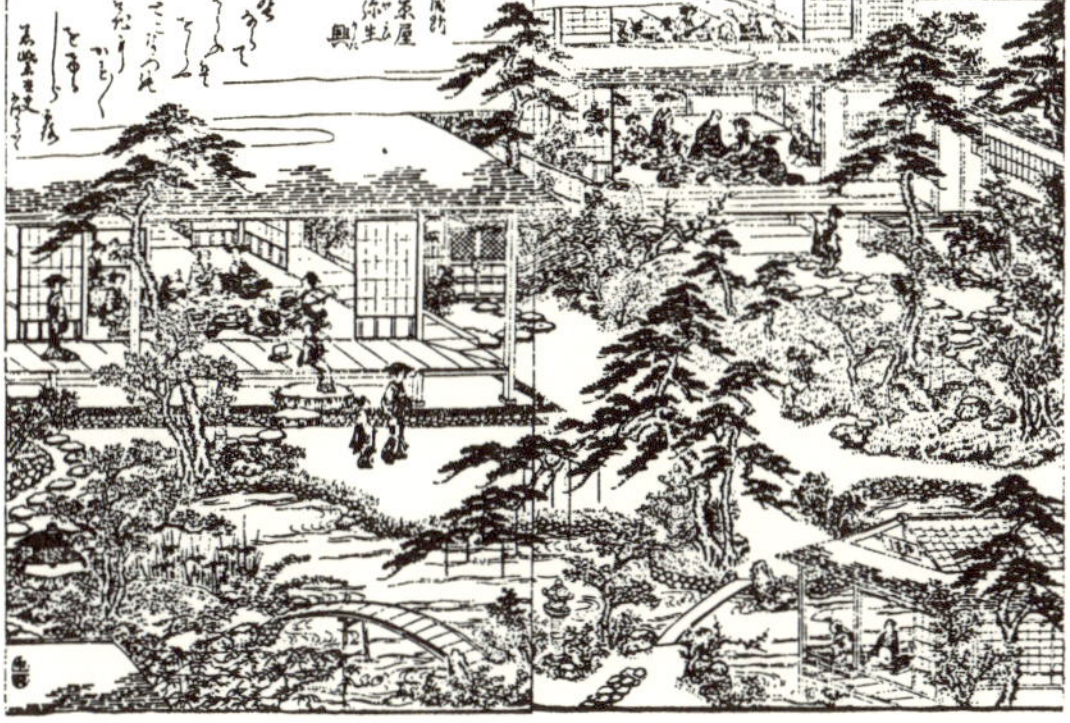

島原角屋雪景色

図８　豪華な揚屋建築

といった調子の豪華インテリアで、他に翠簾《すいれん》の間、扇の間、草花の間、馬の間、孔雀の間、八景の間、梅の間、囲いの間、檜垣《ひがき》の間、緞子《どんす》の間など、いずれも奇羅を尽くし贅を極め、襖絵は石田幽汀、円山応挙、岸駒、与謝蕪村、山田峨山、江村春甫らの筆で、たしかに遊廓文化の最高峰を示す傑作遺構である。「元和五ヶ条」の禁制（第二章第5節）など、どこ吹く風の絢爛《けんらん》ぶりに廓の底力が見てとれる。

この角屋はまた、庭園の美しさでも有名である。『羇旅漫録』も、

「角屋徳右衛門の座舗《ざしき》、庭など最もよし。この庭の松甚だよし。松の形を紙に摺《す》り、求むる人あれば与へ侍《はべ》る」

と賞めており、角屋十二代中川徳右衛門も『波娜婀娜女』の中で、

「月は重雲に隠れずして絶えず吾家の庭園《にわ》を照らし、恵みの露は臥竜の松の下をめぐれる高麗芝に玉の光りを放ち、烈《はげ》しときく愛宕颪《あたごおろし》も窓に垂《つる》せし風鈴《ふうりん》に優しく妙なる音のみを伝ふ」

と気持ちよさそうに、自画自賛している。

島原名所案内

その他、島原名所と称せられるものは、次の通りである。『波娜婀娜女』『一目千軒』『京都坊目誌』などによって簡単な説明を加えておく。

住吉神社御旅所　西の門の北側下ノ町にあり、天和年間（一六八一－一六八四）に中堂寺村の住吉屋太兵衛という者が、この廓に移り住んだとき祠をしつらえて勧請した。良縁を授かる社として繁昌し、毎年七月二十七、八両日の例祭には、芸子総動員の練物《ねりもの》が廓内外をねり歩き、廓外から市民が群集して、夜まで賑わった。明治六年三月廃社、同三十九年再建して、毎年九月十八日から十日間祭事が行われた。

幸《さいわい》天神　もと揚屋町会所にあったのを享保十九年（一七三四）六月住吉社境内に移した。延享五年（一七四八）正月から鷽替《うそかえ》の神事で知られたが、安政六年の火災後荒廃、明治六年三月廃社となった。

塵塚山《ちりづかやま》　天神の後ろにあった小山で、一名ゴモク山という。はじめ平地だったが、廓の繁栄とともに増える塵芥をここへ集めるうち、山になった。こやしが効いたのか桜がよく育ち、花見客のため麓に豆腐茶屋までできた。

躍場《おどりば》　元禄十六年（一七〇三）揚屋町の玉屋久右衛門、笹屋源左衛門が絶家したあと、その二軒をいっしょにしておどり場とし、毎年七月十五日から十日間、遊女たちがかわるがわる芸を競った。

島原八景　朱雀野垂柳、中道夕照、野寺晨鐘、塵塚桜花、西口菜花、楼上夜月、衣笠積雪、両所神社をいう。

別に「坤廓《こんかく》八景」というのもある（『色道大鏡』）。これは、

壬生残花　朱雀孤月　古塚草露　前塘竹雨　青田暮蛙
丹径雪樵　東寺雲塔　本圀暁鐘

というのだが、いずれも文人気取りの連中が大仰《おおぎょう》にこじつけた遊び文字で、研究の対象とする程のものではない。

公許遊廓島原の盛衰

唯一の公許遊廓島原の最大の敵は、非公認私娼群とその根拠地、のちに「島原の出稼」となる祇園、先斗町、北野その他の地であった。島原の盛衰は、これらの土地の盛衰と反比例したカーブを描いて進展していった。

島原の最盛期は、先に遊女の数字が示したように、元禄十五年（一七〇二）ごろといわれる。まだ非公認組の勢いが、それほど猖獗《しょうけつ》を極めていなかったのである。

それが、庶民の人間本能（性欲）と需要・供給の経済原則、それに「悪貨が良貨を駆逐する」グレシアムの法則によって私娼優勢の傾向となり、島原としても、それまでのように公儀の翼の下で安眠しているわけにゆかなくなった。

享保八年（一七二三）七月「島原遊女町七月おどり之儀、去年より八月十五日迄、御赦免被レ成候得共、当年よりは町々並に、七月晦日切に被二仰付一候」（『月堂見聞集』）

いつから始まったのか不明だが、ともかく島原が、夏七月に人寄せの踊りを、それも一か月にわたって行っていたことがわかる。

享保十七年（一七三二）には、待望の西口が開通した。他の遊所は四方から自由に出入りできるのに、島原だけは寛永の開廓以来、東の門が唯一の進入路で、この不便さが廓の繁栄を大きく妨げていたのである。

享保十七年二月十五日「島原傾城町、一方口にて不レ仕二繁昌一候由、数年御訴訟（請願）申上候。今日御赦免被レ遊候。千本通入口開き申候」（『月堂見聞集』）

西の門が開いただけではまだ不足として、島原廓の年寄たちはさらに頭をしぼり、女性客の誘致という画期的なプランを実行に移した。素人女の通行は六つの町に花やぎを加え、廓の繁昌につながることになるからである。

享保十七年五月「此度島原遊女町困窮に付、西の方入口を開き候へ共、女に見物出入無レ之故、又々御願申上候て、宮古路豊後（一座）を雇、揚屋町の上の町に芝居を立て、東西の入口にて、女には一人づつに銭十二文づつ取りて、遊女町不レ残見物仕候ふ共、勝手次第に罷成候。

傾城共は揚られ候者、見物に越候よし」（『月堂見聞集』）

さらに翌享保十八年には、廓内住吉神社の祭礼を利用して、遊女の練物《ねりもの》（行進ショー）という新機軸を打ち出した。

享保十八年六月二十八日「島原住吉祭練物常陸帯、島原六町中より出づ。一町に二人づつ、女子髪常の如し。白絹の水干《すいかん》、紅の括《くく》り袴を着し、手に金入の帯懸、畳み柳筥《やなぎばこ》、或は扇或は造り花を載《のせ》て持つ。合て十二人。鹿島の山上社の造り物拍子入、揚屋町より金閣寺紙細工拍子入、其外町々よりも提灯出づ」（『月堂見聞集』）

こうしたもろもろの催しがいつまで続いたか、どれだけ効果をあげたか、その後の記録がないので何ともいえないが、ともかく島原遊廓が自衛策、挽回策に必死だったことがよくわかる。

にもかかわらず島原は、少しでも公儀の手がゆるんで非公認遊女が頭をもたげるたびに、タジタジと押され気味の傾向をたどるのである。

「移り安きは人心、上方にても一ころは、祇園町、島の内（大坂）北の新地（同）が繁昌し、島原、新町（大坂）は不景気なりしが、近頃は又そろそろと餅は餅屋へ復《かえ》るなり」

平賀源内（一七二九―一七七九）は『風来六々部集』の中で、このように島原の復興を期待したのだが、そう簡単にはゆかず、

「島原は廻り土塀にてはなはだ淋し。中の町とおぼしき所、一ぜんめしの看板有《あり》。一方口にあらず、裏へ行ぬけなり。こゝへ住吉の神を祭り有」

天明元年（一七八一）刊『見た京物語』の記述である。まるで田舎宿場そっくりではないか。

その後天明八年（一七八八）一月、御所も二条城も総なめにした京都最大の大火で奇跡的に被害がなかったこと、寛政二年（一七九〇）六月の隠売女《かくしばいじょ》大手入れで、つかまった売女をひきうけて十五貫文の救済資金をもらったことなどで島原は一息ついたが、それも束《つか》の間、ついに、

「島原の廓、今（享和二年＝一八〇二）は大いにおとろへて、曲輪《くるわ》の土塀なども壊れ倒れ、揚屋町の外は家もちまた（巷）も甚だきたなし。太夫の顔色万事祇園にはおとれり。しかれども人気の温和古雅なるところは、中々祇園の及ぶところにあらず」（『羇旅漫録』）

ということになった。残るところは人気の温和古雅で、これだけでは客は集まらない。

天保の改革と島原の大混乱

天保十三年（一八四二）八月、所司代牧野備前守忠雅（越後長岡侯）が老中水野越前守忠邦（遠州浜松侯）の意を承けて断行した「島原以外の遊所閉鎖」の大手術は、当の島原に

も大混乱をもたらした。営業継続するには島原の域内へ転入するほかないので、各遊所からの転入申し込みが殺到したのである。

空地を利用して建築できたのは運のよい方で、周囲の堀の跡や廓外の荒地まで利用して、十坪から二十坪の小家を建て、営業した。

このときの転入希望組は全市の遊所から計千三百軒に上ったが、結局移住してきたのは祇園新地から六十一軒、下河原から六軒、西石垣から四軒、上七軒から七軒、五番町から十軒、三条新地から十四軒、五条橋下から九軒、宮川町から十四軒など計百三十九軒、ひきつれた遊女は五百三十三人であった。

おかげで島原は不夜城の大盛況をとり戻したが、それもしばらくの間で、嘉永元年（一八四八）十二月、同四年十二月の相つぐ緩和令で各所に年限つき営業が認められるようになり、島原はふたたび衰退への道を歩むことになる。

安政の大火にも焼け残った角屋

これに追い打ちをかけるように、安政元年（一八五四）八月二十二日（十五日とも）大火に見舞われ、六町のうち四町が全焼し、わずかに揚屋町、下之町の一部が焼け残った。焼失した主な揚屋は桔梗屋、京橋橘屋、三文字屋、海老屋、丁字屋、槌屋、一文字屋、酢漿《かたばみ》屋などで、いずれも良材を使った寛永の名建築だった。数奇をこらした部屋々々に集められていた古今の書画も、ともに灰となった。

焼け残ったのが角屋で、おかげでわれわれはいま、わずかに寛永揚屋建築の実物を目にすることができる。不幸中の幸いであった。

3　神域だった祇園（東山区）のなりたち

茶汲女のはじまり

祇園町の沿革については、昭和五年祇園新地甲部歌舞会（代表岩井徳三郎）が観光パンフレットとして発行した『都をどり』の記述が、最も簡にして要を得ているように思われる。少し長いが引用する。

「清和天皇貞観十一年（八六九）祇園感神院勧請時代より其南西門外に詣人の休憩する為め路傍《ミチノカタワラ》に茶店を設くるものあり、洛中《ミヤコ》より大津へ往還《ユキキ》の途次に当りて行客《コウカク》の休憩するもの常に絶へざりき。彼の忠盛が点油燈《アブラサシ》の僧を捉《トラ》へたる事実の有無は兎に角も、その当時は古木鬱蒼《うっそう》森々たる神境たりしを想像するに難からず。

降りて後嵯峨天皇寛元元年（一二四三）西大門外の大路数百戸焼失し、又南北両朝及び足利時代に於ては屢《しばしば》兵燹《せん》に罹り幾多の変遷を経たらんも、史乘の拠るべきものなければ、其詳細を知り難し。

織田豊臣両氏に及び洛中静謐《せいひつ》に帰し、徳川氏に神社の修造ありて詣人平日に群がるもの日一日より衆《おお》く、両側の休憩所は追々増殖し、今は茶菓のみにては事足らぬに至りしより、酒肴に亜《つ》ぐに絃歌を以てし、所謂《イワユル》茶立女、茶汲女の名称あるも、其の実は遊君たりしなり。

此地に遊客を容《い》れ歌舞を演奏して遊興を事とする茶屋と云ふ名儀を幕吏の公許せしは実に享保十七年（一七三二）にして、今（昭和五年）を距《サ》る二百年前のことなりとす。此の地祇園社の神領にして茶屋軒を接するも、唯是詣人の休憩所の謂《いい》に外ならず。

廓内大和大路の白川末流に架せる大和橋は素《も》と公儀普請の板橋なりしを、出水の都度流出して行人難を訴ふるに依り、地頭宝寿院これを石造と為し、其の費用を弁ぜん為め茶屋名儀三十株の公許を乞ひ、之を祇園町及び新地のものに割賦し、株金を徴収してこれに充てたり。是れ新地に於ける茶屋の濫觴《ランシヨウ》にして、株主は随意に多寡《たか》の茶立女、茶汲女を抱へ置きて他の招聘《しょうへい》に応じたり。

然るに寛延三年（一七五〇）には八株となり、宝暦十一年（一七六一）には三十三株となり、明和四年（一七六七）よりは株に対して冥加金《みょうがきん》を課せらるゝこととゝなりぬ。

爾後数次《シバシバ》の訴願と幾多の変遷とを経て、寛政二年（一七九〇）に至り初めて遊女町の公許を得たり。天保十四年（一八四三）洛《ミヤコ》の内外に於て遊女町禁制となりて一時島原へ転じ、嘉永四年（一八五一）に復帰して内六町を限界とし、安政六年（一八五九）外六町を算入して祇園の一廓を為し、今復《マタ》別れて甲乙の二部となる（甲・乙部分離は明治十九年）。

所謂《いわゆる》内六町とは富永町、末吉町、元吉町、清本町、林下町、橋本町、外六町とは弁財天町、中之町、川端町、二十一軒町、常盤町、宮川筋一丁目なり。

安政以来国事多端にして幕府及各藩の士上洛せざるは無く、京師未曾有の盛況を呈し、花柳街巷客を以て充満せしが、維新の変革に及びて鳳駕東遷し、王公卿相文武諸官皆東下し、熾熱去りて凄冷襲ひ、疇昔《ちゅうせき》の盛華一夢に属す」

祇園新地の形成と各町の由来

『京都坊目誌』によれば、

「有名なる公許の遊里にして、始め此地、祇園村と呼ぶ村落たり。寛永十二年（一六三五）十二月京都所司代板倉重宗、年貢渇水境論の定書に祇園の荘（庄）屋百姓中と記せり。以て証とすべし。既に町となるも建家斑々たり。寛文六年（一六六六）祇園町外六町《そとりくちょう》を開く。則ち縄手通弁財天町、常盤町、二十一軒町、中之町、川端町是なり。之を祇園新地と称す。正徳二年（一七一二）内六町《うちりくちょう》を拓く。元吉町、末吉町、清本町、富永町、橋本町、林下町是なり。之を新家と称す」

とあり、これに川端四条下ルの宮川町（筋）一町目と八坂社南側、下河原に接する清井町を加えて江戸期の祇園町が形成されていた。祇園町・八坂新地、あるいは祇園新地とも称せられた（『京都府下遊廓由緒』）。以下『京都坊目誌』によって、これらの町を説明する。

縄手通弁財天町「大和大路（縄手）通三条下ル三町目西側を云ふ。寛文十年（一六七〇）開通する所なり。往昔弁財天ノ社あり、故に町名とす。其社《やしろ》もと大和橋の北にあり、寛永十年（一六三三）木像と共に粟田青蓮院境内に移す」

常盤町「大和大路通大和橋より南半町の間西側及び川端通に至り（俗に車道とも云）之を称す。開通寛文十年。堤上に髪捻《カミヒネリ》（元詰）を販《ヒサ》ぐ家あり。縄手元結《モットイ》と称し一名物に数へらる。又寛保以来文久三年（一八六三）まで演劇場あり、享保九年（一七二四）五月十日、同十五年二月十五日火あり。茶屋渡世の者類焼す」

二十一軒町「大和大路通四条上ル西側少し許《ばかり》の所を云ふ。開通寛文十年。延宝（一六七三―一六八〇）以来演劇場二あり。南にあるを秋山、北にあるを宇治と号す。享保以来屢《しばしば》火災に罹り、附近多く焼く。秋山は早く廃し宇治は文久三年（一八六三）廃す」

中之町「四条通川端東入ルより大和大路までを云ふ。開通年月詳ならずと雖も、祇園社への通路なるを以て古く在りしなるべし。慶長（一五九六―一六一四）以来雑閙《どう》の地となる。是れ常設の劇場あるを以てなり。しかも道路幅員僅かに三間に充たず。為に明治二十七年（一八九四）北側に於て拡築を行ひ五間幅とす。（同四十五年十二間に拡幅、大正元年市電四条線開通）口碑の伝ふる所に拠れば、豊公伏見より入洛の時、五条橋（今の松原橋）を通過す。橋畔に劇場あり、絃鼓の音太《ハナハ》だ騒然たり。依て四条橋畔中之町に移すと。安永（一七七二―一七八〇）以来二ヶ所となり、東ノ芝居、西ノ芝居と称し、其付近に芝居茶屋と呼ぶ店舗簷《ノキ》を双《ナラ》ぶ。四時興行するも、春季（二の替りと云）冬期（顔見世）には最も群集雑閙す。文久三年（一八六三）祇園新地大火後南北側に各一場を設く。南は名代《みょうだい》都太夫、布袋屋梅之丞、北は名代早雲長太夫、亀屋粂之丞と云ふ。是より南の芝居、北の芝居と称せしが、明治二十七年（一八九四）道路拡築に際し北の芝居を廃す。今は南一場（現南座）存するのみ。又安永以来北芝居の西横より北に入り東に向ひ曲尺形に縄手に通ずる小路あり。之を蟹《かに》ノ辻子《すし》と称す」

川端町「川端通四条上ル下ル少許《すこしばかり》の所を云ふ。開通不詳。初め此町及常盤町の道路極めて狭小なるにも拘はらず夏季には官に請ふて此に高床を設け、青楼の納涼場と為し、一般の交通を止む。維新後之が使用を禁ぜり」

元吉町「新橋通大和大路より白川筋までを云ふ。始め新道と称し野径たり。正徳三年（一七一三）開通す。もと知恩院の領地にして田畠たり。正徳三年所司代松平信庸（紀伊守、丹波篠山侯）の許可を得て町地と為し、尋《つい》で妓楼を建設す。当町より末吉町に通ずる小路及び巽《たつみ》橋は文政十二年（一八二九）民費を以て開く所とす」

末吉町「新橋通より一筋南、大和大路より東へ巽橋通西側迄を云ふ。開通正徳三年。延享二年（一七四五）以来楼妓館簷《のき》を連ねて今に稠密《ちゅうみつ》す。当町南側中央より富永町に通ずる小街を暗《くらがり》町と字す」

清本町「新橋通より一筋南、大和大路一町東入ルより二筋目両側を云ふ。開通正徳三年。町名起原詳ならず。元知恩院の領地にして田圃也。延享二年（一七四五）以来人家を建て、青楼妓館櫛比《しっぴ》し、今に至れり。当町西通より南四条通に通ずる小路を切通《きりとうし》と字す」

富永町「四条通より一筋北、大和大路より東へ切通を超へ、半町東入ル迄を云ふ。開通正徳三年。町名起原詳ならず。延享二年（一七四五）以来田畑を拓き民家を建て、青楼妓館軒を双ぶるに至る。切通はその後開くる所也」

橋本町「新橋通大和大路一町東入ル白川筋以東林下町境までを云ふ。始め新道と称し野径たり。正徳三年開通す。町名起原、新橋と称する橋梁の辺にあり、故に名とす。正徳三年知恩院所領の田圃を拓きて町地と為し、尋で青楼を建つ」

林下町「新橋通（旧名新道）大和大路東三町目よりコッポリ通に至る。正徳三年開通す。南北街（コッポリ通）は大正元年（一九一二）西側に於て町地を買収し道路を拡張し、幅員二間五分を九間と為し、中央に軌道を敷設し、同年十二月二十五日電車を開通す。之を東山線と称す。元知恩院並木の下にあり。故に林下の称起る。新橋通は元知恩院所領にして、新道と呼び、僅に大和大路に達する小径なり。正保二年（一六四五）田畠を拓き、正徳三年民家を拓き林下町と称す。知恩院旧時は独立地にして、

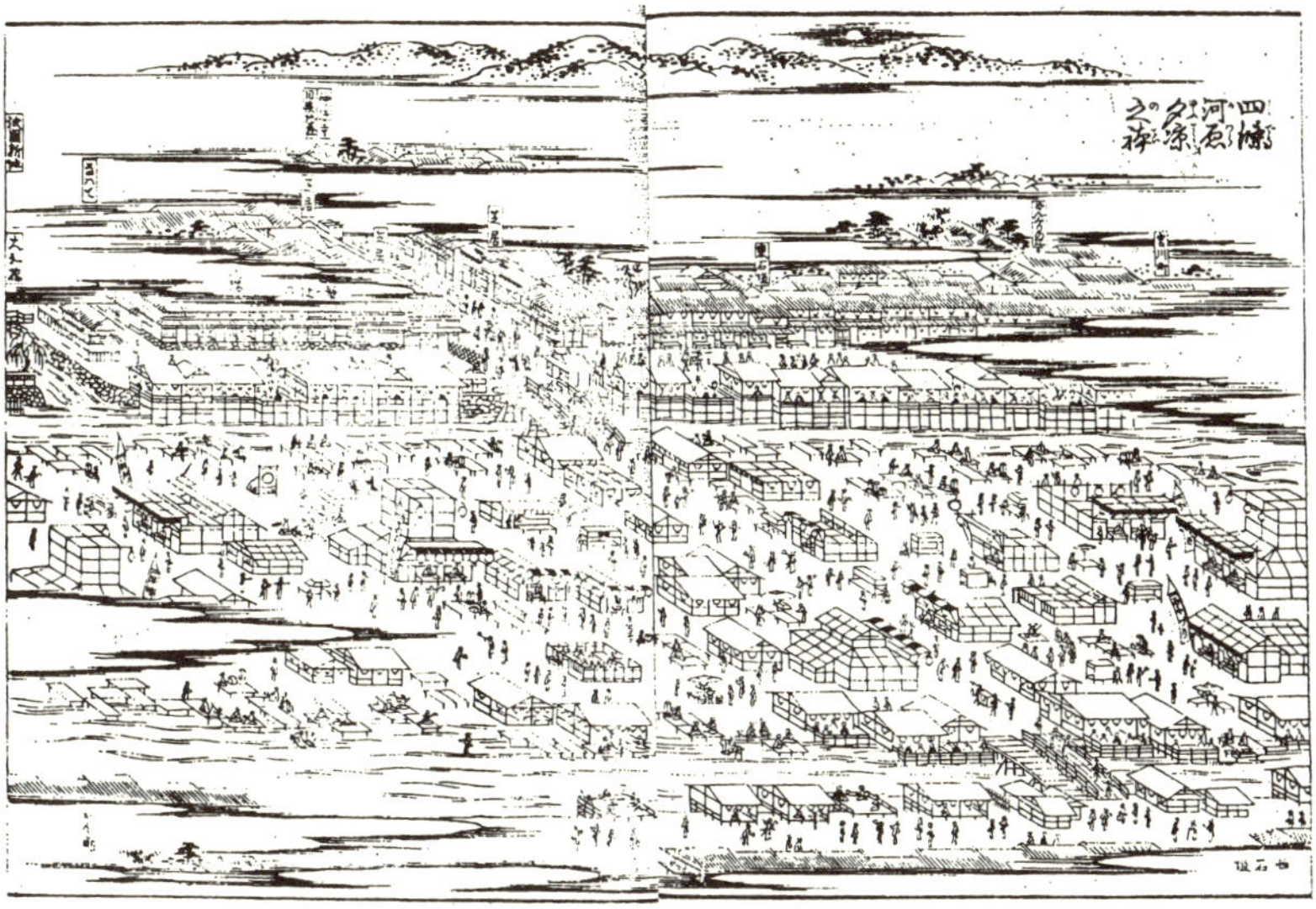

四条河原と祇園，東石垣，宮川町（『都名所図会』より，安永ごろ）

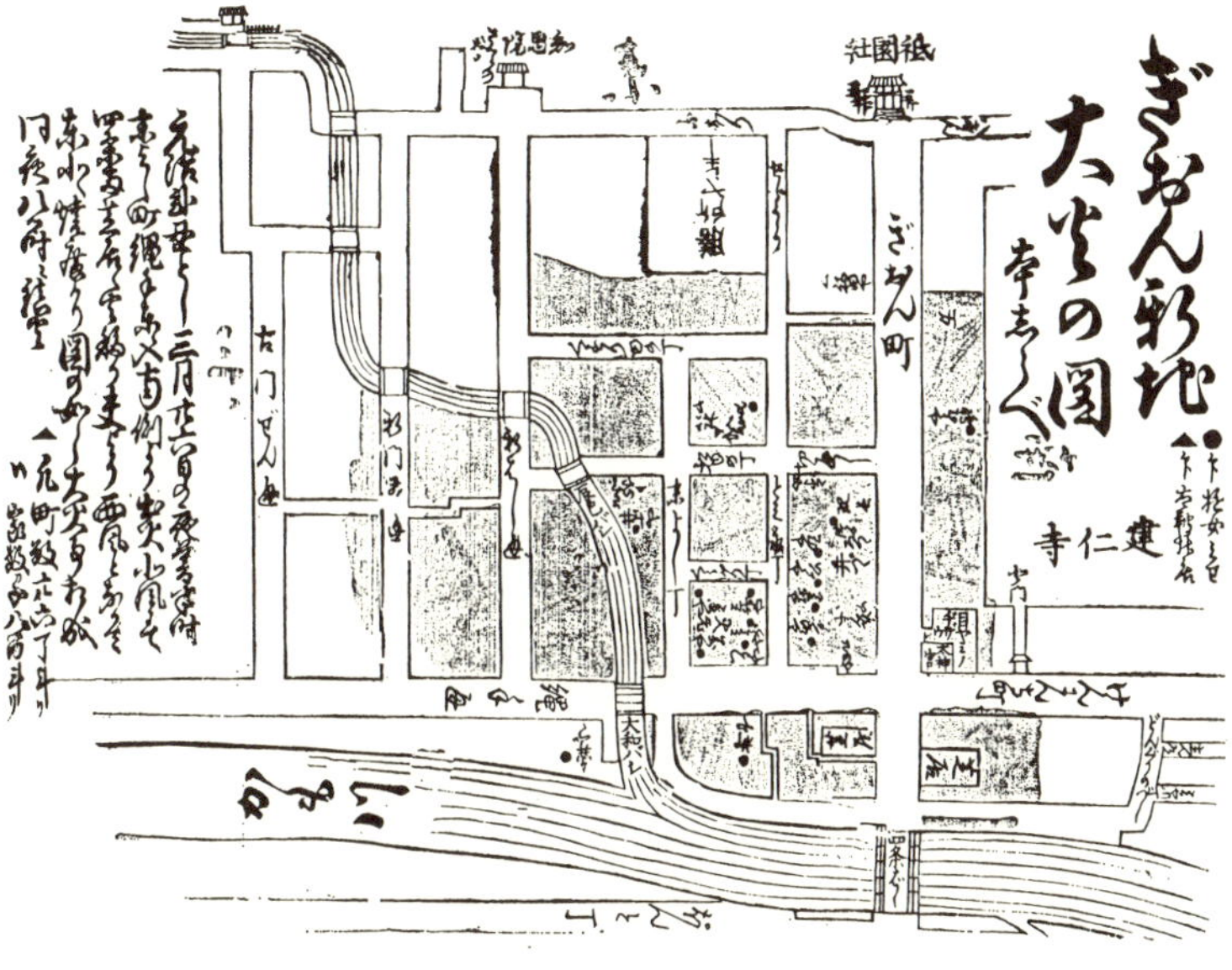

ぎおん新地大火の図（元治2年瓦版）

図9　四条河原と祇園新地の大火

民政の支配地にあらざりしが、明治二年（一八六九）本町に編入す」

宮川筋一町目「東川端通四条下ル所より団栗《どんぐり》ノ辻子《ずし》までを云ふ。寛文六年（一六六六）開地し、尋で前面の護岸に石垣を築き道路を通す。明治二十七年（一八九四）鴨川運河（琵琶湖疏水）を通ずるに当り、鴨川東岸一間五分を埋立て、随て道路広濶《こうかつ》となる。町名起原・宮川は鴨川の一名なり。一町目は四条より起算す。町地となりし時、此称あり。寛文八年（一六六八）水防のため前面に石垣を築く。依て東石垣町とも称す。略して東石《とうせき》と呼ぶ」（第9節宮川町参照）

清井町「祇園町南側の南一筋目より安井道を東へ、下河原に至る迄を云ふ。貞享（一六八五―一六八七）以来の開通なり。元祇園林中たり。貞享以来宝永（一七〇四―一七一〇）に至り漸次人家を建て祇園村に属す。開坊の時、清泉湧出せり、故に町名とす」

以上十四町で形成されるいわゆる祇園町は、四条通を境として祇園町南側、祇園町北側に分けられ、現在もそう称している。

祇園町南側「四条通大和大路東入ル南側より八坂神社西門石階下を南に延及し（小字花見小路、青柳小路、万寿小路、御廟裏を含む）、八軒通（南にて安井前、其南にて広道と称し、四条以北にてこっぽりと云）を経て神幸道を東し、東大谷松林道南北を包み、円山公園（双林寺道まで）境までの全体を云ふ。其区域甚だ広濶たり」

祇園町北側「四条通大和大路東入ル北側より八坂神社西門前北へ（今東山道と名つく）四条通北裏、新橋通以南、元膳所《ぜぜ》裏と称する所を包含せる一円を云ふ。四条北裏通清本町以東の地は正徳三年（一七一三）の開発に係る。其東部に膳所《ぜぜ》藩本多氏の邸あり。開坊以前寛永の設置なり。明治三年（一八七〇）二月廃藩となり、地を京都府に収む。爾来所有者を転換し、今は青楼妓館となる。なほ膳所裏の称を存す。又俗にこの町を東富永町とも呼べり。八坂神社西門前北へ林下町に至るまでを祇園北門前町と称す。明治元年（一八六八）祇園町北側に合す。此所をこっぽりと称す。大正元年（一九一二）東山通電車開通でこつぽりの称、自然に廃す」

仏教に由来する祇園社

祇園とは仏法の言葉で「祇樹給孤独園《ぎじゅぎっこどくおん》」によっている。祇陀太子なる人物と給孤独長者なる人物が、釈迦牟尼仏に献上した園林のことで、仏陀が最もよく説法に使った場とされている。

この仏教思想に基づく、仏教色極めて濃厚な社が祇園社

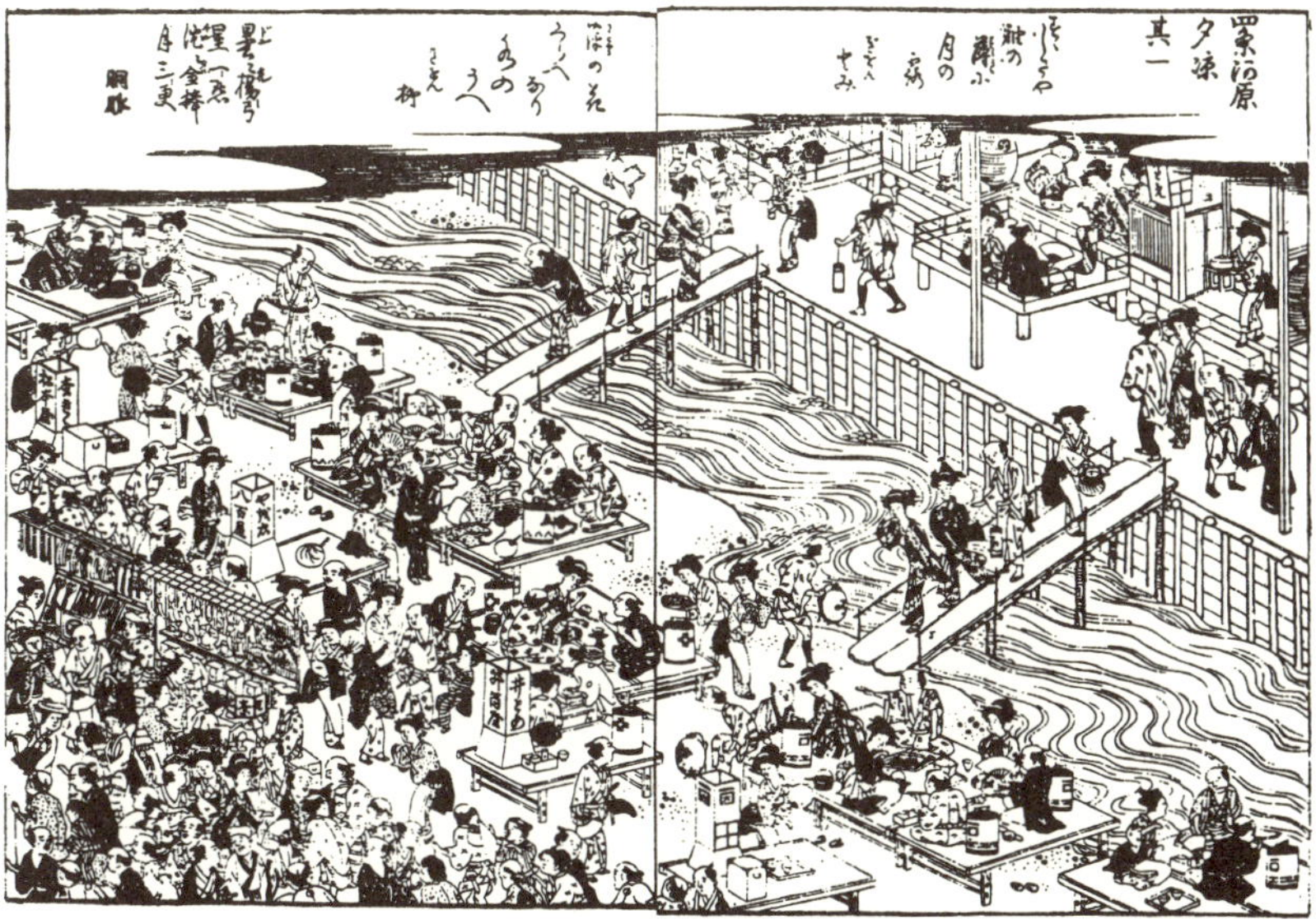

四条河原の夕涼み（『都林泉名勝図会』より，寛政ごろ）

同上（『花洛細見図』より，宝永ごろ）

図10　四条河原のにぎわい

で、明治元年改称して八坂神社となった。古くは祇園感神院、祇園天神社、牛頭《ごず》天王社などとも称された。八坂とは、この地に祇園坂、長楽寺坂、下河原坂、法観寺坂、霊山坂、三年坂、清水坂、山井の坂という八つの坂があるところから来た一郷の名である。

祇園社の祭神は素戔嗚命《すさのおのみこと》、櫛稲田姫命《くしいなだひめのみこと》、八柱御子神《やはしらのみこがみ》である。創始については、①斉明天皇二年（六五六）高麗から来朝した伊利之使主《いりしのおみ》が新羅国牛頭山《ごずさん》に坐す素戔嗚命の神霊を移し祀り、天智天皇六年（六六七）社号を感神と称した、②貞観十八年（八七六）この地に垂迹《すいじゃく》した天神を常住寺の僧円如が堂宇を建立して祀ったなど諸説あるが、牛頭《ごず》（地獄の獄卒）天王ともいわれるように生やさしい祭神ではない。むしろ厄病神である。

ところが古代、中世、いや近世に至るまで、庶民はこの手の神をあがめまつることによってその悪を封じ、さらに厄病除けにも役立つとして崇信すこぶる厚かった。このため祇園社は大繁昌で、参詣人はひきもきらず、これが遊廓祇園町の繁栄と密接な関係を持った。

四条河原と芝居

もう一つ祇園町と切っても切れぬ間柄にあるのは、四条の芝居であった。出雲のお国以来、芝居は四条河原と決まっていたが、当時の鴨川は一面の小石原で、大雨が降れば東は今の大和大路辺、西は文字通りの河原町あたりまで水がつき、劇場もほんの掛小屋程度のものしか建てられなかった。それが寛文十年（一六七〇）の鴨川大規模改修で一変した。鴨川東岸に石垣が築かれると、次々石垣の東側造成地に恒久建築の劇場が建ちはじめたのである。

『京都御役所向大概覚書』によると、元禄期に「四条南側ニ三軒、北側ニ二軒、大和大路ニ二軒、計七軒」の矢倉芝居が建ち、大きなものは間口十六間から十二間、小さなものでも七、八間もある大建築であった。

茶店の発達と茶立女

ほとんどこれと同時に川端通、大和大路通が整備され、祇園社参詣人と芝居見物人が行きかい、彼らを休憩させる茶店ができ茶立女が立つようになる。当然の経過である。

この茶店についての一番古い記録は、戦国末期の天正十年（一五八二）『言経《ときつね》卿記』二月十八日の項で、

「清水へ冷泉同道参詣丁《おわんぬ》。清水茶屋、祇園茶屋ニテ冷泉被二振舞一了《おわんぬ》。沈酔了」

の字が見える。「沈酔」するほど飲ませてくれる茶店が祇園にあったことがわかる。ただし寛文の鴨川護岸完成より八十八年も前のことだ。荒地か畑地の中にポツンと一、二

軒あった程度であろう。

それが、さらに三十余年たった元和年中（一六一五―一六二三）になると、茶店の数もふえ、そこに働く女たちの行動がようやく目につきはじめたと見え、

「祇園町ハ元和年中之頃ヨリ、祇園社参詣人并《ならびに》東山見物遊客之為、水茶屋、煮売茶屋、料理茶屋等ニテ茶汲女、茶立女、或ハ酌取女抔《など》ト唱《となえ》、内々遊女体《てい》之所業仕リ来リ候処…」（『京都府下遊廓由緒』）

という表現になり、この「遊女体」に対する当局の摘発が始まるのである。

注目すべきは、祇園社そのものの中にも遊女が存在していたことで、次のような文書が残っている。

「祇園社坊に於いて、傾城遊女相留められ、并《なら》びに参詣の衆、施飯申し付けらるゝの儀、一社中訴訟の通り申し届け候処、已後は堅く停止《ちょうじ》あるべくの由に候。檀那知音《だんなちいん》の衆来られ候時、振舞等馳走申さるるに付き、志次第音信は苦しからざるの由、坊中へも申さしめ候。恐々。

慶長十年七月六日　元佶《げんきつ》
承兌《しょうたい》

祇園執行并一社中　」

元佶とは相国寺内円光寺住職閑室元佶で、足利学校の校長も勤めた碩学であり、承兌は相国寺内豊光寺の開山西笑承兌である。いずれも秀吉、家康に信任され、江戸初期、幕府の京都における政治顧問役であった。

祇園外・内六町の成立

やがて時代が進むにつれ町はしだいに賑わい、寛文初年（一六六一―一六六五ころ）には、

「此（木屋町の）南は四条通中島（のちの先斗町）に出る。中島より東のかたを見れば、四条川原いろいろ見物の芝居あり。その東は祇園町北南行《ガワ》ながら茶屋、はたごやにて、座しきには客の絶《たゆ》る時なし。祇園殿西の門、只一目に見ゆ」（寛文五年＝一六六五＝刊『京雀』）

という景観を呈した。しかしまだ鴨川護岸未完成だから、本通り以外は荒地か田圃であった。川西から八坂神社西門が見透せたのは、当然である。

寛文十年の鴨川護岸によって、京都市街は急速に都市形態が整備されることになり、当然、祇園町もこの軌道に乗る。そのあらわれの第一が祇園外六町《そとりくちょう》の成立である。

寛文護岸で芝居町が四条河原から川東へ移ったことは前に述べたが、同時に川端通、大和大路通の造成が進められ、この新しい道路にそって作られた新しい町が祇園外六町なのである。町名はこの節の「区域」の項を参照されたい。この外六町に茶屋がどっと進出し、芝居各座の繁昌と

相まって、実質的遊里としての町並が整って行った。

第二は、やや遅れて完成した祇園内六町《うちろくちょう》の成立である。この造成は正徳三年（一七一三）から計画的に進行し、延享年間（一七四四―一七四八）には茶屋と人家の密集する活気満々の地域となっていた。

こうして外、内両六町の大祇園町が完成し、それまで四条通に点在していた茶屋は、北は現在の古門前通辺、南は建仁寺、東は八坂神社西門、西は川端通に至る広大な区域に充満することになり、これに隣接する宮川筋、清水、下河原などを含め、日本最大の遊所街を形成した。

『京都御役所向大概覚書』に載っている享保初年（一七二〇ころ）祇園町営業軒数を表に書き直してみた。水茶屋は通行人の求めに応じて湯茶を供する、いわゆる茶店、茶屋は座敷に上げて飲食を供し、接待の女もいる家、のち取締まりの対象となる業種であるが、水茶屋の中にもこれに近い店があった。町名に疑問点もあるが、とりあえず原文に従った。

享保年間の相つぐ火災

この享保年間は、祇園町にとって厄続きであった。相つぐ火災の難である。

「享保九年（一七二四）五月十日朝五ッ時、四条通北側芝居より出火、北側は輪違屋より徳田屋不レ残全焼、南側は升やより東橋迄不残。石垣町ははまや迄凡《およそ》半町計《ばかり》。但し裏の方にてはどんぐりの辻子《ずし》辺まで焼貫。建仁寺町は北の端より、西の方は半町程焼、東の方神明の社より建仁寺の北の門迄、東へ入ル町は目病《めやみ》の地蔵高塀崩し、地蔵堂は残る。北側は角の銭屋よりかまた屋橋屋焼け八百や切。裏にては井筒や高塀少々焼。縄手筋は四条通角より大和橋迄。東側同断。但し大和橋際《きわ》より二、三軒水茶屋残る。新地の方は無別条。かにが辻の内不残焼。惣竈《かまど》二百八十六軒。内家持六十五軒、内四軒は壊家。借家十三軒、内三軒は壊家。外に社一ヶ所、芝居六軒。焼死一人」（『月堂見聞集』）

「享保十五年（一七三〇）二月十五日尽五ッ過、建仁寺町四条上ル町東側、水茶屋より出火、加太夫芝居へ火飛、北は大和橋切、南は四条切、東側は大和橋の際、水茶屋二、三軒残。其外は四条迄、新地は東へ両側一町切焼。北の筋の新地南側表計《ばかり》残り、裏通は焼貫き申候。四条通建仁寺町東へ入ル町は、北側井筒屋東隣まで焼、南側は無別条。但し建仁寺町下ル西側木戸切に焼。東側は目病地蔵、神明社其外無二別条一。四条通は両側石垣切、但し東石垣町は八軒焼。外に三軒壊家。火元は祇園新地末吉町、島本三郎九郎借家、若泉屋喜兵衛。右町内にて家数

表 4　享保初年祇園町の風俗営業軒数

	茶屋	水茶屋	旅籠
大和大路弁財天町	32		3
祇園町北側	28		2
祇園町南側	48	2	2
祇園南町	16		
四条河原南側		17	
四条下ル川端町東側		3	
四条河原北側		16	
四条上ル川端町西側		7	
大和大路二十軒町		27	
大和大路常盤町		17	
大和大路筋橋下ル東側祇園新家地		38	
計	124	127	7

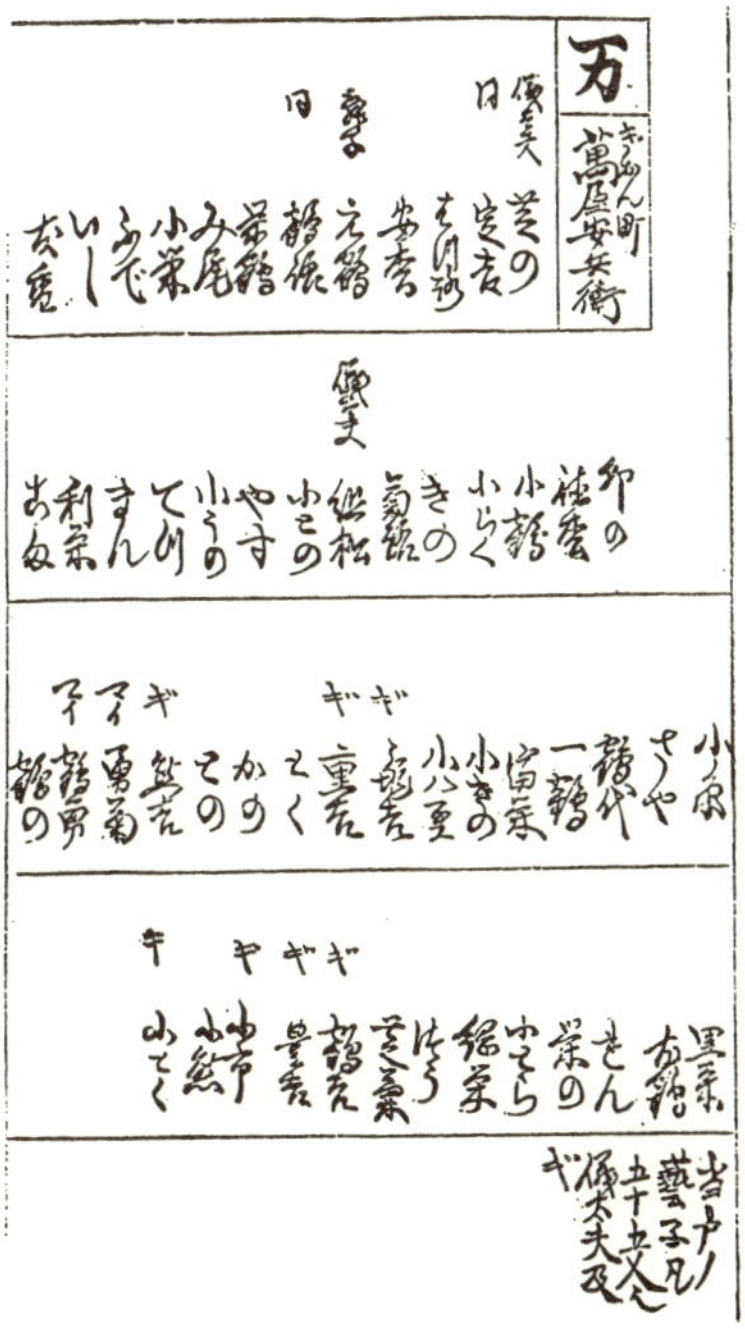

図11　祇園の芸娼妓名簿
（『近世風俗志』より）

二軒、此竈数火元共に五十七軒、同所西側大和大路常盤町、芝居二軒、竈数四十八軒、同続き二十一軒町、竈数二十二軒。四条河原西側幷に蟹ヶ図子川端町共々芝居四軒、竈数六十軒、宮川筋一町目家数八軒、竈数同断。建仁寺四条下ル北門前上所、竈数十三軒、祇園町北側、但し同小屋共に竈数二十六軒、同新地富永町竈数四十二軒。右計家数九十八軒、竈数二百七十七軒也」（『月堂見聞集』）

ついでながら、火事に関連して、こんな記録も残っている。

「今度《このたび》縄手四条芝居幷茶屋焼失ニ付、前年も当年程焼失、間も無レ之内度々大火故、本宅を立候はヾ、芝居幷水茶屋迄瓦葺に可致候由被二仰渡一候」（『月堂見聞集』）

防火対策としてのかわら葺きが、はじめて当局により奨励されたのである。江戸期二百六十余年のちょうどまん中というのに、京都の民家がまだ大部分板ぶきだったとは、少々意外である。

「遊女体」に対する取締まり

この間も傾城町（島原）以外の「遊女体《てい》」に対する取締まりは続き、寛延三年（一七五〇）十月には祇園町、宮川町の茶屋女多数が島原へ送り込まれ、店は営業停止。必死に陳情した結果、翌宝暦元年（一七五一）四月、

「去年来久敷商売相止罷在、難儀之訳を以て祇園町江茶屋株十軒、縄手通江同十軒、宮川筋一町目ヨリ六町目迄同十五軒、十ヶ年之間貸附方相済」

という形で、処分を緩和してもらった一件もある（『京都府下遊廓由緒』）。

天明八年（一七八八）正月二十九日から二月二日まで燃え続けた火事は京都近世第一の大火で、千四百十四ヶ町、三万六千七百九十七戸を焼いた。御所も二条城も所司代も全焼したが、祇園町は奇跡的に助かった。これが幸いして、

「大火ニ付キ諸商売株式ニ不レ拘手広ニ渡世可レ致旨沙汰ニ付、茶屋株之儀モ年限ニ不レ拘渡世致シ候由」（『京都府下遊廓由緒』）

と復興のための景気高揚策で、茶屋の年限までなくなってしまった。自然、茶立女や給仕女の「遊女体」の稼ぎも、大っぴらになったのだが、反動は必ず来る。

「寛政二庚戌（一七九〇）六月、祇園町同新地ヲ始メ所々茶屋株之者、隠売女多人数傾城町（島原）江婢ニ差下シ相成リ、所々之茶屋株一時ニ被二差上一、懸リ合無レ之茶屋ハ先前之通リ茶立女一人宛差置、遊女ニ紛レ間敷様申渡シ相成候由」（『京都府下遊廓由緒』）

この有名な寛政の大手入れは、老中松平定信の精神作興

運動の発令によって、京都所司代太田備中守資愛《すけるな》（遠州掛川侯）が両町奉行を指揮して決行、数か所の隠売女計千三百余人を検挙し、全員島原へ送って下婢とした。これらの女は最末端の娼妓として働かされ、利益はすべて島原のものとなった。

遊女屋初めての営業公認

ところが形勢はまた急速に変わり、わずか五か月後の同年十一月、

「祇園町同新地（内六町）二条新地、北野、七条新地、都合四ヶ所江初メテ五ヶ年限を以て遊女屋二十軒宛《づつ》、一軒ニ付キ人数十五人に限リ差許シ相成リ、去ル六月傾城町（島原）差下シ相成候売女引取リ渡世致候儀、并傾城町江口銭差出配受候儀等申渡し相成候事」（『京都府下遊廓由緒』）

ということになった。五か年限りとはいえ、祇園町も他の三遊廓と同じく、ここに初めて「遊女屋」営業を公認されたのである。寛文護岸以来百二十年、形式上「遊廓」としてやっと獲得した遊女屋営業権であった。ただし、この権利はあくまで「島原の出稼」という形式によったものであり、他の三廓も同様である。

このとき祇園町が一本化された、という記録がある。

「是迄祇園町ト同新地ハ区別相立居候所、本書遊女差許シ之砌以来一ヶ所ニ可二相心得一旨申渡シ相成リ候事」（『京都府下遊廓由緒』）

この場合、祇園町というのは外六町を含む四条通の南北両側、祇園新地は内六町を指す。

その後天保十三年（一八四二）の「幕府改革」による遊女大手入れを経てふたたび公認となり、さらに許可年限の延長が重なって実質的に全面無条件公許を獲得、同時に明治維新を迎える。その経過は他の遊廓と全く同じであるから、詳細は第二章第5節「幕府の統制」を参照されたい。

幕末の大火

特筆すべきは、この幕末期に祇園がまたもや大火の災害を受けたことである。元治元年（一八六四）七月、禁門の変（蛤御門の戦）による「ドンドン焼け」で京都市街の三分の二が焦土と化したときは祇園町は厄を免れ、むしろ罹災した七条新地の業者・遊女を橋本町、林下町へ迎え入れて繁昌したのであるが、翌慶応元年（一八六五）三月二十六日の火災は地元からの出火で、大きな被害を生じた。『中山忠能《ただやす》日記』によると、

「酉の半（刻）計《ばかり》出火、丑（刻）計に至り鎮まる。東は祇園町半分余り、膳所裏より新門前へ突抜け、西は縄手川端

三条下ル二丁目迄、南は建仁寺上ノ門より宮川町松原迄焼亡、北は古門前裏迄。頗る大火なり」

とあり、八時間近くも燃えた。瓦版などを総合すると、火元は末吉町縄手東入ルの茶屋万屋仁左衛門方。焼けた町数は内六町、外六町を含め二十六か町、家数にして千八百軒ばかりで、膳所裏と橋本町、林下町だけが残った。従って、現在の祇園町に慶応元年以前の建築は一つもない。ということになる。

ところが、ここが京都町人の底力というべきか、たちまち復興が成り、慶応三年には早くも芸者、舞子、遊女計千百六人（『四方の花』により集計）に達している。

ライバル島原の祇園観

さて、ここで、京都全遊廓の総元締を自認する島原の、最大のライバル祇園に対する見方を示す一文を紹介する。島原角屋十二代当主中川徳右衛門著『波娜婀娜女』である。

「寛政二年（一七九〇）十二月当廓（島原）よりの願ひにより祇園新地、二条新地、北野新地（上七軒）、七条新地の四ヶ所へ五ヶ年間一ヶ所につき遊女十五名、茶屋廿軒づゝを限りて免許せられたることとあり。その当時の島原は近く京師大火（天明八年＝一七八八）のことありたるにも拘らず非常の全盛を極めたるものなりき。然るに不幸六十余年前の祝融《しゆくゆう》（火災。安政元年＝一八五四＝八月二十二日）は唯僅に揚屋町のみを残して其大方を灰燼せり。依りて楼成るまでの当分をと、前《さき》の允許《いんきよ》を辿《たど》りて再び眺望《ナガメ》美しき東山の麓、水流《ナガレ》清らなる鴨川のほとりに仮の家居を移して、暫らく其所《そこ》に営業《ナリハヒ》せるもの多かりき。

左《さ》るからに京地《ケイチ》の繁栄は次第々々に膨大して、其仮居のあたり恰《あだか》も市の中央に位しけるより、遊客日を追ふて多くなり、いためる幹（島原のこと）のいまだ元の姿にだも立ち復らぬ間に、枝葉《かへ》（祇園）は露に潤《うるほ》ひ雨に色づきて、日《ひ》一日《にち》と其美事《みごと》さを増しけるなり。之を今の祇園新地の興史となす。

されど斯《か》くても其当時は幹枝の差別尚《なほ》明らかにして、凡ての差配を此廓（島原）に受け、現に明治の初年に至るまで若干《そくばく》の賦金を年々歳々此廓に致しけるとなり」

要するに、祇園町は島原がつくってやったのである。その証拠に、明治初年までいくらかのお金を島原へ納めていたではないか、ということである。そのくせ祇園町が「日一日と美事」になっていったことは認めているところが面白い。

祇園景観のうつりかわり

それでは祇園町はどのように「美事」であったか、いろんな資料で探ってみよう。まず初期、貞享から宝永までのころ(一六八四―一七〇九)、寛文の鴨川護岸はできていたが、周囲は田と荒地ばかり、縄手通に追剝《おいはぎ》が出たといわれるころである。

「此町堤塘の下に藁葺《わらぶき》の家数軒あり。各鉄色染《カチエ》の幌《トバリ》(俗に暖簾《のれん》と云)を掛け、長く四角なる行灯《あんどん》に家名を注し、床《しよう》几《ぎ》を構へて煎茶を販《ひさ》ぐ。然れとも常住せず。昼は他所に在り。夜来って店舗を開く。世人呼んで螢茶屋と云ふ。此茶屋は女子の営業にして、其服装は木綿に模様を染たるものを着し、衿のみ絹布を用ひしと云ふ」(『京都坊目誌』)

現在の大和大路四条上ルであろう。ホタルのように「夜だけあらわれる」というところが曲者《くせもの》である。この辺の茶屋は「祇園社参詣人のため」という名分で、早く承応三年(一六五四)一軒につき茶立女一人の条件で公許されているのだが、それがしだいに、茶の代りに酒、ついでにつまみもの、そして夜の営業へと移っていったのであろう。

もっともその店は「取葺《とりぶき》(枌板《そぎいた》の上に竹や石を置いただけの)屋根に竹のたる木、間口も狭い奥行一間半ばかりの日小屋」で奥にかまどと茶棚を置いた。とあるから、どこで夜の営業をしたのか、その辺がわからない。

ちなみにこの螢茶屋は、公儀の取締まりと戦いながら、はるか後世の安永年間(一七七二―一七八九)まで名前が残っている。

元禄五年(一六九二)五月、江戸参府の途中京都を見物したドイツ人医師ケンペルは、その日記に次のように書いている。

「(八坂神社の)境内の出口の近くで、われわれは立派な石の鳥居をくぐり、山の道を過ぎて行くと、路傍に売春婦たちが沢山いた。楼の主人は幕府の命令で、こういう売春婦を二人だけ置くことを許されていたが、これは女をもっと抱えることで、一軒の家が他の家よりもうけることがないようにするためである」

石の鳥居をくぐったのだから、現在の下河原であろう。路傍に女が出ていたというのは、すでに客引き行為があったのか。

これが江戸爛熟期に近づくにつれ、祇園町全体に茶屋、女郎屋、料理屋が立ち並び、その建築も贅をつくすようになる。

「井筒、扇九、一力など坐敷広し。客あれば庭へ打水《うちみず》し、釣灯籠へ火を点《とも》す。忠臣蔵七段目の道具建の如し。

燭台は木にてろぬり（蠟塗り）なり。大楼は燭台四ツ五ツ。蠟燭は六寸ばかりあり。半分たゝざるうちとりかへる。そのたびたびに必ず客の顔の色が変る。蠟燭一挺八分ヅ、なればなり」（『羇旅漫録』）

まさに不夜城の世界である。打ち水した庭が銀燭に映《は》えて、緑にかがやいたことであろう。ただし、客はろうそく代にひやひやしていたのである。

なお祇園町のマークは現在、京都市民衆知の通り「八つの丸団子《だんご》」である。遊所正式許可の嘉永四年（一八五一）に、内六町と祇園町南北両側を合わせて八つと定めた。安政六年（一八五九）外六町も許可となり、十四個にすべきだったが、数が多すぎてデザイン効果を害するので、八つのままとされた。団子を選んだのは、往昔祇園社頭で売られていた御手洗《みたらし》団子をとり入れたのであろう。

4　島原からの「出稼」二条新地（左京区）

大火被災者の開発地

この廓は、現在の京都市左京区二条通川端東入ル、つまり二条大橋東詰の北側一帯にあった。いまは商店と小住宅が混在して、全く当時の面影をとどめない。

『京都府下遊廓由緒』によると、その創始は享保十九年（一七三四）で、形式的には島原からの直接「出稼」、実質的には北野上七軒の出稼である。すなわち、

「二条新地ハ元聖護院村畑地ニ候処、享保十九甲寅十一月北野吉祥寺ヨリ所司代牧野河内守（英成・丹後田辺侯）、町奉行本多筑後守（忠英）ヱ願済ヲ以建家地ニ相成、新先斗町、大文字町致二開発一、其後追々人家相増候由ニ候事（旧記無レ之古伝）」（『京都府下遊廓由緒』）

「享保十九年寅十一月、聖護院村畑地三千九十七坪を以て遊女町たらんことを、当業者より所司代牧野英成、町奉行本多勘右衛門忠英へ出願し、遂に許可を得て、北野吉祥寺より上七軒出店の名義を以て遊女屋渡世の者移住し、先づ新先斗町、大文字町を開き、宝暦十三年（一七六三）樵木《こりき》町（木屋町通）四条下に天王町より同渡世の者移住し、新生洲町と号《なづ》く。其後の沿革は島原及祇園新地に同じ」（『京都坊目誌』）

さて、ここに問題が生じる。本来この川東の地は、宝永五年（一七〇八）の京都大火のあと禁裏造営と周辺再整備のため、幕府に替地を命じられた市民や新天地を東方に求め

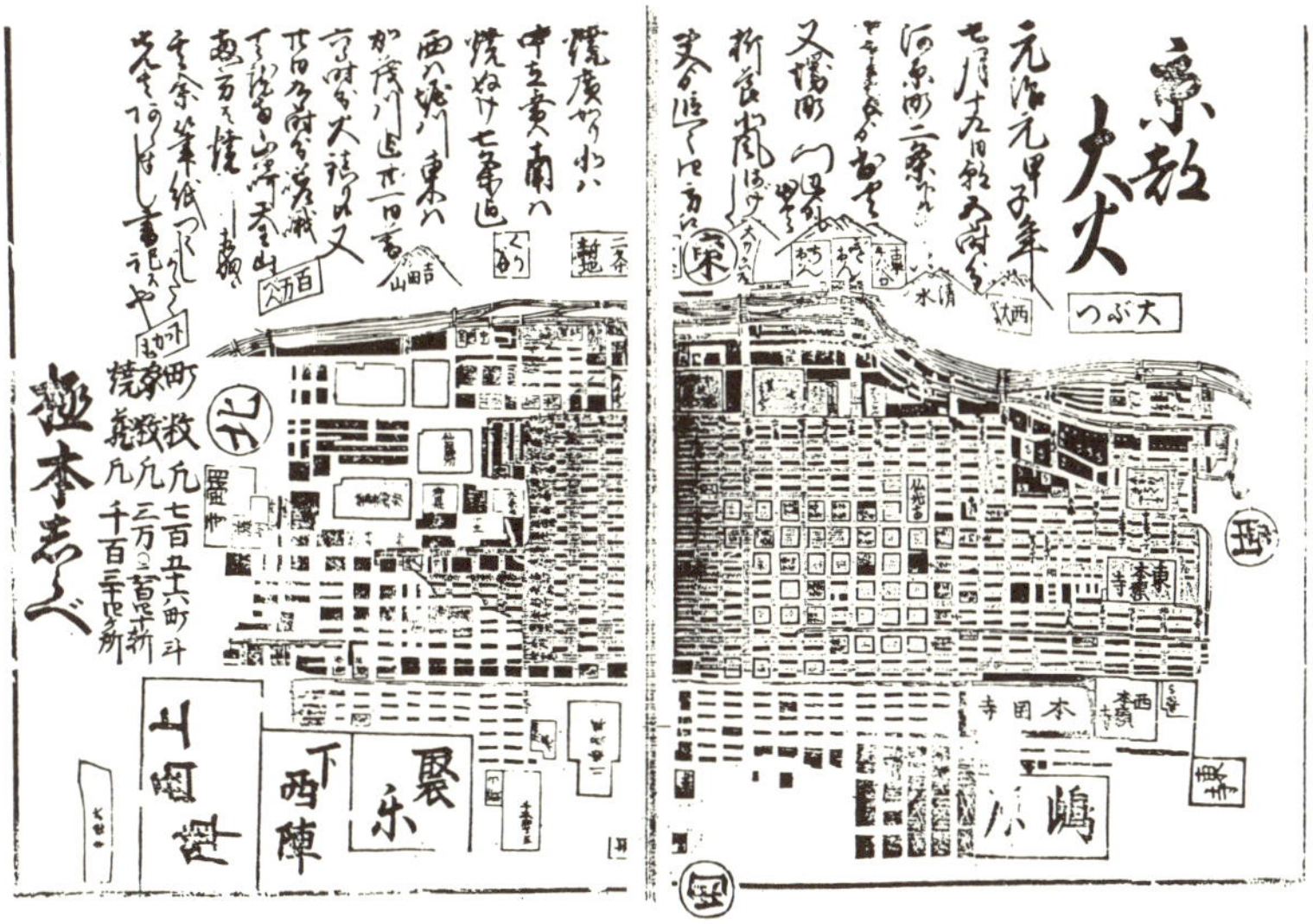

元治元年の大火

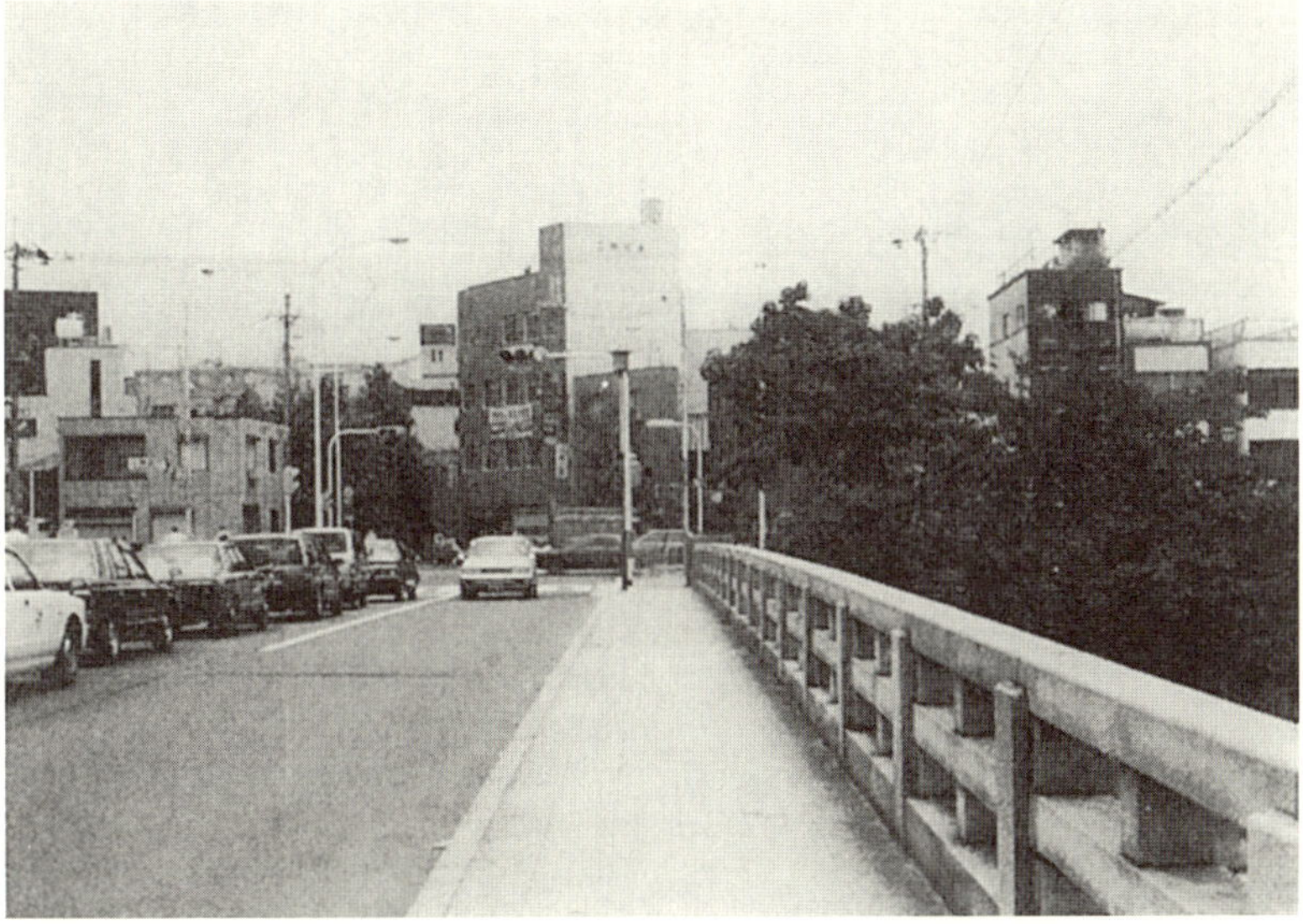

現在の二条新地跡

図12　二条新地と大火

た被災者が移住してきて開発した元畑地である。彼らは前住地の通名を持ち込み、これに「新」を付けて新通名とした。現在もある新丸太町、新麩屋町、新富小路などがこれである。同時に新町名も同じやり方でつけたわけで、『月堂見聞集』享保十八年の条に、

「霜月、二条河原新生洲東の方に、町屋二筋御赦免、新ぽんと町、大文字町、道幅一間に榜示を打つ」

「二条川原かけあがり糞屋町引ヶ地、旅籠屋建つ。新生洲町と書く」

の記事が見える。つまり『京都府下遊廓由緒』や『京都坊目誌』のいう享保十九年の一年前に新先斗町、大文字町の称が生まれていたということである。これらは、しばらく『由緒』『坊目誌』に従っておく。

新先斗町など六町の発生

結局、こうしてできた二条新地の町名は、新先斗町、大文字町、杉本町、難波町、中川町、新生洲町の六町であった。これらについては『坊目誌』によって簡単な説明を付すことにする。

新先斗町　川端通から東へ一筋目の二条・夷川間をいう。西北側に小部分夷川上ルあり。享保十九年に開通した。住民は北野吉祥寺から移る。

大文字町　川端から東へ二筋目の夷川上ル、下ル。南は二条通までをいう。開通、住民は、新先斗町と同じ。

杉本町　川端から東入ル五筋目、二条通から北へ夷川通上ルまでをいう。

難波町　川端から東へ四筋目、二条通から夷川通までをいう。

中川町　川端から東へ二筋目の夷川通上ルをいう。

新生洲町　川端通の東側、二条通から北へ現在の疏水南通までをいう。開通は宝暦十三年（一七六三）。この町のみ樵木《こりき》町四条下ル天王町から移住した。

こうしてできた二条新地だが、以後の沿革は寛政二年（一七九〇）六月隠売女摘発、同十一月年限五か年で遊女屋再許可、文化十年（一八一三）芸者取扱許可、天保十三年（一八四二）幕政改革による取締まり、嘉永四年（一八五一）十二月十年限り遊女商売再許可、安政三年（一八五六）十月、同五ヶ年延長、慶応三年（一八六七）十月無制限営業許可、と祇園町などと全く同じ経過をたどることとなる。

この間、天明八年（一七八八）一月の京都大火で類焼し、全廓完全に焼土と化したが、「復旧他に比し急速、原状となる」（『京都坊目誌』）。他の廓に比し、相当大きな経済的底力を持っていたようである。

「賤妓」の最も多かった二条新地

ただし外見上は、島原のように豪華なものではなかったらしく、享和二年（一八〇二）京都を訪れた滝沢馬琴の『覊旅漫録』には、

「京にて見世付ある妓楼は、縄手、二条新地、北野、内野、御所うら等なり。これらいづれも見世をはる。いづれも賤妓にして、見せはうちつけ格子、畳わづかに三四畳を敷《しく》べし。二条新地 尤《もつとも》多し」

とあって、どうもパッとしない。その後、

「文久慶応の間（一八六一―一八六八）一時繁昌を極めたりしが、明治に至り甚しく衰頽《たい》し」（『京都坊目誌』）

となり、ついに明治二十年（一八八八）府令によって消滅する。そのいきさつは、第四章に譲る。維新時で、茶屋数は推定百五十軒あった。

奇人学者・中島棕隠

一つ、この廓について特筆すべきは、奇人学者中島棕隠の存在であろう。通称文吉、諱《いみな》徳器。和、漢、書、詩に長じた碩学で、文化文政の壮年時、二条新地内の難波町に住み、学者らしくもなく料理屋を営んでいた。その店の名が「銅駝余暇楼(どうだ、よかろう)」というものであった。銅駝は、中国にならった平安京坊条制の区画名の一つである。棕隠は、ここで『鴨東《おうとう》四時詞』など、すぐれた詩書を著述している。

悪名残した目明文吉

幕末史に悪名を残した佐幕側の密偵目明《めあかし》文吉も、この廓に縁がある。彼の本宅は、中京の高倉通押小路上ルだが、ここ川端二条上ルの廓内で妾に茶屋をやらせ、文久二年（一八六二）閏八月三十日土佐系の尊攘派志士に襲殺されたとき、この茶屋での新しい妓女のお披露目祝いに来ていたという。

5　北野上七軒（上京区）の盛衰

上七軒と下之森の関係

『京都府下遊廓由緒』には、北野上七軒遊里の町構成を上七軒プラス下之森として、次のように表示している（明治五年現在）。

上七軒―真盛《しんせい》町、社家《しゃけ》長屋《ながや》町、鳥居前町、合三《セテ》町
下之森―東町、西町、三軒町、新建《しんたて》町、合四町

ところが『京都坊目誌』には、

「北野上七軒遊廓は、真盛町、社家長屋町、鳥居前の三ヶ町を以て区域とし、公許の遊里なり」

として下之森を含めず、下之森については別項で各町を説明し、「元妓楼があった」と述べているだけである。いずれを執るかは迷うところだが、一応地元遊廓の提出による由緒書を編集した、なかば官編の『京都府下遊廓由緒』に従うこととする。

ただ気になるのは、上七軒と下之森の距離である。上七軒は現地名で京都市上京区北野上七軒、つまり北野天満宮の東側の一画、一方下之森は同区下の森で、東は六軒町通、西は御前通に至る一条通南側の細長い区域であった。この間約四百㍍は、遊廓とは全く関係ない。むしろ下の森は、その南に続く五番町遊廓と、より近接しているといえる。

北野天満宮との直結

上七軒は古来、北野天満宮と切っても切れぬ関係を持っている。北野天満宮は、正式には上京区御前通今小路上ル馬喰《ばくろう》町にあり、祭神はいわずと知れた菅原道真である。北野神社、北野天神ともいい、全国無数の天神さんの総本家である。天暦元年（九四七）右近馬場に一宇を結んで神祠としたのがはじまりで、天徳三年（九五九）から朝廷の公祀を受け、歴朝の行幸も多かった。現代の宏壮な社殿の多くは、慶長十二年（一六〇七）豊臣秀頼による再建である。

社伝によれば、文安元年（一四四四）社殿が焼失したあと、将軍足利義政がこれを再建したが、その際、造営の残木を利用して、付近の松原に七軒の茶店を建て、参詣人の休息に利用させた、とある。その後明応二年（一四九三）、大永四年（一五二四）にも、茶店の存在を示す記録が残っている。

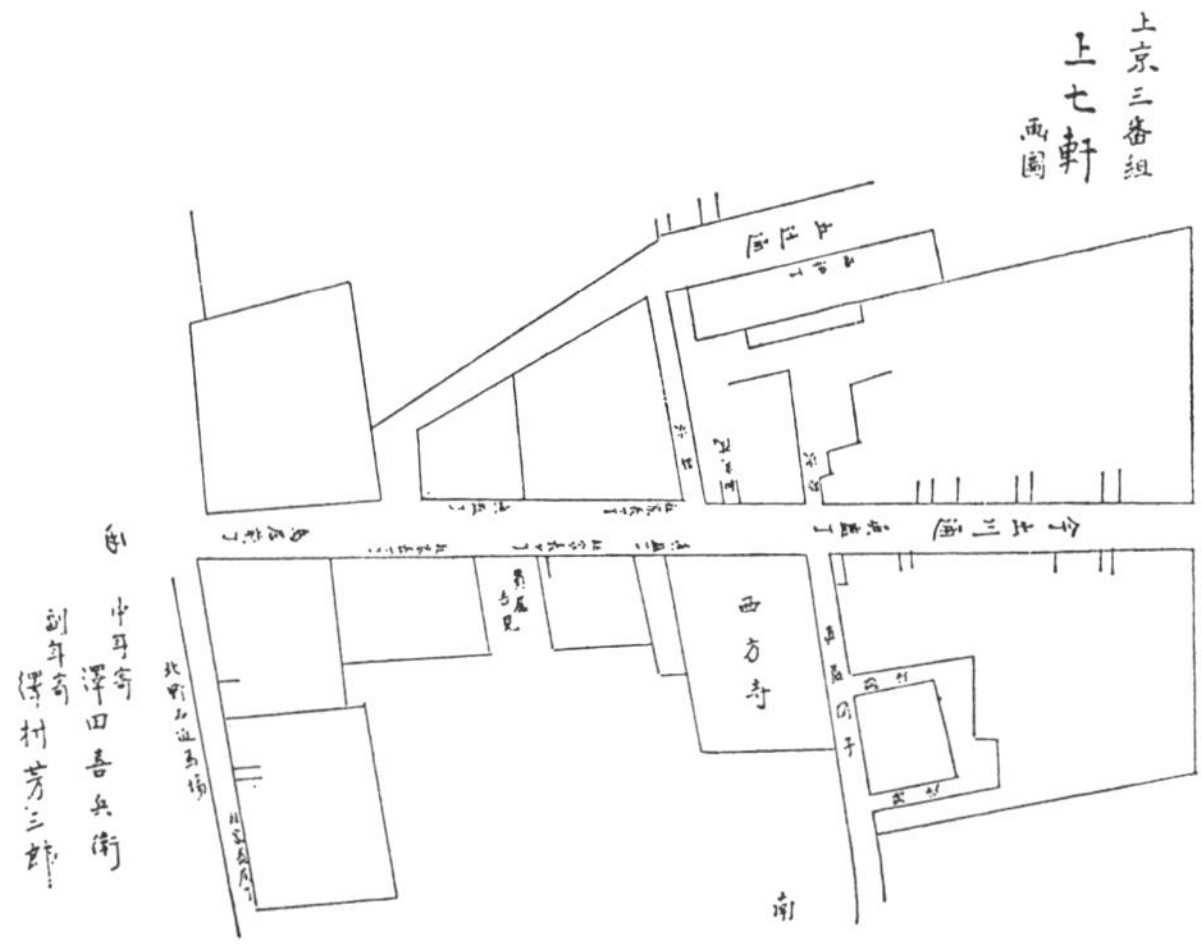

上七軒古地図

しっとりした上七軒花街

北野天満宮

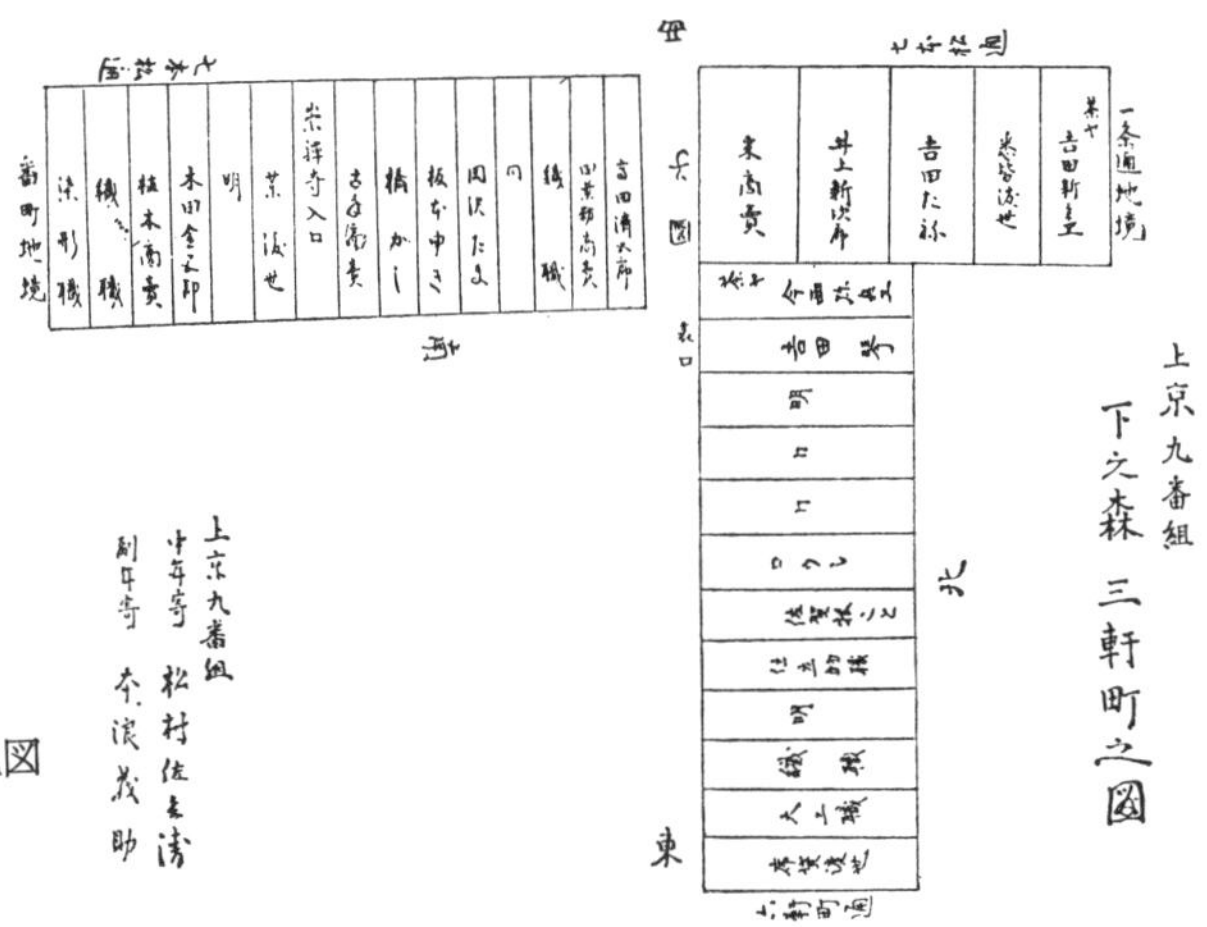

下之森古地図

図13　北野天満宮と遊里跡

また永禄十年（一五六七）三月二十九日と天正十一年（一五八三）八月十二日の『言継卿記』、慶長九年（一六〇四）の『鹿苑日録』に、北野で傀儡《くぐつ》、曲馬、抃躍《べんやく》の妓女を見物したことが記されており、このころ茶店のほかに諸芸能の見世物があったことがわかる。抃躍は舞踊であり、四条河原に先立って女かぶき踊りが北野で興行されていたのである。

『京都府下遊廓由緒』によれば、天正十五年（一五八七）十月、

「豊公北野に於て大茶の湯の催しあり、太閤七軒茶屋に休息せらる。其頃此地の名産として販《ひさ》ぎし御手洗《みたらし》団子を御栈に盛り、公に捧げ、大に賞誉を得、遂に山城国中所々法会等の場所へ市店を出し、渡世となすことを免許せらる」

とある。

この特権が江戸時代にまでつながり、

「右の由縁により、徳川氏に至り、板倉周防守(重宗)所司代たるとき、法会市場幷に茶屋株免許せらる。茶屋株は遊女屋の事なり」

と、茶くみ女だけの茶店から、遊女のいる茶屋の免許に進展するのである。京都の遊廓の中では、島原についで古い公認花街の歴史を持っていることになる。

異色の遊女たち

ただし、この北野にいた遊女は、他の廓と趣が変わっていて、『京都の花街』によると比丘尼《びくに》、口よせ巫女《みこ》、白人、それに普通の遊女と、いろいろ揃っていたという。比丘尼は廓地内の真盛町にある西方尼寺との関連であり、巫女はもちろん天満宮のそれであろう。白人は公娼黒人《くろうと》に対する素人《しろうと》あがりの売春婦である。

比丘尼のスタイルは、むかし紀州は熊野権現の絵巻物を持って諸国を放浪した勧進《かんじん》比丘尼の流れを汲み、天和・貞享のころ（一六八一―一六八七）の資料によると、白い布子に淺黄木綿の頭巾《ずきん》、素足に草履ばき、旅人を象徴する柄杓《ひしゃく》を腰に差していた。さらに宝永ころ(一七〇四―一七一〇)になると、

「眉をおき、歯白く磨き、紅粉をつけ、白粉《おしろい》をはき、月代《さかやき》を中刈りにして忌中の男の如し」(『近世風俗志・娼家』)

という色っぽい化粧をし、髪も丸坊主ではなかったと見える。

口寄せ巫女は、陸奥恐山《おそれさん》のいたこと同様、死者の魂を一時的によみがえらせる冥界との媒体で、中古以来放浪の遊女と同義語である。とくに北野に定着したのは、やはり菅原道真の怨霊を恐れる考え方と関係があるようである。

北野遊廓の盛衰

以下、幕末に至るまでの経過は、のちに略述するとして、ここで特筆したいのは、このくるわにも営業不振の危機があったこと、火災などのとき奉行所への冥加金免除の制があったこと、である。例えば寛政元年（一七八九）七月二十六日付で、上七軒真盛町年寄らが天満宮役員の松梅院に提出した「就ニ御尋一口上書」に、次のような文字が見える。

一、当町茶屋株之義、いつ頃蒙ニ御免一候哉《や》、判間敷《わかりまじき》義ニ而《て》、古来より商売仕来候。勿論、享保十五年（一七三〇）戌六月西陣大火之砌《みぎり》、書物等も類焼仕《り》候ニ付、委敷《くわしき》訳書《わけがき》等難ニ相知《り》一御座候。

一、当町茶株九軒在レ之、古来一同商売仕来候処、其後段々不繁昌ニ而《て》、九軒之内八軒休株ニ相成、右商売筋御名目銀等借受、町中及ニ難渋一ニ付、右休株八軒悉《ことごとく》商売へ貸附申《シ》度旨、宝暦十（八か）寅正月奉ニ願上一候処、願之通《り》御赦免被ニ成下一候ニ付、右八軒之内四軒、五条橋下南京極町へ貸附、則、商売人幷ニ双方町役連判を以て其節御断書奉差上候。然る処、右株差戻し候ニ付、町内ニ所持仕、当時六軒商売仕、三軒は休株ニ相成罷在候。

一、当町屋株ニ付、御冥加銀一軒ニ付銀拾二匁宛《ずつ》、毎年差上可レ申旨奉ニ願上一候処、安永四年（一七七五）未九月七日、東御役所様へ被ニ召出一、願之通《り》被仰付、依レ之、御冥加銀、東西御役所様へ上納奉ニ申上一候。然ル処、昨年（天明八年）大変ニ付、御触通り承知、去申年（同年）は御冥加銀上納不レ仕候。

右茶屋株就ニ御尋一、乍レ恐口上書奉ニ差上一候通、相違無ニ御座一候。以上。

御境内真盛町
年寄　又四郎
五人組　助治郎

松梅院様
御役人中様

遊女屋仲間の固い結束

もう一つは、遊女屋仲間同士の結束が相当強固で、自主規制が行われていたことを示す一札で、文面から寛政二年（一七九〇）末かその直後と思われる。内容はきわめて具体的で、当時の遊廓の実情がよくわかるので、これも全文を紹介しておく（『北野会館所蔵文書』）。

定

一、当所幷外三ヶ所（祇園町、二条新地、七条新地）へ、遊女商売被レ為レ遊ニ御差免一、芸者差配之儀も被ニ仰付一、御ヶ条之趣、町役、遊女屋衆中より御請書被ニ差上一、一同難レ在仕合《しあわせに》奉レ存候。右ニ付、取締方篤《とく》と申諭候様被ニ仰聞一、遊女屋一同相談之上、左之通《り》取極《とりきめ》候事。

一、従《より》ニ御公儀様一被レ為ニ仰渡一候御箇条之趣、銘々急《きっ》度《と》相守《り》、正路ニ渡世いたし可申事。

一、都而《すべて》御通行之節、無礼無レ之様、可ニ相心得一事。

一、御公用之儀申参候節ハ、早速主《あるじ》罷出、内々篤と承り候様急度《きっと》可レ被レ致事。

一、旧式旧礼仕来候事、幷ニ先規より衆儀判定来り在レ之候累年ヶ条之向々、堅洩《かたくもらし》申間敷候事。

一、御目印町行燈《あんどん》、毎夜子《ね》之刻迄《まで》ともし置可申事。

一、御客来、互之届ヶ合、不行届キニ不ニ相成一様聢《しか》と答行可レ被レ致事。

一、子供、客人をやかたへ引込申間敷候事。幷ニ始メ而《て》客請屋ニ而馴満《なじみ》ニ相成候客人ニ而、外客請屋へ参り候節は、始之客受屋へ早速届行可被致候事。

一、子供より客請屋へ為ニ呑込一身揚之花ヲ付、幷ニ他出いたす間敷候事。

一、遊女芸者達、何ニ不レ寄御客様より到来之節は、急度《きっと》客請屋へ其一わり会釈可レ在レ之事。

一、市中之中宿へ、為ニ一夜一とも泊り参り申間敷候事。

一、すき髪、襟之かかり候着類、幷ニ半天之姿ニ而、花ニ参り候儀ハ可レ為ニ無用一事。

一、役者、大鼓もち、店男、其外不束之仁ニ而、花ニ参り申間敷事。

一、開帳為レ拝、万日等ニ而引物ニ出候儀、幷ニ世話致候事、相断可レ申候事。

一、芸者壱人より、月々定通《のり》傾城町へ、口銭之儀被レ出へく候事。

一、御免茶屋口銭之儀ハ、御定通《り》毎月五日限、取締所迄《まで》差出可レ申事。

一、前々以、仲ヶ間定式通、御客様万揚代御払申請候儀、崩れヶ間敷相成不レ申様、相互ニ可レ致候。或ハ金仕かけ等之儀ハ、堅《かたく》御断可レ申候事。

一、呼継キ之儀ハ、前々より定之通《り》相成不申候事。

一、仲間寄合之節、何事によらず無ニ不参一罷出可レ被レ申候。且一統之儀ニ而、括《くく》り銭定り候儀ハ、行事之無ニ苦労一、早速差出し可レ申候事。

一、仲ヶ間中臨時吉凶共、各々罷出助成可レ被レ申事。

一、遊女芸者、常々御客様之善悪之取沙汰は決而《けっして》致間《ス》敷候。幷ニ子供迚《とて》も互ニ譏合《そしりあい》無用事。

一、遊女芸者、二季祝儀もの取遣《とりや》り一切無用《の》事。

右箇条、今般取極《とりきめ》、家並ニ相渡し申置候間、芸者子方

并ニ茶屋一同、堅ク相用可レ被レ申候。万一心得違之仁在レ之、於レ不ニ相用一は、無 拠《よんどころなく》差配相止メ、町分仲ケ間相除キ可レ申間、此旨篤《とく》と承知可レ在レ之候。仍而如 件《よってくだんのごとし》。

寿仲ケ間取締
遊女屋中　印

最後の「寿仲間」というのは、寛政二年末幕府に遊女町を再公許されたさいに命名された上七軒遊女屋同業組合ともいうべき組織の固有名詞である。このとき一時暖簾《のれん》と軒行燈に「寿」の字を入れたこともある。いまでも上七軒芸者の温習会を「寿会」という。

明治維新までの推移

以後、明治に至るまでの経過は他の廓と同様である。幸いにして明治五年一月二十三日付けの三町年寄連署による『乍恐由緒御尋ニ付口上書』というのが残っている（『北野新地文書』）ので、これを引用しておく。

当上七軒遊廓由緒之儀は、乍恐左ニ申上候。元来之儀は、天正十六年（一五八八）之頃、秀吉公北野大茶会被レ為レ在候節、七軒茶屋と唱え、水茶屋渡世仕、土地名産御手洗《みたらし》献上仕候茶立女共、御見出しニ相成、其頃遊女芸者等御免許ニ相成候。其節之古記之類は、享保十五年（一七三〇）戌六月廿日当地一統類焼仕候節、古記之類不レ残焼失仕候哉《や》ニ聞伝罷在候儀ニ御座候。

其後、年限ヲ以テ御免許ニ相成、御憐愍《れんびん》ヲ以渡世手広ニ仕来り候処、寛政二（一七九〇）戌年十二月、五年限遊女商売人、北野上七軒外三ケ所ゑ、御差免相成候儀ニ御座候。

右之次第柄之所、尚又天保十三（一八四二）寅年より御改革被ニ仰出一候ニ付、傾城町へ引越、又は外方へ散乱仕候者も有レ之、其節書類不レ残紛失仕候次第ニ御座候。然ル処、嘉永四（一八五一）亥年十二月、傾城町より出張ニ相成。年限ヲ以御差免しニ相成、万延元（一八六〇）申年十二月より、前段之通年限を以御免許ニ相成仕来り候。（以下維新後略）

真盛町年寄　上田岩太郎
社家長屋町年寄　田原　有吉
鳥居前町年寄　古田卯之助

京都府
御庁

これで見ると、上七軒は下の森を含まず、天満宮東側の三町だけで構成していたことがわかる。例によって『京都坊目誌』などによって、三町を説明しておく。

天満宮東側三町の由来

真盛町　今出川通の七本松以西、御前通以東と、その中央部の南側（俗に真盛辻子《ずし》という）を称した。近江坂本、西教寺の僧真盛が開創した西方寺（天台宗真盛派）が町内にあり、故に名づけられた。西方寺は、円海（真盛）がはじめ葛《かど》野《の》郡大北山村に西福寺を創り、この町が開発されたとき移ってきたとも、文禄のころ、天満宮宮司《みやじ》家の一つ徳勝院の娘某が尼となって創始した、この尼の名が真盛である、などの諸説がある。

なお寺に伝わる真盛豆は、真盛上人手製のいり豆で、黒豆を大根の葉でまぶした古淡風雅な塩味である。

社家長屋町　御前通の今出川下ル一帯である。北野の社家（神人）の住宅地であった。一時徳勝院が占居していたともいう。

鳥居前町　御前通今出川上ル、及び今出川角から俗に枉《おくび》先《さき》の少し東までをいう。天満宮の鳥居に対している。「宝暦以前、売茶舗七戸あり、七軒茶屋と云ふ」と『京都坊目誌』にあるのは誤りで、同じ『坊目誌』の上七軒遊廓の説明「豊太閤北野大茶会のとき七軒茶屋に休息」の方が正しいと思われる。

下之森の存在

さて問題は下之森である。下之森について『京都府下遊廓由緒』は、上七軒の条目の中で次のように数回触れている。

①下之森も古くから水茶屋渡世してきたが、天明元年（一七八一）、北野祠官徳松院長屋の茶屋株を一部借受け、下之森西町で営業を始めた。

②寛政二年（一七九〇）六月、祇園町はじめ諸所の隠売女が摘発されたとき、上七軒とともに下之森もその対象となった。同年十一月、祇園町、二条新地、七条新地、上七軒の四か所に、年限五か年の遊女屋営業が認められたとき、下之森東町、西町（三軒町、新建町は除外）が「上七軒との組合せ」の形で営業を許された。

③文化十年（一八一三）二月、上七軒とともに芸者取扱いを許された。

④嘉永五年（一八五二）二月、下之森は「願済致シ上七軒と一躰ニ相成り候哉《や》ニ相見ェ候事」

以上四項目を検討しても、下之森が上七軒と一体であったという表現はない。とくに④の結びの部分の表現「一躰ニ相成リ候哉ニ相見ェ候事」はきわめて微妙である。

最後に、下之森関係各町を説明しておこう。

東町　一条通の七本松西入ル、藍屋辻子までの南側をいう。天明元年（一七八一）妓楼を設置することを許される。当時演劇場もあって、路上雑踏した。劇場は文化十一年（一八一四）廃された。

西町　一条通の藍屋辻子西入ル南側から御前通東入ルまで、及び藍屋辻子一条下ル三軒寺までをいう。天明五年（一七八五）正月以来妓楼あり。

6　七条新地と五条橋下（下京区）

複雑な区域の推移

これまで、この章では『京都府下遊廓由緒』の順番（島原からの「出稼」の順）に従って各遊廓の説明を記してきたが、今回はとくにこの例を破り、『…由緒』で島原から数えて五番目の七条新地と九番目の五条橋下を一緒にして記述することとした。この両者は歴史的、地理的に切っても切れぬ関係にあり、また両廓の範囲が年代とともに互いに変動しているからである。

関係の地域は、現在の京都市下京区、東は鴨川、西は高瀬川、北は五条通、南は七条通に囲まれた所で、西北の一部は高瀬川以西にはみ出ている。その最北部の三町（都市《といち》町、南京極町、平尾町）は旧幕時代、五条橋下《した》遊廓を称していたが、大正元年南側の七条新地に編入され、この三町の南、正面通以北の中間部九町のうち八ツ柳町、波止土濃《はしとの》町、早尾町、岩滝町、聖真子《しょうしんじ》町の五町は終始七条新地内であったが、残る菊屋町、平岡町、高宮町、富松町の四町は宝暦以来六条新地を称し、さらに正面通以南七条通に至る最南部五町（上二宮町、下二宮町、上三宮町、下三宮町、十禅師町）は維新まで七条新地に属していたが、明治二年（一八六九）官の命によって営業を廃され、廓外となった。

これを維新の時点で整理すると、七条新地の範囲は上下二宮町、上下三宮町と十禅師、岩滝、早尾、波止土濃、八ツ柳、聖真子の各町で計十町、五条橋下は都市、平尾、南

三軒町　一条通の六間町から七本松までの南側中立売通までと一部東町の南側をいう。『坊目誌』にはこれを逸している。

新建町　一条通御前東入ル北側をいう。享和元年（一八〇一）正月遊里免許地となる。明治三年（一八七〇）隣接中島町を合併しており、全町が遊廓だったのではない。

京極の計三町、ということになる。中間部で六条新地を称していた菊屋、平岡、高宮、富松の四町が正式に七条新地に編入されたのは大正元年八月二十三日付京都府令第六号ではないかと思われる。

この府令により、近代の七条新地の範囲は、五条通から正面通までの鴨川西岸沿い地区ということに定まった。五条通に接しながら七条新地と称するのは、以上のいきさつがあったからである。

河原から街筋へ

この七条新地、五条橋下の地は、本来なかば鴨川の河原で、中古以来しばしば合戦場となり、慶長年間まで斬刑場ともされてきた。慶長十九年（一六一四）大部分が妙法院領となったが、まだ荒地のままで、ところどころ小屋や藪があったという。

妙法院が、これを切り開いて町地にしたいと考えたのは江戸期に入ってからで、最初は宝永三年（一七〇六）十一月、正面通南側から七条通南側までを開地することが決まったが、正徳二年（一七一二）三月になって、五条通南側から正面通北側までと、開拓対象地が変更になっている。どうして変更されたのかわからないが、ともかく正面通の南側から北側に対象が移ったのである。

しかし実際は、七条通辺も同時に開地されたと見え、正徳三年には、

「七条河原新地（一万千三百七十坪）出来、高瀬川筋を掘替へ、少々民家建つ。妙法院様御領地也」（『月堂見聞集』）

の記事が見え、同年六月二十一日付で、

「御領主の了解で五条橋下の地を開墾して田地とし、上納金も納めてきたのに、今回突然『右之田地御取戻シ成され、新屋敷之方え御渡シ遊ばされる』と聞いた。迷惑千万です」

と抗議した百姓庄兵衛の嘆願状が残っている。

風俗営業始まる

風俗営業の始まりは、享保二年（一七四二）に許可された煮売屋六十軒で、一軒につき酌取女二人宛《ずつ》（『京都府下遊廓由緒』）とあるから、最初から接客婦が存在していたのである。営業場所は正面—七条間の上下二宮町、上下三宮町と十禅師町の五町だったが、次第に北側の町へ移転して範囲を広げている。

宝永十一年（一七六一）十一月には、この「煮売株六十軒」免許の再確認を受け、この時京都全茶屋の惣年寄を命じられた島原の支配を受けることになる。酌取女を正式に遊女と認められたのである。

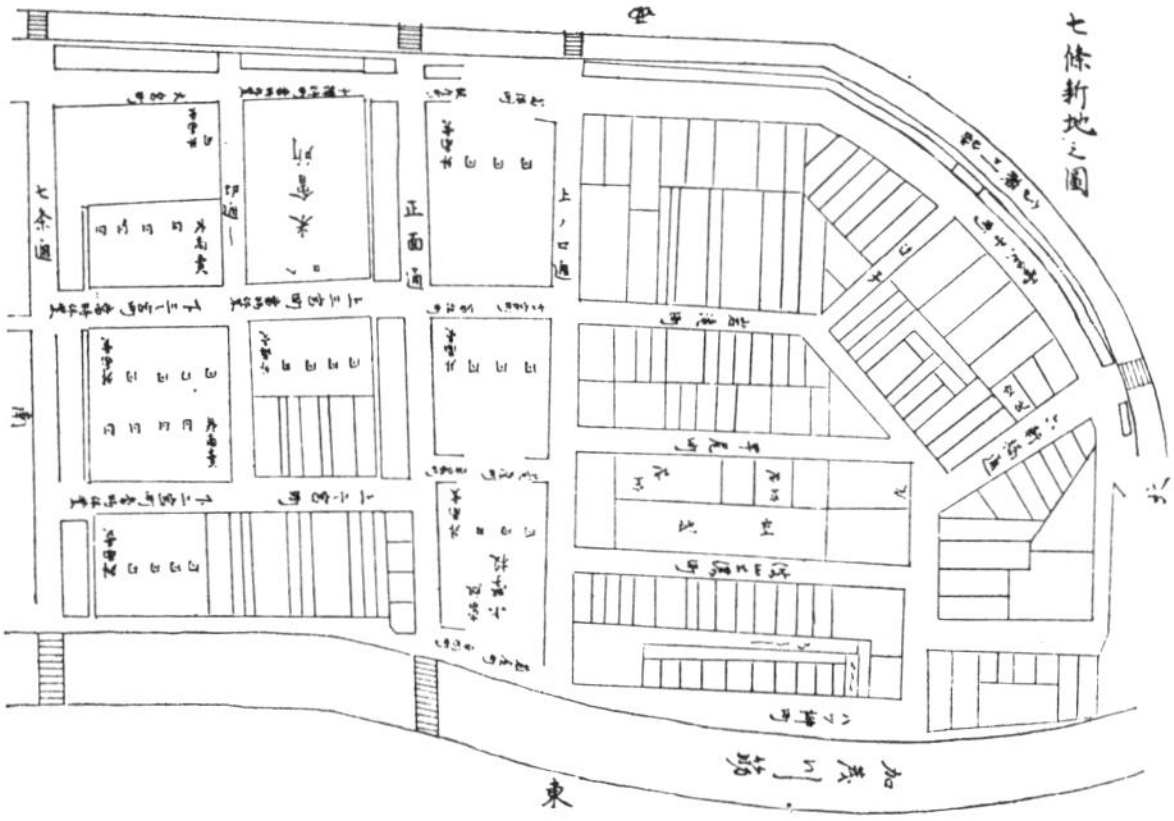

七条新地（古地図）

七条新地廓の跡（右岸）

五条橋下廓の跡（対岸）

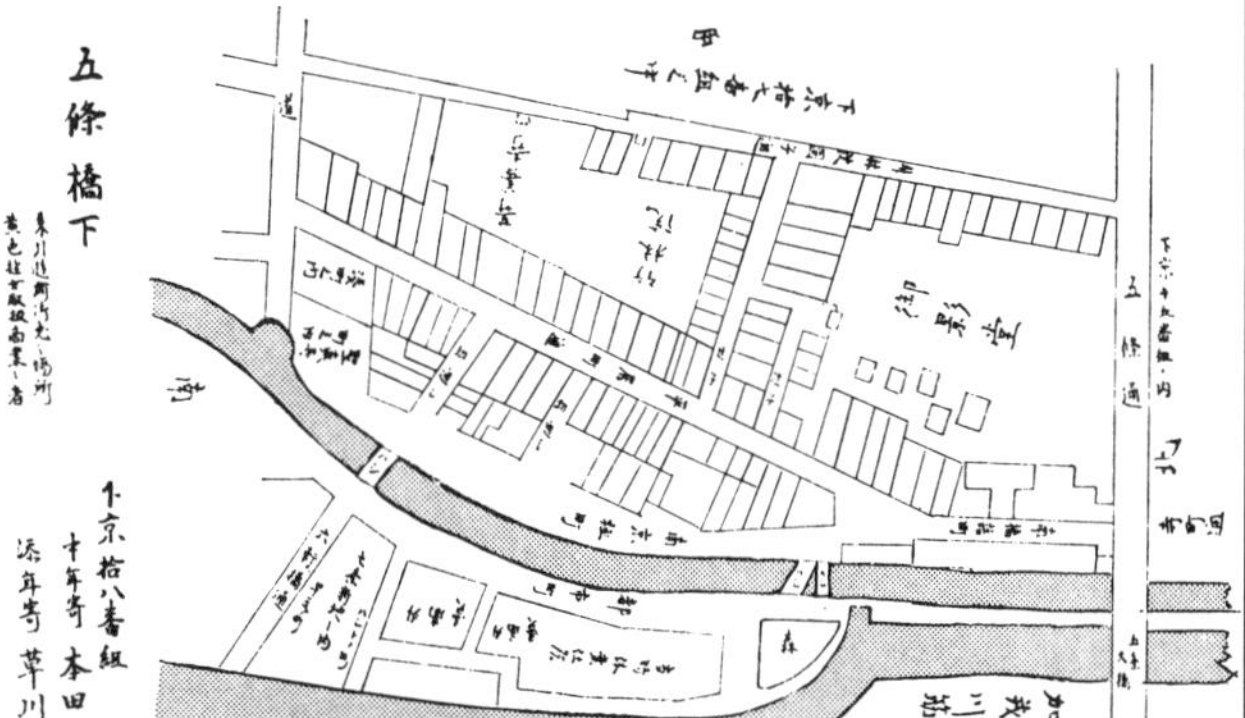

五条橋下（古地図）

図14　七条新地跡と五条橋下跡

五条橋下の開発は少しおくれ、宝暦八年（一七五八）十一月建家が始まった。風俗営業の方は、七条側煮売屋が再確認を受けたのと同じ年、宝暦十一年（一七六一）の十二月に、北野上七軒の真盛町が「茶屋株借受」の形で高瀬川西側の南京極町へ乗り込んできたのが最初で、その後文化十年（一八一三）隣の平居町へも進出している。

天明八年（一七八八）正月の大火では、七条側も五条側も公平に焼け、ともにすぐ復旧、町続きになったが、名前だけは依然、七条新地、五条橋下と分かれていた。

寛政二年（一七九〇）六月の全市的隠売女手入れには、どちらも多くの遊女を取り上げられたが、五か月後の同年十一月には島原から遊女を取り戻して営業再開、ついで七条新地は「傾城町の出稼」格を得た。面白いのは五条橋下の方で、このとき「七条新地最寄《もより》之訳」（『京都府下遊廓由緒』）というので、これも公然と営業できることになった。五条橋下は、このころ「六条新地」と呼ばれていた、との説もある。

七条が五条を訴える

こうやって見てくると、七条新地と五条橋下は、適当な距離を置いた隣組関係のように思えるが、もちろん裏では激しい生存競争を戦っていた。この競争が表面化したのが、次の事件である。京都市史編纂所が発見した〔上月（百）家文書〕の中にある寛政九年（一七九七）七月の「口上書」が、この事件をよく説明している（『史料京都の歴史』十二巻所収）。

去る戊《いぬ》年（寛政二年）当所（七条新地）へ遊女商売株之儀御免被ニ成下《シ》一、右之商売人弐拾軒之者共渡世取続《ヤリ》仕候処、難レ有仕合《ニ》奉レ存候。然ル処、近頃御免之外、御構之場所ニおいて遊女同体《てい》之女、花美成《なる》衣類等を着、昼夜共《とも》見世抔《など》へ差出し客来等致《シ》候ニ付、自然ト御免之場所（公認の遊所）淋敷《さびしく》相成、遊女商売人之差構《さしかまえ》ニ相成候《リ》而《て》、次第ニ及ニ困窮一、仕ニ取続一之程も相成《り》かたく仕合、甚以《はなはだもって》歎敷《なげかわしく》存《ジ》候。右外場所町々ニおいて売女商売渡世致居候もの荒増《あらまし》左之通ニ御座候。（▽印著者）

▽五条橋下都市町　大文字屋るい　抱売女《かかえばいじょ》三輪

▽同所京極町　紀伊国屋新治郎（扇屋廻し店ニ而《て》売女致候ニ付、変名致）　抱売女小はる

▽同所平井（居）盛御影堂南裏門角　播磨屋つね　抱売女小まつ

▽同所御影堂境内紙屋吉三郎借屋　大坂屋まき　抱売女むめ

▽北七条岩滝町　津ノ国屋喜兵衛　抱売女ひな

▽同所聖真子町　山家屋熊次郎　抱売女はな

右之外町々売女数多御座候得共、荒増《あらまし》名前書付申候。尤《モ》右之全町々ニ而《て》一軒ツヽ、証拠等も取レ之置申候。然《ル》処、右之町々之儀ハ五条橋下町続之場所ニ而《て》御座候。御免之場所義ハ正面より下之義故、何れ客来抔《など》ハ一向参リ不レ申、其上売女等甚《はなはだもって》以花美成体《てい》ニ而《て》渡世致候ハヽ、御免之遊女商売人共、次第ニ渡世薄《ク》相成《リ》、衰微致《シ》、難儀仕候ニ付、外場所之売女商売之儀、此儘《このまま》ニ捨置候ヘバ、此末共次第ニ増長可レ仕候趣ニ奉レ存候。勿論遊女商売人之義も取続難二相成一、一同ニ難儀仕《リ》候。左有《さある》時ハ、自然ト差配所之口銭等、滞可レ申ト奉レ存、彼是差支《かれこれさしつかえ》ニ相成可レ申儀ニ付、不レ得二止事一御願申入候。何卒《なにとぞ》差配所之御勘弁を以、右外場所之売女商売いたし候義、御差留ニ相成候様、可レ然御取計被レ下候様奉二願入一候。以上。

寛政九巳年七月

七条新地遊女商売人中

惣代　大和屋虎吉

同　与惣兵衛

西新屋敷

差配所

御年寄中

七条新地の代表から島原遊廓の差配所（全市遊廓を取り締まる機関）へ宛てたこの口上書は、前後三段階から成り立っている。第一段では、非公認の五条橋下で業者が隠売女に派手な格好をさせて客を誘引し、このため公認の七条新地では客が減って営業が難儀している、と訴え、第二段でその違法業者と隠売女の名前をあげ、第三段は第一段のくり返しで、このままでは島原への上納金も払えなくなりそうだから早急に手を打て、と丁重にせきたてているのである。

面白いのは、名前をあげられている六人の業者と六人の抱売女《かかえばいじょ》で、一業者一売女であったことがわかる。それにしても、まだ他にもいるとは断っているが、こんな少人数の売女で二十軒もある七条側の業者が「難儀」しているとは意外である。五条側の「花美なる衣類」が威力を発揮したということであろうか。ついでながら「遊女」は公認、「売女《ばいじょ》」は非公認の意である。この歎願に対し島原側がどう対応したかわからないが、のち安政六年（一八五九）五条橋下が七条新地の出店として、その支配下に置かれたことは確かである。

続く営業不振

このあと寛政度から幕末に至るまでの幕府の統制策の変化と廓側の対応は、祇園町始め他の廓と同様であるから省略する。ただし七条新地の場合、よほど窮迫に見舞われたとみえ、天保の全国遊里大手入れの翌々年、同十五年一月二十六日には、享保以来の煮売屋営業も文化十年免許の芸者取扱も、ともに衰微を極めている、という前書きで、

「先規の通《リ》、猶又料理屋相始メ、銘々飯盛女又は給仕と唱候もの差置、渡世仕候ハヽ、自ラ土地賑ひに相成、相続可二相成一と奉レ存候」（『上月（百）家文書』）

と惣代から町奉行へ嘆願している。この要望が、どの程度容れられたかは、わからない。

難渋した鴨川の出水

鴨川の洪水も、悩みの種だったらしい。嘉永元年（一八四八）九月二十八日付で七条新地が町奉行に提出した「就二御尋一口上書」にこうある（『上月（百）家文書』）。

「加茂川筋出水度々、六条新地町々人家水築《つき》に相成、難渋仕候趣願出候ニ付、私共町々今日被二召出一、右願書為《お》二御見《みせ》一被二成下《なしくだされ》一、私共儀モ出水之節々、同様及二難渋一候哉ニ御尋ニ御座候」

六条新地（五条橋下）から願いが出ているが、七条の方はどうなのだ、と奉行所に聞かれているのである。どうも、こういう事は五条橋下の方が行動的のように思える。

「此度儀、私共（七条新地側）町々之義ハ六条新地同様加茂縁町々ニ而《て》、殊ニ川下之義ニ付、右出水度々人家床上迄水築《つき》ニ相成、難渋仕、去々午年《うま》（弘化三年）出水之節、殊之外難渋仕、右ハ近比《ちかごろ》正面ヨリ七条迄、新規建家地幷新規新日吉《いまひえ》社旅所出来候ニ付、自然と川西町々え水勢突掛候義ト奉レ存…」

七条の方も大変なのです、と現状、原因を説明し、奉行所への届けが遅れたことについては、領主妙法院が何もしてくれなかったことを強調し、

「是迄御地頭（妙法院）ヲ差越、御役所（町奉行所）様え奉二願上一候儀、恐多く奉レ存候ニ付、無二余儀一御地頭様相縋《すが》り、奉二歎願一罷在候儀ニ御座候」

と結論づけている。五条下からの願書によって奉行所が呼び出してくれなかったら、どうなっていたことだろう。

前にも触れたが、五条橋下三町（都市町、平居町、南京極町）の遊女屋商売が七条新地の出店として公認されたのは、安政六年（一八五九）六月である。ここで初めて、七条と五条の間に法的なつながりができた。しかし名称は依然七条新地、五条橋下の二つで、これが大正まで続いたのである。

なお、この安政六年、五条橋下の他に宮川筋二町目から七町目までと新宮川町、つまり宮川町遊廓が、同じく七条新地の出店として公認されている。

関係各町の由来

最後になったが、関係各町について『京都坊目誌』を参考に説明を付しておく。

七条新地（明治五年現在）関係

上二之宮町　二之宮町通正面下ルの一町間（正面通北側地尻を含む）宝永三年開通。旧妙法院領に属せし耕地なり。山王町と同時に町地となる。名を日吉の二ノ宮に取ると云。宝暦以来七条新地に隷する遊廓地たりしが、明治二年之を廃す。

下二之宮町　二之宮町通正面一町下ルより七条上ルまでを云ふ。開通、町名起原、上二之宮町に同じ。

上三之宮町　三之宮町通正面下ル一町間。三之宮は近江坂本日吉八王子山が本社。享保十三年（一七二八）この町西側に米穀市場を立つ。日々群を為し、附近大いに繁昌す。明治十九年十二月東洞院錦小路の南に移す。

下三之宮町　三之宮通正面一筋下ルより七条上ルまでを云ふ。開通、沿革前三町に同じ。

十禅師町　東高瀬川筋正面下ル東側一町間。宝永三年十一月町地となるに及びこの名を下す。十禅師は近江坂本、日吉二宮と同所にある社の名。以上いずれも七条新地の一部であったが、明治二年廓から除外された。

岩滝町　東高瀬川筋より一筋東、字《あざ》剣先より上之口まで、宝永三年十一月開地。町名は日吉神社境内岩滝による。宝暦以来七条新地十か町の一。

早尾町　鴨川筋より二筋西、六軒町下ルから上之口まで、町名は日吉七社の内早尾社から。嘉永四年七条新地出店の形でこれに加わり、当時剣先《けんさき》新地と称す。

波《は》止《し》土《ど》濃《の》町　鴨川より一筋西、六軒上ルから上之口まで。宝永三年開地。日吉神社の前流から取って町名とする。

八ツ柳町　鴨川筋六軒上ルから上之口までの西側。宝永三年町地。八ツ柳ハ近江坂本の浜にある地名。

聖真子《しょうしんじ》町　東高瀬川筋六軒上ルから斜に上之口上ルまでの東側。形容錯雑す。宝永三年十一月開地。町名は日吉社の祭神聖真子（天忍穂耳尊）から。

五条橋下（明治五年現在）関係

都《と》市《いち》町　東高瀬川筋五条一町下ルから六軒までの東側。地形複雑で、平面図を見ると蝙蝠《こうもり》のよう。旧金光寺領で市比売神社の旅所あり。

平居町　高瀬川西側、五条一町下ル剣先から西へ橋下通を越え、新寺町通を斜に南へ伸び西入ルまでをいう。地形きわめて錯雑。東半分が遊廓地。宝暦八年川口庄助、増野伊右衛門らが官許を得て開拓したという。

7　先斗町（中京区）と町名の起こり

先斗町区域と各町の由来

「地は鴨川護岸に沿ふて、新河原町通（現先斗町通《ぽんとちょう》）三条一筋以南に起り、橋下町、若松町、梅ノ木町、松本町、鍋屋町、柏屋町、材木町、下樵木町《しもこりきちょう》の数町より成立し、第十四学区（現下京区）西石垣通四条下ル斎藤町を加へて一廓たり」（『京都坊目誌』）

これで見ると旧先斗町遊廓は、四条通以南の西石垣《さいせき》の地も含めていたことがわかる。例によって『京都坊目誌』で各町を説明する。

橋下町　先斗町通（新河原町と云ふ）三条一町下ル東側を云ふ。地は寛文十年（一六七〇）より正徳二年（一七一二）の間に漸次開けり。町名起原・三条橋下にあり。故に名づく。因《ちなみ》に云ふ。先斗町と字することは、寛文十年鴨川堤を拓き、石垣を築き、延宝二年（一六七五）民家建設を許さる（以下四町同じ）。同八年に至り家屋櫛比す。而して西側に人家なし。故に先き斗り《ばか》と云ふ意より呼びなせり。

若松町　先斗町通三条下ル二町目東側を云ふ。開発上に同じ。町名起原詳ならず。

梅ノ木町　先斗町通三条下ル三町目東側を云ふ。開発上に同じ。町名起原詳ならず。

松本町　先斗町通三条下ル三町目下ル東側を云ふ。開発上に同じ。町名起原詳ならず。

鍋屋町　木屋町通四条上ル東側より先斗町に跨《また》がり之を称す。開発下樵木町に同じ。町名起原詳ならず。

柏屋町　西石垣通（先斗町通に同じ）四条上ル町を云ふ。開発橋下町、下に同じ。町名起原詳ならず。

材木町　木屋町通三条下ル二町目東側より先斗町西側に跨がり、之を称す。本通は慶長十六年の開発に係り、先斗町通は寛文十年開くる所なり。町名起原詳ならず。

下樵木町《こりき》　木屋町通三条下ル三町目東側より先斗町西側迄を云ふ。開発材木町に同じ。町名起原・高瀬（川）開渠以来、薪炭を商ふもの輻輳せしより町名となす。天明八年（一七八八）正月、大火に此町及び附近無事なりしを以て時人、之を奇とす。

斎藤町　西石垣通（現下京区）四条より団栗《どんぐり》（綾小路の東）下ルまでを云ふ。寛文十年（一六七〇）開通する所也。

西方高瀬川に対する所は明治二十八年（一八九五）の開通也。町名起原・本町を西石垣と号す（略して西石《さいせき》と呼ぶ）。始め寛文十年（或は八年と云ふ）の秋、鴨川沿岸の磧地を拓《ひら》き、石垣（護岸）を築きしより名称とす。正徳二年（一七一二）願に依り町地と為《な》し、人家を建つ（所司代松平紀伊守、町奉行中根摂津守）。尋《つい》で先斗町と同じく生洲株を差許し、後ち同町遊廓区域内に編入す。斎藤町の名義詳ならず。維新前此町は下京枝町中新河原組の一に居れり。

「ポント」の語源

鴨川の西側に、これと平行する運河高瀬川が掘られたのが慶長十八年（一六一三）ごろで、鴨川と高瀬川の間の細長い地域を中島と称したが、もちろん始めは石と砂ばかりの荒地だった。それが寛文十年の鴨川護岸工事により、土砂を入れてしっかりした土地となり、延宝二年（一六七四）若松町東岸に始めて家が五軒建った。先の方（鴨川に面した側）ばかり家が建って西の方はノッペラボーだったので「先き斗《ばか》りの町」といわれ、いつか音読みで「セント町」、さらになまって「ポント町」と呼ばれた。

以上は『京都坊目誌』橋下町の記述と同じだが、他にこの珍町名のいわれに諸説ある。

①ポントはポルトガル語で先端という意味だ、という外国語説。

②河原町三条下ルにあった南蛮寺の宣教師ポントがよく遊びに来た、という外人名前説。

③高瀬川を利用する船頭の本拠、船頭町が近くにあり、センドウがポントになまった、という町名説。

④東に鴨川というカワ（皮）西に高瀬川というカワがあり、皮と皮との間が鼓《つづみ》の作用をしてポンと鳴った、という鼓説。

いずれも後世の人が面白がってこじつけた珍説で、信ずるに足りない。とくに②の宣教師説は、荒唐無稽である。京都の南蛮寺は、護岸のできた寛文十年より五十八年も前の慶長十七年（一六一二）に禁教令によってとりこわされているのである。要するに、先斗町の読み方の由来は不明である。

ついでながら、先斗町の名が初めて文献に出てくるのは、天和二年（一六八二）刊の西鶴『好色一代男』で、主人公世之介四十二歳の頃、島原の太夫と泣き別れして出て行くくだりに「出口のあんどんうるさく、横皃《よこがお》して走り出《いで》、むかしはと口惜《くちおし》く、ぽんと町の小宿にかへりぬ」とある。先斗町がまだ、花街としてより宿屋街として認識されていたことがわかる。

遊廓としての先斗町の歴史

遊廓としての先斗町の歴史については『京都府下遊廓由緒』の他に独立した『京都先斗町遊廓記録』という文献がある。これらによって、歴史の概略を記すことにする。

寛文十年の鴨川護岸から五年経った延宝二年（一六七四）二月、若松町（橋本町とも梅の木町とも）の一画に、鴨川を背にした五軒の家が建った。これが、遊所としての先斗町の歴史の始まりであろう。最初は宿屋が多く、その飯盛女が時に旅客と戯れ、やがて求めに応じて体を売るという遊所形成の経過は他の遊里と大同小異だが、この非合法時代はわりに長かった。

法的記録に初めて先斗町の名があらわれるのは、正徳二年（一七一二）で、

「西石垣斎藤町より依頼により並生洲株なるもの差許されしより、新河原町（先斗町）通り三条より四条までに茶屋旅籠を営みて、茶立女を差置かれたり、との記録斎藤町にあり」（『京都先斗町遊廓記録』）

とある。まだ遊女屋でなく、茶屋、旅籠屋である。生洲は川魚を流れに囲っておいて、求めに応じる料理屋のことで、その営業権を公認され、これを拡大適用して茶屋旅籠屋を営み、茶立女を置いた、ということで、この茶立女こそ遊女の擬装スタイルであろう。

正式な遊廓免許はきわめて遅く、すでに幕末期である安政六年（一八五九）六月二十三日付けの「二条新地遊女屋茶屋渡世之者共、新河原町両側、西石垣柏屋町斎藤町等へ出店開業」の奉行所許可状で、やっと公許遊廓の形になったのである。

根本島原の二番目の「出稼」地である二条新地の、そのまた一番目の出稼という形で、延宝二年先斗町に初めて家が立ってから百八十四年、生洲株取得の正徳二年からでも百四十七年を経過しており、この間先斗町は実質的には遊女業大繁昌を重ねながら、法的にはずっと非合法状態だったわけである。その理由として『京都先斗町遊廓記録』は「中京（御所近い都心）といふ重き意味かと想像されぬ」としているが、どんなものだろう。

この間、非公認ながらも黙認遊女繁昌の期間が相当あったことは、諸文献からも明らかである。例えば元文三年（一七三八）十一月、客の井筒屋伝兵衛と聖護院の森で心中したお俊《しゅん》は「先斗町近江屋金七抱《かか》へのおやま」と『京都先斗町遊廓記録』自体が娼妓として記録している。格では公認遊廓の先輩である二条新地の中に新先斗町という町名あり、これは先斗町の繁昌にあやかってつけたのではないか、との説もある（『京都先斗町遊廓記録』）。

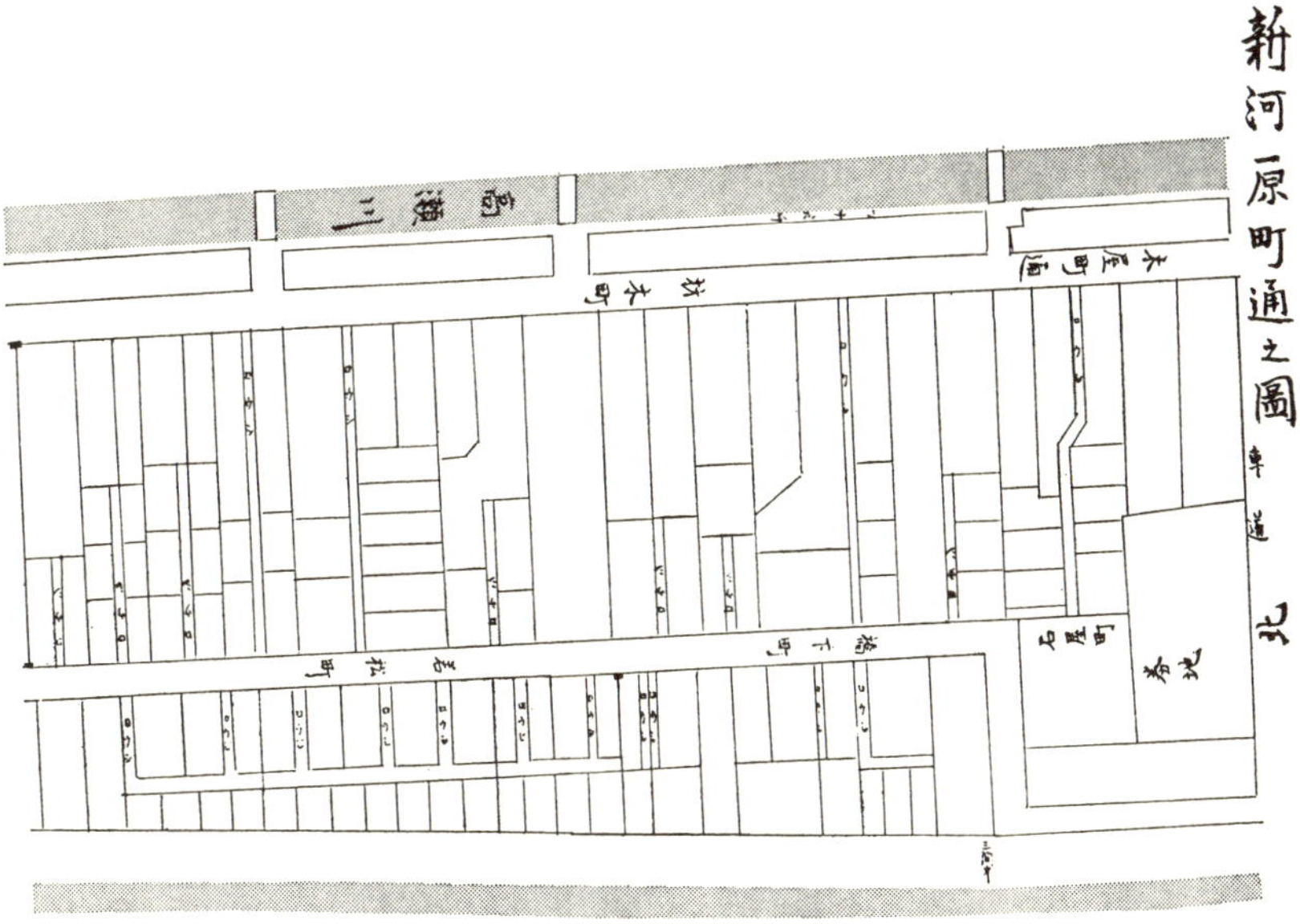

先斗町古地図（部分）

現在の先斗町

図15　先斗町の遊廓跡

芸者の出現は遊廓公認より四十五年も早い文化十一年（一八一四）十一月で、これはちゃんと公許された。文化文政ころ先斗町で有名だった芸子として、白木屋の小うの、玉八重のかな江、天保期では榎原の八百、長谷川の艶吉らの名前が残っている。天保時代芸者を扱った店としては京井筒屋、千草屋、大丸屋、仲屋があった。

寛政二年（一七九〇）の大手入れには、もちろん先斗町も免れることができず、相当数の遊女が隠売女《かくしばいじょ》として島原へ送られた。同年末祇園、二条、北野、七条の四新地が遊女屋復活を公許されたとき、先斗町は請願に加わりながら許されなかった。天保十三年（一八四二）七月の全国的大弾圧には、もとより鳴りをひそめるしかなく、嘉永四年（一八五一）十二月、島原火災により祇園町などが営業復活を許されたときは、これも公認の請願に加わりながら許されなかった。

末期の美女たち

しかし裏の方ではなかなかやり、芸者、配膳婦の名目でなかば公然売春営業を重ね、線香代一本六百文で公許四遊廓に対抗した。

「其の頃（嘉永四年ころ）丹吉といへる子方（置屋）業者ありて、其の内におきの、おはるといへる名高き売婦あり。右近といふは姿色に於て無類との評判、また寿といふ菓子屋（小方屋か）のお玉といふは、紺縮緬《ちりめん》の浴衣を着て遊冶郎《ゆうやろう》に接する風姿の洒々《さいさい》たる、容貌の美麗なる、待遇の妙なるより紺縮緬のお玉と綽名《あだな》に呼ばれて非常なる流行妓なりし」（『京都先斗町遊廓記録』）

すでに江戸末期に近い爛熟頽廃の象徴お玉さんのあで姿が、目に見えるようである。

手厳しい最後の摘発

安政二年（一八九五）十二月、最後の摘発はさすがに手きびしく、木屋町三条下ル瑞泉寺に集められた先斗町の役員らは、

「芸者を置くは敢て咎めざるも、遊女に類似の稼ぎをなしたる女は例により島原へ三年三月《みつき》の流罪、抱への置屋と是を迎へたる貸座敷は欠所の上百ヶ日隔日改めの手錠」（『同』）

と申し渡され、町側はあわてて遊女を壬生などへ預けるなど奔走したが効なく、瓢亭、丸正、万丈などは欠所、他に手鎖の犠牲が続出した。

こうした波乱ののち迎えたのが、前記安政六年の先斗町遊廓公許の達しで、形式上は一応二条新地の出店で、年限も定められていたが、実質上は前からの遊女屋が主体とな

り、年限も毎回継続願いを出すことによって永代免許と変わらなかった。当時の町年寄は橋下町が沼田義兵衛、若松町が伊勢利、梅ノ木町が桝みき（俳名万丈）、松本町が近江屋兵助、柏屋町が蓬莱屋利兵衛、斎藤町が人参会所森川ら（鍋屋町、材木町、下樵木町は不詳）であった。またこの時開店（復活か）したのは近江屋、大文字屋、浜村屋、津国屋、浅井屋、大黒屋の六軒で、幇間専門の大松屋というのもできた。

慶応三年（一八六七）九月無年限営業許可となって明治維新を迎え、あと新政下に遊廓として営業してゆく経過は他遊廓と同じで、これは第四章を見て頂きたい。

先斗町の名物「わたぼうし」

この先斗町遊廓に奇妙な特色が一つある。それは文化年間から名物となっている「わたぼうし」と称する娼婦の存在である。綿帽子とは、真綿をひろげて作った女性のかぶりもので、本来防寒用だが、後には婚礼の花嫁がかぶって顔を隠すのに用いた。花街で客のない妓女に作らせた。「つくしわた」ともいう。

先斗町の綿帽子は期間契約の娼婦ともいうべきもので、もとより非公認の売女に類する。商用で入洛した旅人が旅館に逗留中、女房気取りでその世話をし、食事の準備、衣類の洗濯やつづくりはもとより、夕食の酒の相手になり、三味線まで弾いてくれる。寝るときはもちろん女房代理の大サービス。しかも契約値段格安で、旅人に大いに喜こばれた。

「先斗町につくしわたと称する私窠《かくしばいじょ》あり。わたぼうしと名づく。昔、綿帽子屋あり、この妓を出せしと云ふ。今猶《なお》先斗町の北角に綿帽子屋あり。此綿帽子は旅宿へも招く。又貸座敷へ一月雇にもするなり。価いやしき醜婦ながら、其名は雅《みや》びに聞《きこ》ゆ。総《そうじ》て旅人逗留中、一ケ月金二分を費せば一月雇の妾なり。この者食飲に給仕し、又縫刺のことをなし、夜は枕席をすすむと云ふ。是は素人なり。この地尤も荒婬なり」（『羇旅漫録』）

文化年間の金二分は、京都相場でだいたい銀三十七匁だから米五升くらい。これで一月分だからなるほど安い。ただし、この文を見ると、あまり美人はいないようである。

8 「聚楽第」の跡地・五番町（上京区）

桓武帝「大内裏」の跡に

『京都府下遊廓由緒』『京都坊目誌』を綜合すると、五番町遊廓は四番町、五番町の二町名から成り、このうち四番町の方は、明治二年二月合併するまでは元来の四番町と三石町、西蓮寺南町、相生町の四町に分かれていた。このうち「遊所は三石町、西蓮寺南町二ヶ所ナリ」（『……由緒』）とあるから、厳密にいえば旧幕時代の五番町廓《くるわ》は三石町、西蓮寺南町、および五番町、の三町ということになる。

　現在の上京区千本通の西側、北は中立売通から南は下長者町通り北側までの一帯で、仁和寺街道を境として北が四番町、南が五番町である。ただしこの両町は、どちらも不規則な形をしているうえ、五番町は東の千本通に近く、四番町は西の六軒町通を中心としているため、東西にズレがあり、全体としては、いよいよ複雑な平面図となる。島原のように全体がはっきりしたものではない。

　このあたりは、桓武天皇建都による大内裏《だいだいり》の跡内野《うちの》の一部である。南北は一条通・二条通間一・五キロ、東西は大宮通・御前通間一・一キロ、広袤《こうぼう》一・六五平方キロを占めた大内裏は相つぐ火災と戦乱で荒野と化したが、天正十五年（一五八七）豊臣秀吉が東北部四分の一に聚楽第《じゅらくだい》を建ててからやっと市街化した。秀吉はこのとき第《だい》の西外側に直属家臣の組屋敷を設け、これを一番から七番までに区分した。豊臣家の滅亡に伴い、この地は田畑と化したが、一番町から七番町までの町名が残った。

　宝永五年（一七〇八）三月八日京都大火あり、新造成ったばかりの御所も類焼した。江戸幕府は御所造営にあたり周辺を再整備することにし、関係町家に替地を与えて強制疎開させた。このとき内野七町へ移転させられたのが烏丸下立売へん新在家の町人たちで、このあと彼らが五番町遊廓の祖となった。

　正式に茶屋株を免許されたのは享保末年（一七三〇年代）で、その後数回禁止されながら、そのたびに嘆願して年限つきの許可を受けている。

　一方『京都府下遊廓由緒』には、次のように解釈できる条目が記載されている。

　▽三石町（一名藪之図子）は明和四年（一七六七）に願済の上、五番町国生寺（現仁和寺街道千本西入ル北側）境内借

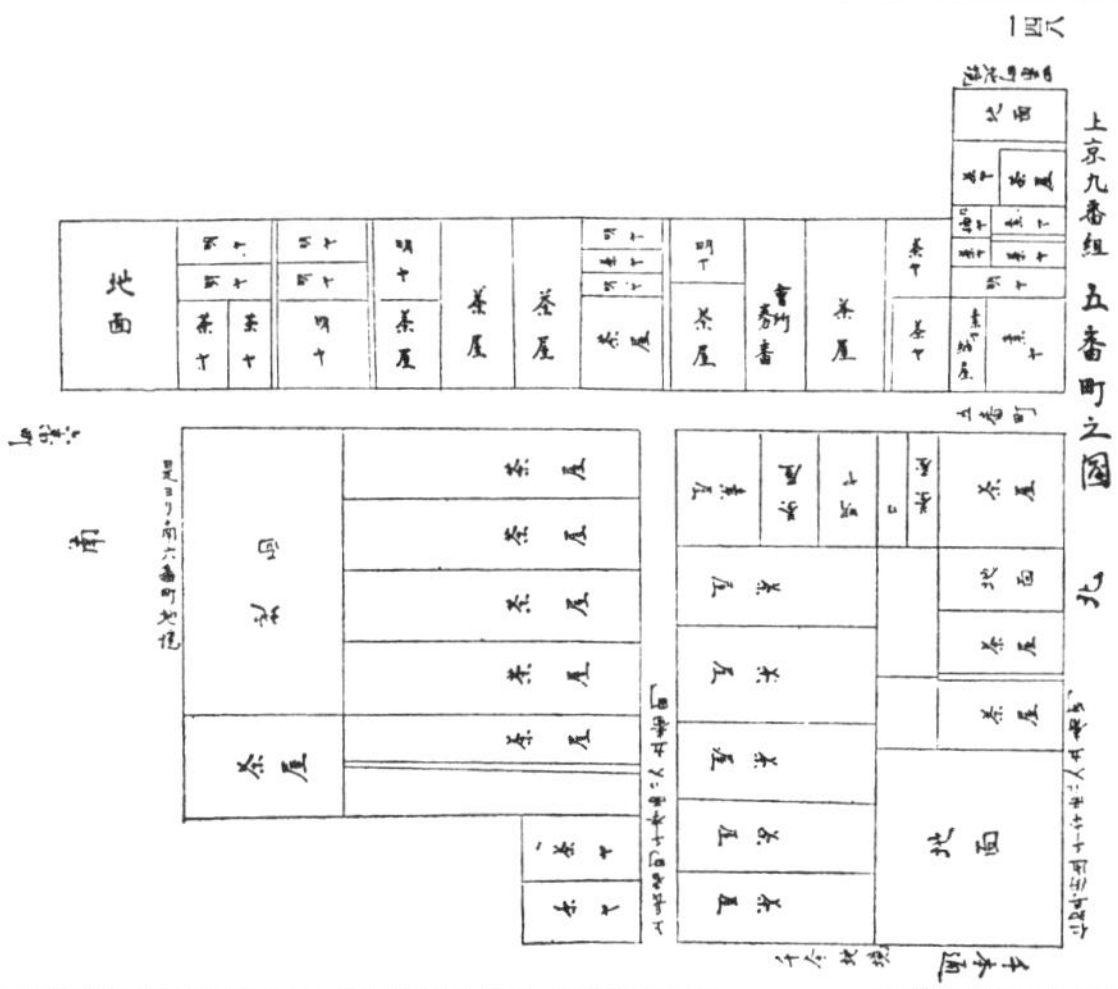

五番町古地図

五番町遊女の〝投げこみ寺〟報土寺

五番町花街跡

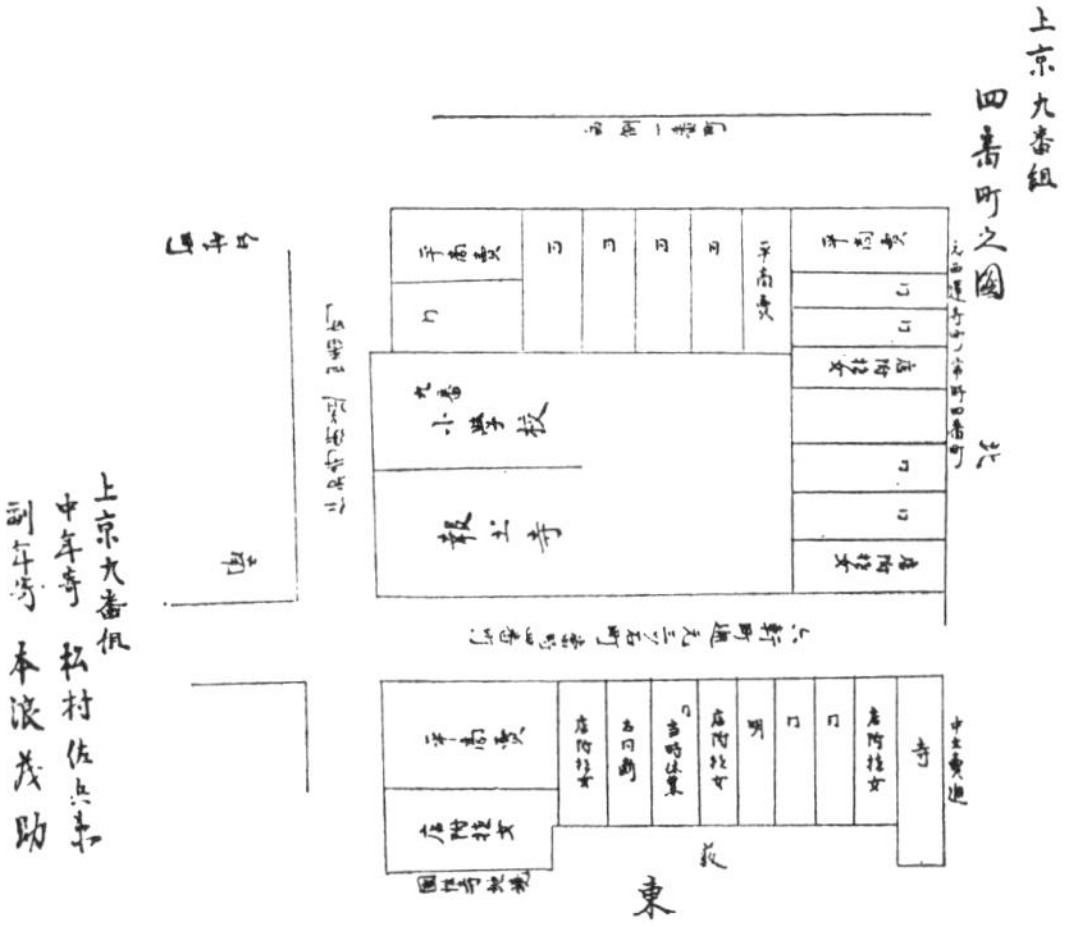

報土寺付近古地図

図16　五番町花街跡と〝投げこみ寺〟報土寺

地に家建したのがはじまり。
▽西蓮寺南町は下立売七本松西入ル藍屋之図子の住民らが寛政十年（一七九八）出稼ぎして来て水茶屋渡世を始めた所。
▽元四番町（合併以前）、五番町とも寛政年中（一七八九―一八〇一）北野社、愛宕山参詣道筋として煮売茶屋、茶立女を許された。
▽四番町が安永四年（一七七五）三月役所へ差出した請書の写しによると、享保年間（一七一六―一七三六）に三番町、四番町、七番町に煮売屋株免許とあり。
▽触書写に、三石町、相生町とも寛政（一七八九―）以前に茶屋株、旅籠屋株、茶立女許可、五番町は寛政二年（一七九〇）十一月遊女商売許可とあり。
要するに、各町バラバラに許可―禁止―再許可をくり返したのであろう。決定的なのは「寛政二年十一月の五番町遊女商売許可」である。ただし、祇園町など他遊廓の記録によると、このときの許可対象は祇園町、二条新地、七条新地、北野上七軒の四か所で、五番町は含まれていない。

このあと安政六年（一八五九）六月「北野上七軒の出店」として正式に遊女屋茶屋渡世許可となり（『……由緒』）、以後慶応三年（一八六七）の無年限許可を経て明治維新を迎える経過は他遊廓と全く同様である。

複雑な町の成り立ち

以上で見られるように、この五番町遊廓は町の組合せが極めて複雑で、全体像がつかみにくい。少しでも理解を深めるため『京都坊目誌』による説明をつけ加えておく。
四番町　六軒町通中立売上ル（字《あざ》藪ノ辻子《ずし》）より仁和寺街道一条下ル（平行する東西通りで意味不明）まで、及び中立売千本半町西入ル所、并に仁和寺街道六軒町東入ル西入ル幾分をいう。明治二年二月相生町、西蓮寺南町、三石町（藪ノ辻子）を当町に合す。
五番町　仁和寺街道千本西入ル町、及び千本西筋仁和寺街道下ル町、并に上長者町千本西入ル町をいう。

9　八坂神社と因縁深い宮川町（東山区）

「神輿洗い」のしきたりから

「宮川筋ハ人家之開発不詳。八坂神社参詣人手洗之簾《かど》ヲ以テ宮川之号アル由」

と『京都府下遊廓由緒』にあるが、田中緑紅は、

「祇園祭最中の七月十日夜、四条大橋の上で八坂神社の神輿《みこし》に、この日未明手桶に取った鴨川四条下ルの清い水を榊《さかき》の枝でふりかける。これが神輿洗いの式で、このため鴨川の四条・五条間を特に宮川と呼ぶ」（『亡くなった京の廓』）

という。いずれにせよ、東約四百㍍の八坂神社と密接かつ神聖な関係のある地である。

その宮川筋（東山区四条大橋東詰、南座の西側、以南鴨川東岸に沿う通り）の四条・五条間と、これに平行するもう一つ東側の新宮川筋の団栗《どんぐり》通から柿町通までを含めた南北約八百㍍、東西最大百五十㍍の細長い地が宮川町遊廓の区域であった。この中に次の八つの町がある。『京都坊目誌』によると、次のようである。

宮川筋各町の由来

宮川筋一町目　「東川端通四条下ル所より団栗ノ辻子《ずし》までを云ふ。寛文六年（一六六六）開地し、尋《つい》で前面の護岸に石垣を築き道路を通す。明治二十七年（一八九四）鴨川運河（疏水）を通ずるに当り、東岸一間五分を埋立て、随《したがっ》て道路広濶《こうかつ》となる。東石垣町とも称し、略して東石《とうせき》とも称す。之に対し（対岸の）東木屋町四条下ル斎藤町を西石垣町と称し、略して西石《さいせき》と呼べり。慶応三年（一八六七）全町類焼す。此町は元洛外なれば、明治元年以前は町組に入らず。以下五町目まで皆同じ」

宮川筋二町目　「宮川筋団栗ノ辻子下ル町を云ふ。寛延三年（一七五〇）開通する所なり。宝暦元年（一七五一）以来遊廓地となる」

宮川筋三町目　「宮川筋団栗ノ辻子下ル二町目を云ふ。開通二町目に同じ」

宮川筋四町目　「宮川筋団栗ノ辻子下ル三町目を云ふ。開通三町目に同じ」

宮川筋五町目　「宮川筋松原上ル下ル、東入ル西入ル

所を云ふ。松原通は開通年月詳ならずと雖も、古《いにしえ》の五条通にして、古来、清水道及び六波羅への要路なれば、蚤《はや》く開けしは明らかなり。宮川筋の開通四町目に同じ」

宮川筋六町目 「宮川筋松原下ルより柿町までを云ふ。元禄十二年（一六九九）所司代松平紀伊守信康の時、町奉行滝川丹後守利庸之を開かしむ。六町目より八町目までは建仁寺封領の内なるを以て維新前は町組に関せず。宝暦元年（一七五二）許可ありて遊廓地に編入す」

宮川筋七町目 「宮川筋柿町より五条一町上ルまでを云ふ。開通六町目に同じ。安政六年（一八五九）奉行原伊予守思孝の時、遊廓地に編入す」

西御門町 「新宮川筋（宮川筋の東裏通）松原下ルより柿町上ルまでを云ふ。正徳三年（一七一三）開通する所なり。旧時十禅師社の西門のありし所と云ふ。同年建仁寺所領地を拓きて市坊《まち》と為し、此名を下す。当時建仁寺新地の称あり」

以上八町のうち最初の宮川筋一町目に問題がある。『京都府下遊廓由緒』に、

「一町目ハ祇園新地外六町《そとりく》之内、二町目ヨリ西御門町迄《まで》七条新地ヨリ出稼」

とあり、『京都坊目誌』も、

「宮川筋一町目（地域は当区に属するも、遊廓としては祇園町区域に属す）を除き、同二町目より同七町目まで及び新宮川筋西御門町を以て宮川町遊廓区域とす」

と述べており、一町目だけは隣接の祇園町遊廓に入っていたのである。『京都府下遊廓由緒』の安政四年（一八五七）閏五月の項 附《つけたり》に、

「宮川筋一町目之儀、祇園新地とは町違ニ候得共、商売ニ付テハ右新地ニ組合（わせ）渡世致シ候筈ニ相成リ候事」

とあり、この時分からのことであろうか。この辺は第三章第3節祇園町・八坂新地を参照されたい。

〝男色売春〟の本拠

古くは鴨川の磧《かわら》であったこの地は、おそらく室町末期ごろ、相当に耕地化されていたが、町の形成を急速に助けたのは祇園社（八坂神社）と建仁寺、恵美須神社などの社寺であり、江戸初期からは四条河原の歌舞伎がこれに加わった。

「年古の茶店有レ之、茶汲女召抱ヱ渡世仕リ来リ候由（旧記無レ之、不分明）」（『京都府遊廓由緒』）

の茶汲女は、文字通り祇園社その他の参詣客にお茶をサービスする女だったのであるが、それがだんだん媚《こび》を売り体を売るプロ女性に発展してゆく経過は、例の通りであった

八坂神社

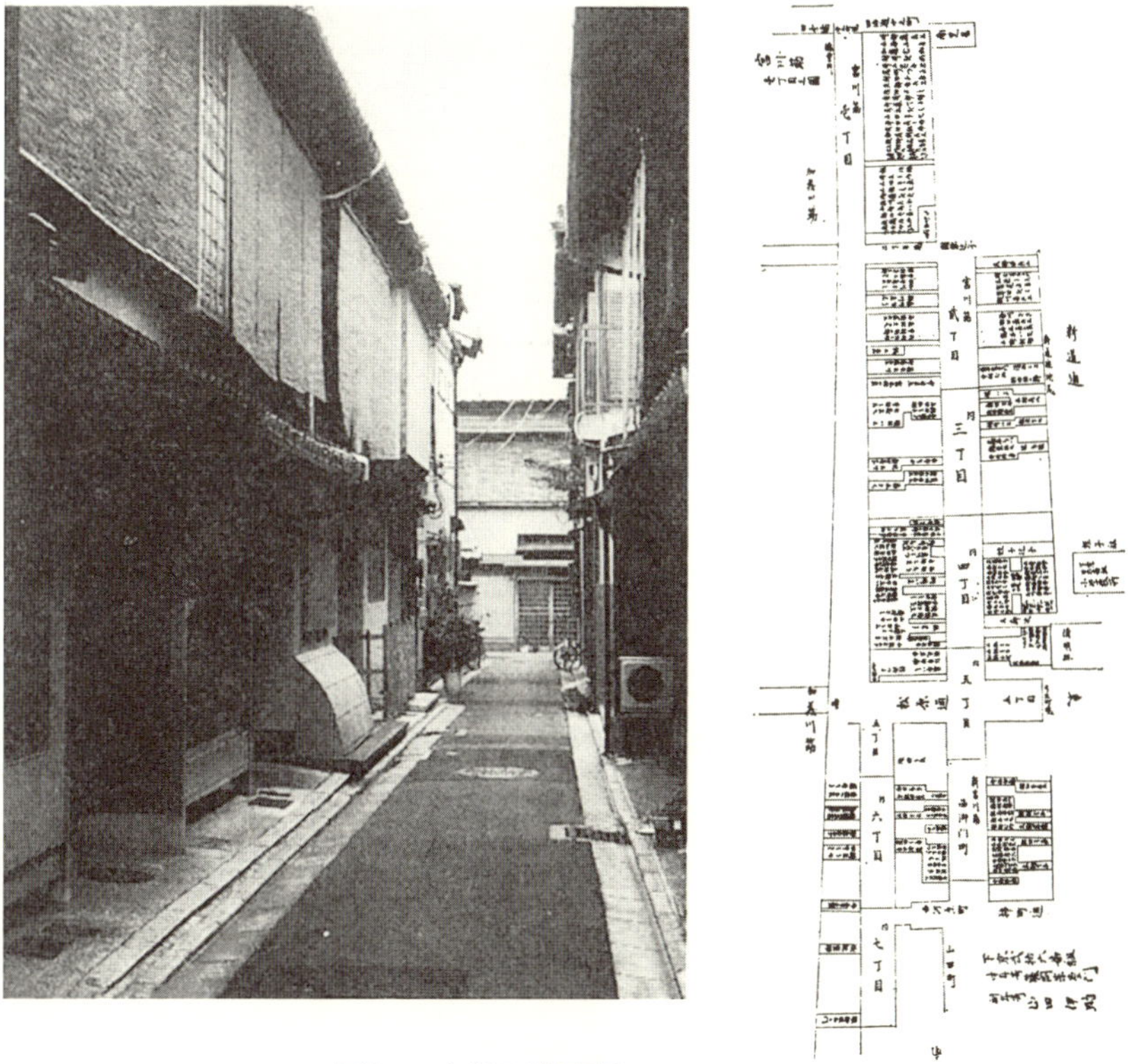

図17　宮川町遊廓跡（右は古地図）

が、宮川町の強味は社寺の他に、四条河原に近接していることであった。

四条河原の芝居については、第二章第3節六条三筋町の項にも述べたが、ここではそれに後の宮川町関係を選んで述べることにする。

寛永六年（一六二九）女歌舞伎が禁止されたこと、これに代わって登場したのが、美少年を主役とした若衆歌舞伎で、必然的にこれは男色の対象となる。彼らは若衆とか子供、色子などと呼ばれ、普段も振袖に幅広の帯を締め、髪型や櫛も遊女と同様、つまり完全に近い女装であった。七、八歳から仕込まれて芸事《ごと》を覚え、十四、五歳で舞台へ出た。

この女装が承応元年（一六五二）七月に禁止され、以後前髪を剃って男の頭となり、野郎《やろう》歌舞伎と呼ばれるが、頭の格好を気にして常に紫色の布をつけ、これが永く女形役者の象徴的スタイルとなった。

しかし男色売春の方は一向に変わらず、歌舞伎と関係ない専門売春夫？も含め、江戸期を通じて常に約八十人（江戸はもっと盛んで約三百人）が跳梁した。その本拠がここ宮川町で、京都の他の廓には、この手はほとんどいなかった。宮川町くるわの大きな特徴である。

「四条通小橋より大川までを中嶋といひ、大川西石がけ(垣)町、東石がけ町、その下《しも》みや川町といへり。こゝはぶたい(舞台)子、かげ(陰)間、野良《やろう》のすみか」（貞享五年―一六八八―刊『諸国色里案内』）

若衆売春の実情については、廓側にも官庁側にもこれ以上記録がなく、かの井原西鶴の『男色大鑑』（貞享四年―一六八七―刊）など他文献から実情を推測するほかないが、お客は武士、富商、それに僧侶、時には後家や奥女中などの女性で、花代は普通の遊女の太夫よりは安く天神よりは高かった。かの赤穂義挙のヒーロー大石良雄とその子主税は、元禄十四年京都滞在中、父子ともに宮川町陰間のお世話になったという。陰間の最盛期はやはり元禄（一六八八―一七〇三）で、天明ごろ（一七八一―一七八八）まで続いたらしい（『亡くなった京の廓』）。

「十ケ年規制」の追々延長

幕府のこの廓に対する法的規制としては、他の廓と同様宝暦元年（一七五一）五月の「十ヶ年限り免許」が記録としての初見で、これは男色とは関係ない。

「宝暦元辛未五月宮川筋一町目ヨリ六町目迄《まで》、十ヶ年限リ茶屋株差許シ相成リ、追々年限継願済致シ候由（記録アリ）

附《つけたり》・明和七庚寅年（一七七〇）祇園町、宮川筋一丁目ヨリ六町目迄、大和大路弁財天町、同所新五軒町江茶屋株願済之記録アリ」（『京都府下遊廓由緒』）

この「追々年限継」というのが曲者《くせもの》で、はじめ十ヶ年と限られたのが、延長また延長で営業していったことを意味する。

「天保十三壬寅（一八四二）八月、幕府改革ニ付キ、茶屋渡世等廃止相成リ候事（記録無レ之）」（『京都府下遊廓由緒』）

老中水野越前守忠邦のいわゆる天保大改革で、島原を除く全遊廓の営業停止が命ぜられた。もちろん全国同一措置である。別の資料で見ると、

「天保十三年町奉行松平兵庫頭信敏は、島原の外、茶屋渡世及び芸娼妓抱置《かかえ》く者は、六ヶ月以内に正業に復す可き旨厳達す。依《よつ》て島原に転住し、或は廃業するに至る。是《こ》れ茶屋渡世の者に対しては実に晴天の霹靂《へきれき》にして、其の困難なる想ひ見る可し」（『京都坊目誌』）

という苦しい状況となり、これでは関係者生き死にの問題だとして、

「此《ここ》に於て他の遊里と合議し、安政四年（一八五七）土地繁栄上再営業を請願す。町奉行原伊予守思孝之を許可し、条件として島原の支配を受け、口銭を出さしむ」（『都坊目誌』）

一つは官庁側が「遊所は必要悪、島原だけでは不足」と気づいたためであろうか。それでも島原の優位だけは崩れず、結局、

「慶応三年（一八六七）八月に至り、各遊廓中より年々金三千両を官に納め、遊女茶屋渡世、向後《きようこう》無制限にせらる」（『京都坊目誌』）

と全くの自由営業となって維新を迎えた。

10　〝遊女不在〟の花街・三本木（上京区）

北政所の高台寺出入りの芸子から

ここは京都では珍しい、遊女（娼婦）のいない、芸者ばかりの花街であった。その芸者たちは『京都府下遊廓由緒』によれば「往昔白拍子余流之由」で、豊臣秀吉未亡人、北《きたの》政所《まんどころ》が慶長十一年（一六〇六）に高台寺を建立、入居したころ、しばしば寺へ出入りしていた舞、芸子（のちの下河原芸者）の流れを汲んでいるともいわれる。

このため天保十三年（一八四二）の全遊廓隠売女手入れのときも対象外とされ、その後も「配膳」の名で座敷を取り

もち、花代ならぬ祝儀をもらって生活していた。寛政五年（一七九三）刊『都花月名所』に、

「三本木　賀茂川の西岸、二条の北四町計《ばかり》にあり。又新河原町（先斗町）これも鴨川の西岸也。何《いず》れもひがし山の月を賞して洛下遊宴の地也」

と、先斗町と並ぶ鴨河畔景勝の地であったことが強調されている。ただし先斗町は遊女多数の色町であったが、三本木は最後まで「洛下遊宴の地」である。

遊所の範囲と町の由来

遊所の範囲は、現地名表示で上京区東三本木上之町、中之町、南町の三町である。鴨川にかかる丸太町橋西詰を北へ約二百㍍の間で、他の遊所に比べ比較的狭小である。

この地開発の由来は不詳だが、宝永五年（一七〇八）禁裏周辺再整備のとき、東洞院出水・夷川間（現京都御苑内南西部）三本木一〜三町目の町家が、ここへ強制疎開させられたのが記録の最初である。このとき三本木の名をそのまま移し、一〜三町目を上之町、中之町、南之町に改めたのである（『京都坊目誌』）。これに従って、東洞院にあった三本木に対し移転先の鴨川べりの方を新三本木と称した。以下『京都坊目誌』による関係町の説明を記す。

上之町　東三本木丸太町上ル三町目という。寛文年中（九年＝一六六九＝か）開通。維新前、北部の地に中川修理（豊後岡侯）の邸あり。又文政の頃頼久太郎（山陽）此町東側に住す。

中之町　東三本木丸太町上ル二町目をいう。開通上之町に同じ。

南之町　東三本木丸太町上ル町をいう。開通右に同じ。維新前南辺に岡山藩池田氏の邸あり。また勤王家梅田源次郎雲浜之に住す。その妻千代明治五、六年まで居れり。

幕末に息吹き返した不夜城

三本木が有名になったのは幕末である。「嘉永以来大に繁昌し、酒楼旗亭頻りに其数を増し不夜城と呼ばる」と『京都坊目誌』は記しているが、もともと狭い土地なので、たいした数とは思えない。明治初年の地図を見ても茶屋九軒、芸者屋六軒といったところだ。それよりも芸者の質がよかったのが特徴で、桂小五郎の妻となった幾松、近藤勇の情婦の一人駒野、後藤象二郎が通いつめたいろ、などの名が歴史に残っている。

萩の名所高台寺(『拾遺都名所図会』より，天明ごろ)

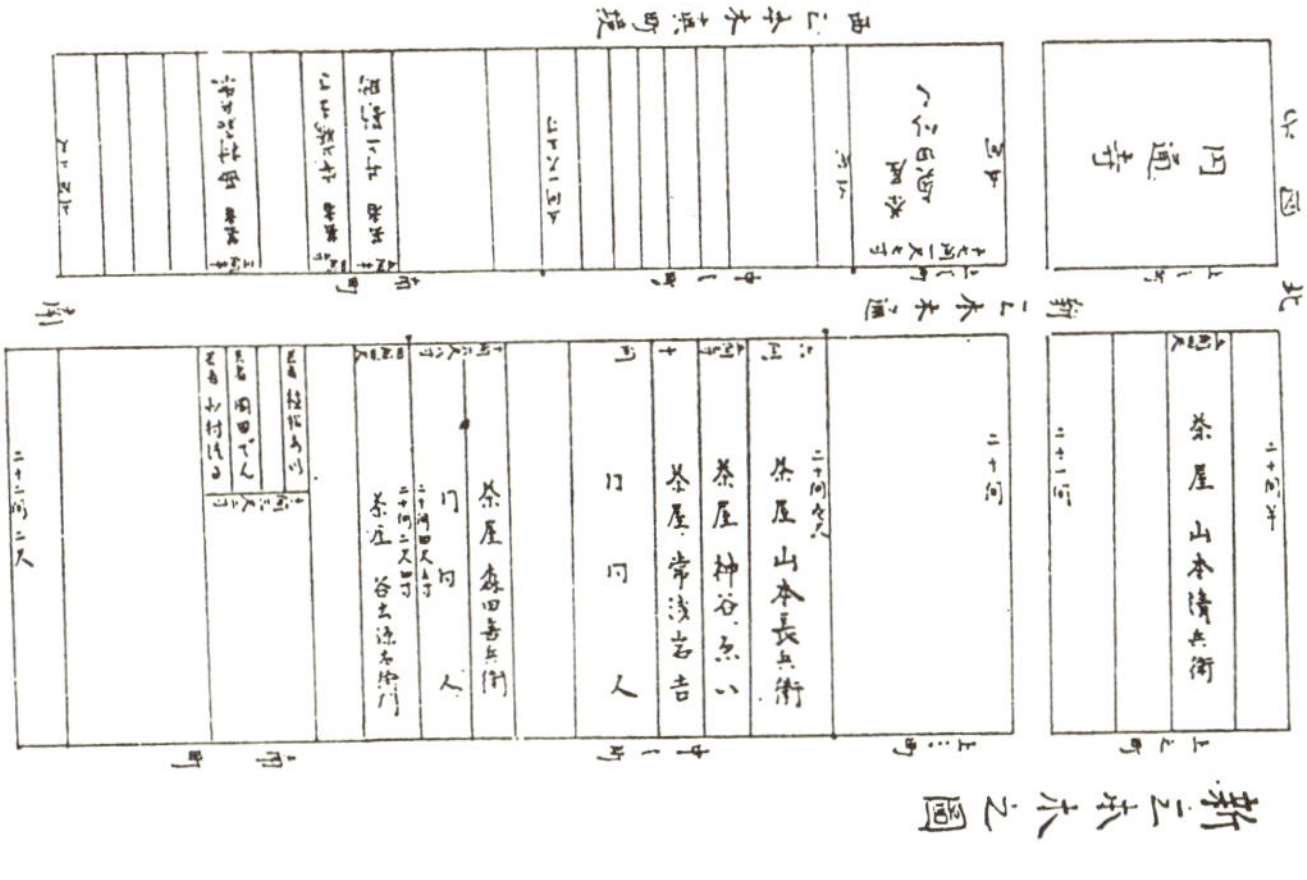

三本木古地図

(写真)
三本木花街跡
左側ワラ屋根頼山陽「山紫水明処」右側木造三階建て「吉田屋」跡

図18　高台寺と三本木

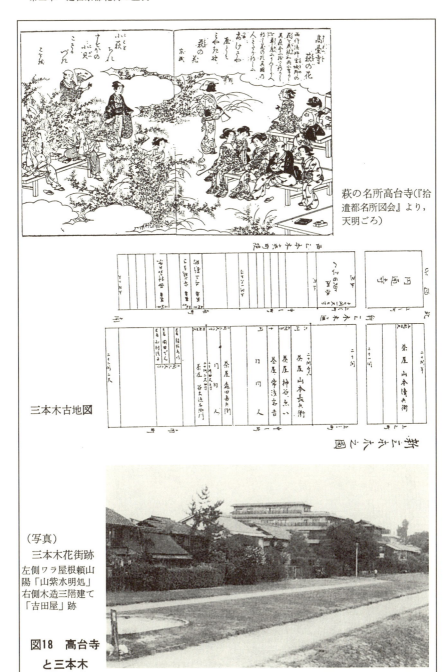

11 「かわら地」だった下河原（東山区）

誇り高き「ヤマネコ」芸者

『東海道名所図会』によると、

「祇園（八坂神社南門）大鳥居の正面通をいふ。風流の茶店、揚弓屋、高楼の貸食家《りようりや》建つらなり、歌舞の妓婦花やかに往返し、酔客街《ちまた》に漂ひて最《いと》賑はし」

とあり、繁昌の模様がよくわかる。歌舞の妓婦は娼妓ではない。芸者である。しかもこの芸者は一風格を持っている。『京都坊目誌』は次のように説明する。

「下河原《しもがわら》、鷲尾、上弁天、月見の四町を区域として公許せらる。始め慶長十年（一六〇五）従一位豊臣夫人、高台寺中（円徳院の北、鷲尾町より入る）に館舎を構へ居住す。時に舞芸のものを召し演芸せしむ。此に於て芸者此附近に来集す。寛永元年（一六二四）夫人薨《こう》ず。爾来一般公衆の招に応じ、纏頭《てんどう》（祝儀、チップ）を得るを以て一の営業者となる。之を町芸者と称す（茶立女に非ず）。然れども旧風を存し、品格の正しき、他に類を見ず。のち円山その他の諸楼より招かれ、酒席に侍す。之より山根子《ヤマネコ》（俗称なり）と呼ぶ。天保三年（一八三二）町奉行より営業を停止せられしが、後に解停せらる」

もう一つ、天保年間（一八三〇―一八四三）の『辻打大概記』から次の文を引用する。

「舞芸者五十七人、是は下河原、鷲尾町、清井町、下河原町辺に住居仕罷在。祇園町遊女屋とも出張取扱（協定）仕候由。円山并に双林寺、又は右最寄料理屋へ出向き、祝儀と唱へ金百疋より二朱までの扇料取レ之、渡世仕罷在候」

この中の「円山并に双林寺」については、一説明を要する。円山は、ほぼ現在の円山公園の地で、ここに安養寺の子院として阿弥《あみ》号を称する六つの寺があり、いずれも市街地を見下す眺望と林泉の美を誇っていたが、明和年間（一七六四―一七七一）から内部を開放して書画会などに席貸しをし、やがて料理も出すようになったので、座の取り持ちをする女芸者の需要がふえたのである。現在、六阿弥の一つ左阿弥が、料亭として昔年の面影をとどめている。

双林寺は今の円山音楽堂の東側にある天台宗の古刹で、往時は多くの塔頭を有していたが、明治初年円山公園開設にあたって寺地の多くを上納させられ、本堂一宇のみとな

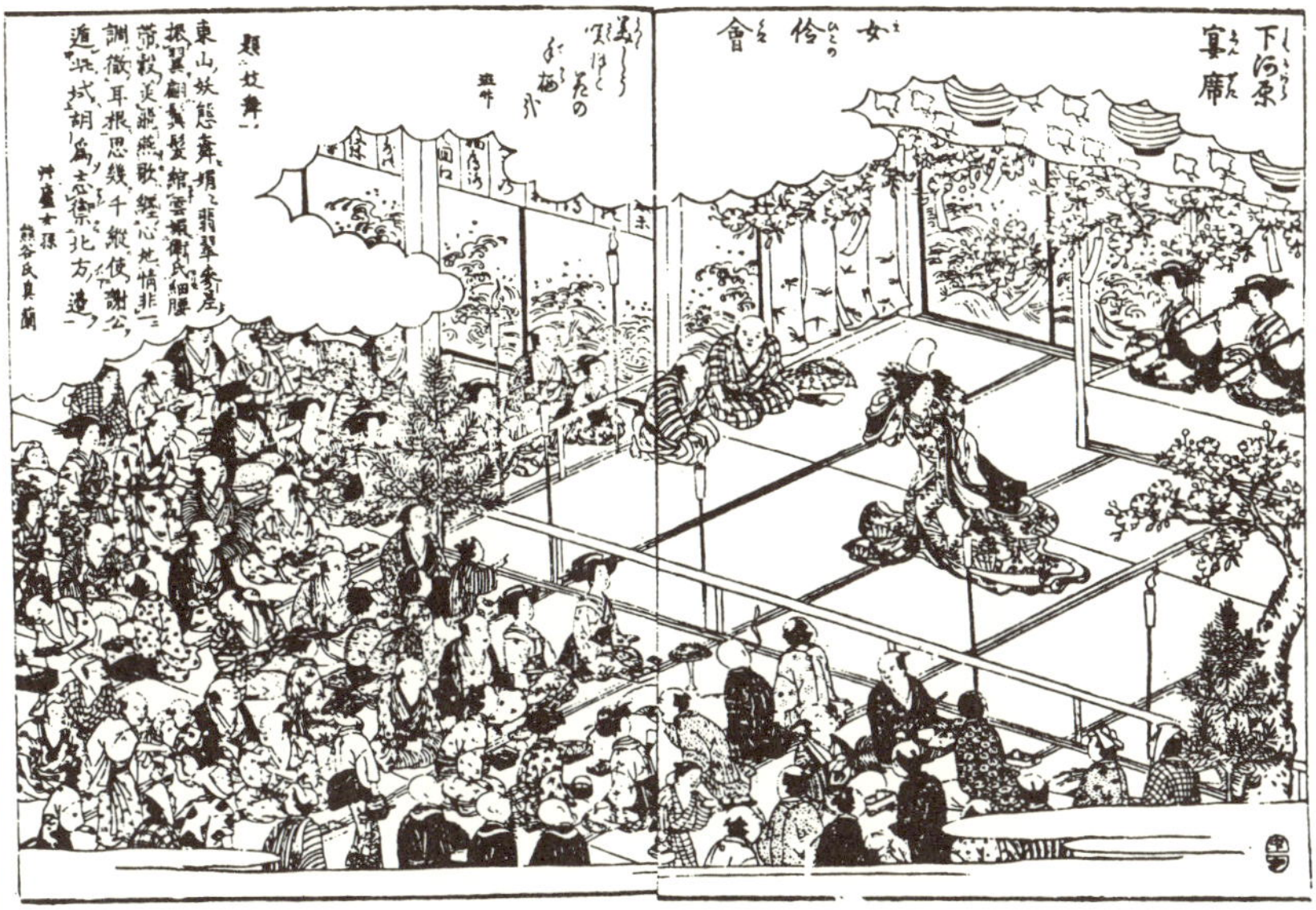

芸が売物の下河原の宴席（『都林泉名勝図会』より，寛政ごろ）

下河原（現在）

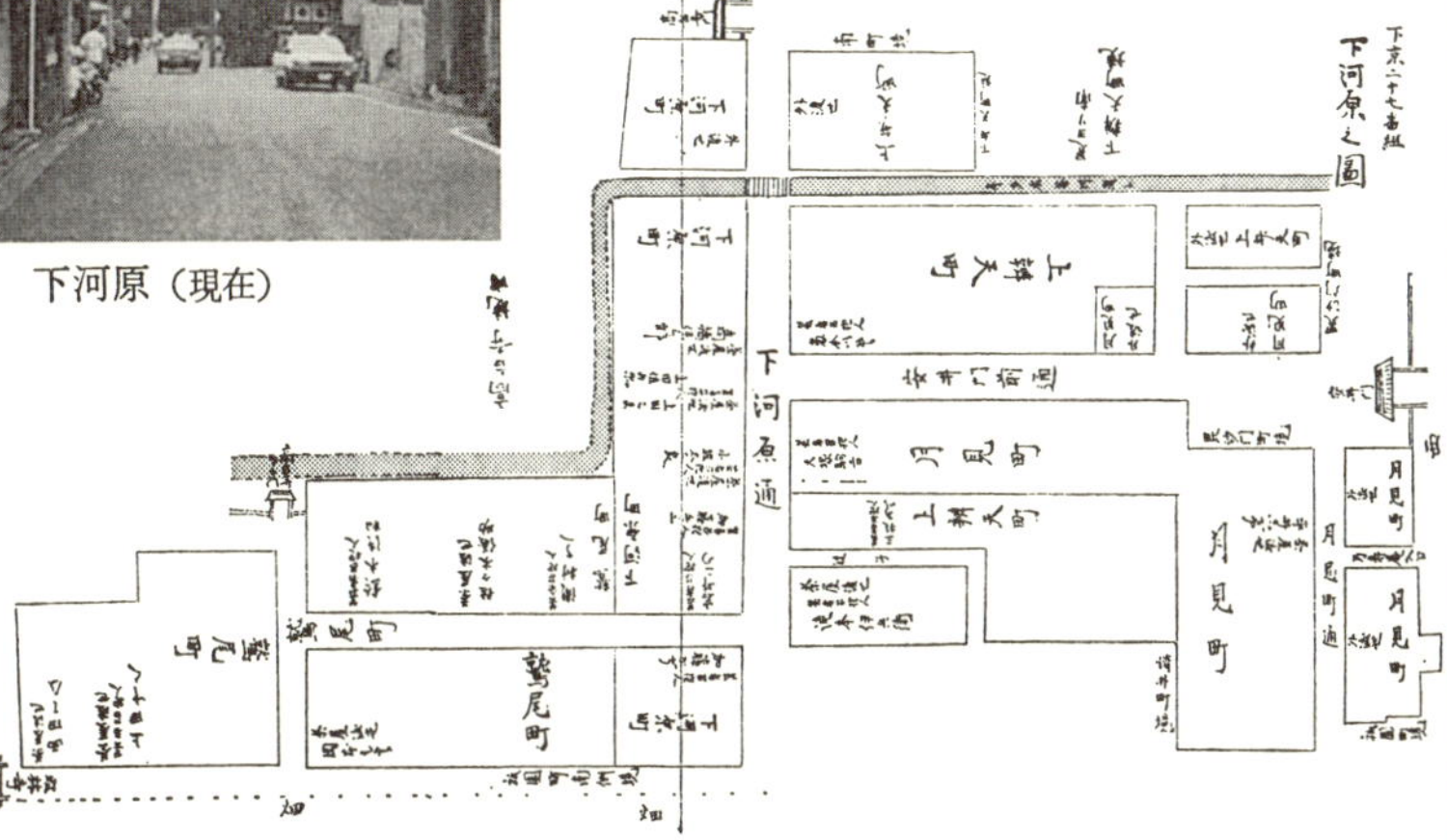

下河原の古図

図19　下河原の宴席と古図及び現在（写真）

った。それまでは広大な林泉に四阿《あずまや》が点在し、これを開放して席貸しの内職をしていたのである。

他に霊山中腹にある時宗本山正法寺も絶好の眺望を武器に、集会場、園遊場の名所として売り出し、当然、下河原芸者の活躍の場となっていた。

名前の凄さと反対の容姿と品位

ヤマネコの語源については、その出入り先の円山六阿弥や双林寺、正伝寺が山の手にあるので山の猫（芸者の異名。娼妓は狐、幇間は狸）という説、お客に比叡山（山と称する）の僧侶が多かったから、これを喰いものにしていた猫芸者という説、山のねき（すぐそば）だからヤマネキがなまってヤマネコという説などいろいろあるが、はっきりしたところはわからない。

このヤマネコは、名前のすごさとは正反対に、容姿端麗、品格高尚、技芸堪能を売りものにし、一面気位が高すぎて、座敷へ出てもこちらから客に挨拶せず、祇園芸者と同席するとサッサと上座についたという（『亡くなった京の廓』上）。

また舞技は、初代井上八千代（一七六七―一八五七）、二代井上八千代（一七九一―一八六八）に徹底的に仕込まれた正統の井上流で、明治初年に篠塚流から井上流にかわった祇園町よりも歴史が古い。

荒漠たる原野と磧地に

下河原遊里は、現在の地形で説明すると、祇園八坂神社南門、大石鳥居をくぐって南へ、霊山護国神社参道へ至る少し手前までの東西両側である。もちろん現在は芸者屋らしい面影は全くないが、東山区下河原町、鷲尾町、上弁天町、月見町と町名は往時のまま残っている。例により『京都坊目誌』で説明しておく。

下川原町　高台寺門前通（北は八坂神社正門に通ず）四条下ル一町目から菊渓《きくたに》川を渡り八坂上通に至る一名下河原通の東側一円をいう。慶長十年（一六〇五）寺地を除く外、咸《みな》町地と為《な》る。古昔菊渓川、轟川此に会し、曠々たる磧《かわら》地たりしと。故に地名と為る。

鷲尾町　高台寺北門（裏門）前、東西の一町、及び双林寺境内（公園内）をいう。慶長十年開くる所なり。双林寺は元町名無し、明治二年始めて本町に属す。元此地は北大谷に続き荒漠たる原野（いわゆる真葛《まくず》ヶ原）なり。後鷲尾家の所領となり、承元の頃（一二〇七―一二一一）より祇園社の境内に属す。今いう清井町に連り、祇園林（中世南隣）と称す。慶長十年（一六〇五）豊臣夫人高台寺を建立するに際し、其下壇の地（今の円徳院の北、永興院のありし所也）に居館を構う。此時祇園社の執行別当に命じ（命令は徳川氏より発す。収用のため地所の下附金あり）森林を伐截《ばっせつ》し町地と為す。其南側の地（今の高台寺裏門より半町西）に正門を建設し、居館に達す。所謂高台院是なり。寛永元年（一六二四）門を廃し、居館を更《あらた》め永興院と為す。鷲尾の号は高台寺の山号に採る所にして、豊臣夫人の命名する所なりという。

上弁天町　下河原西側清井町下ルより月見町を挟み南へ安井横通下ルまでをいう。地形複雑す。元禄十二年（一六九九）九月、下京弁天町（諏訪町通松原・万寿寺間の弁財天町か）の住民清左衛門なるもの願済の上、此地を開拓し屋地《やち》とす。当時弁天堂を建て町の鎮守とす。

月見町　東山通四条下ル一町目西側、及び東側の下河原通西側までをいう。宝暦四年（一七五四）開通する小径なり。尋《つい》で街路と為る。大正元年（一九一二）道路を拡築

12　名刹・清水寺と清水新地（東山区）

し、同二月二十五日電車（東山線）を通ず。もと建仁寺及び知恩院所領の耕地たり。内に月見松と称する大樹あり。宝暦四年町地となる時、之を伐栽し、爾来町名となる。或はいう。是より先正徳年中（一七一一―一七一五）に町地となり、人家祇園町、清井町に建ち続きしとも。

月見町の由来については別説あり。『京町鏡』には、

「此辺《このへん》月見によき場所なるゆへ世人新更科《さらしな》（信州の月の名所）と称す。然るに洛外繁栄によって段々人家建つゞき、宝暦年中（一七五一―一七六三）にいたって益々建并び、故に月見町と小名《こあざな》によぶ」

とあり、国学者本居宣長も『在京日記』宝暦六年八月十五日の条に、

「こよひは、新さらしなとて、安井まへにて月を見たりしが、ことしは家居立ふさかりて、月にはあしかめり」

などと書いている。

清水寺との深い因縁

京都の遊廓に神社仏閣と縁故あるものが多いことは、これまで述べてきた通りである。祇園町、宮川町は祇園社

（八坂神社）、上七軒、五番町は北野天満宮、下河原は高台寺、双林寺、さらに後述の壬生遊廓は壬生寺といった調子であるが、この清水《きよみず》新地は、北に隣接する辰巳《たつみ》新地とともに、清水寺と法観寺（八坂の塔）に密接な関係がある。

音羽山清水寺《せいすいじ》は東山三十六峰中音羽山の中腹に位置する京都屈指の大刹で、奈良・興福寺に属する法相《ほっそう》宗の寺だが、規模は興福寺をはるかにしのぐ。桓武天皇の延暦二十四年（八〇三）大納言坂上田村麻呂が奏して賜わったこの地に私寺を建てたのが始まりといわれ、その後宮廷の尊崇を得、嵯峨天皇の弘仁二年（八一一）国家鎮護の道場となった。爾後歴朝の尊信あつく、平安末期以来の度重なる戦乱でしばしば兵火の災厄を蒙ったが、そのたびに再建され、とくに徳川氏は政策的にもこれを庇護したので、絶佳の風致も幸いして市民の尊崇を集めた。

庶民の参詣がふえれば、そのための休憩所茶店ができ、茶立女があらわれ、それがしだいに遊所化してゆく過程は、祇園町などの例と全く同じである。

法観寺は天武天皇時代（六七三―六八六）八坂氏の氏寺として建てられた、京都最古の寺の一つであるが、中世以降衰微して、江戸後期には五重塔一基を残すだけになっていた。現在は臨済宗建仁寺派の末寺。中古以来荒れるにまかせ、大破した塔は盗賊のすみかとなって清水寺参詣人らが難渋した。

遊所のはじまりは法観寺

「元和五（一六一九）己未年、所司代板倉伊賀守（勝重）処置ヲ以テ盗賊召捕、塔修復相成、法観寺門前ニ建家相済、茶立女差置茶屋渡世差許相成」（『京都府下遊廓由緒』）と当局の手が伸び、これが遊所の発祥となった。ところが、この『……由緒』の文章と全く同じものが『……由緒』の辰巳新地の条にも載っており、このころは清水、辰巳の両新地は一つのものだったことを示している。

このとき黙認を受けた茶店の範囲は『亡くなった京の廓』に

「清水坂二丁目（産寧坂より東）、三丁目（産寧坂下から二年坂辺、清水小学校の北東）、四丁目（広大な町で産寧坂より西、東山通の両側、かなり奥まで含む）」

とあり、これを地図上に線引きすると、八坂上町にある法観寺（八坂塔）は清水の枠の外となる。

板倉所司代の盗賊手入れ、塔修復によって生まれた法観寺門前茶屋は、やがて二つに分かれ、一派は現場に残って辰巳新地の基となり、一派は南下して清水新地をつくった――としか解釈のしようがない。以下はその後の経過である。

社寺門前町に遊女とは

寛文十年（一六七〇）六月、西町奉行雨宮対馬守正種は「社寺門前町に遊女らしいものがいるのはいかん」として

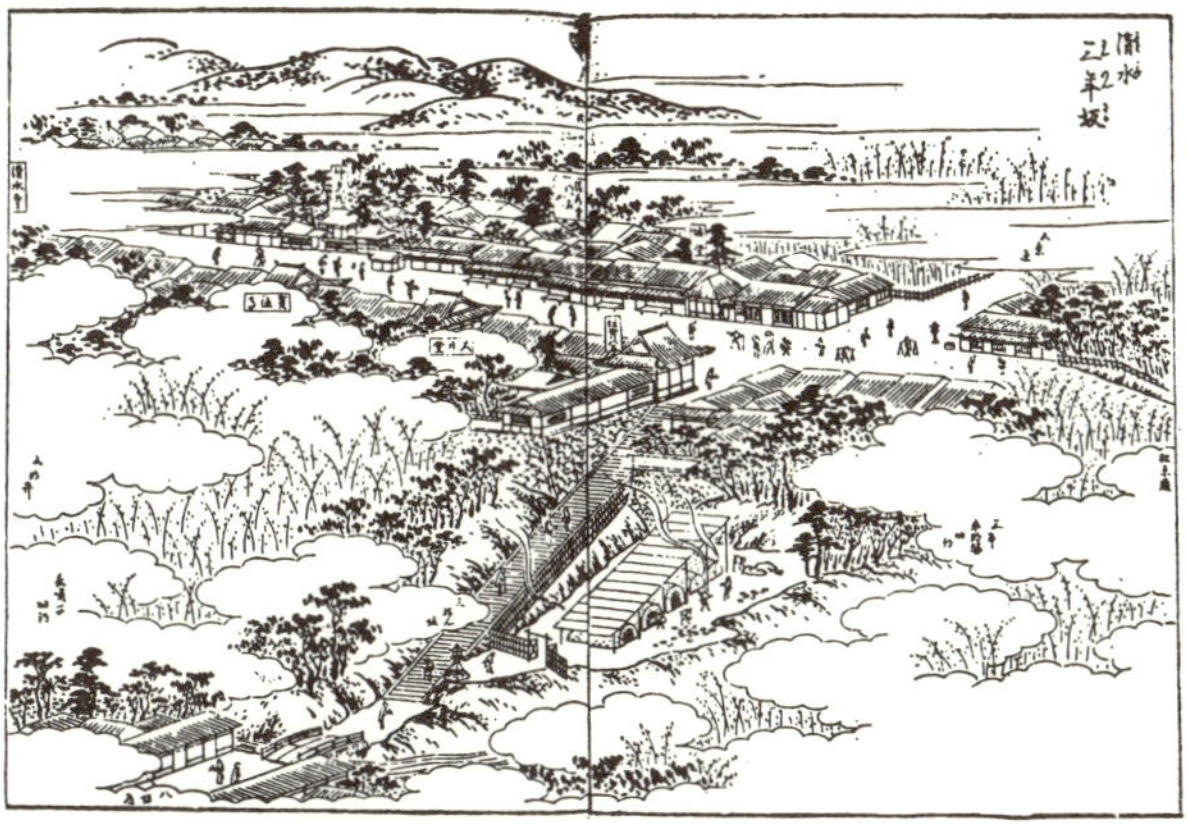

清水三年坂
（『拾遺都名所図会』より，
天明ごろ）

観光客でにぎわう清水新地跡

ここも清水新地の一部だった産寧坂

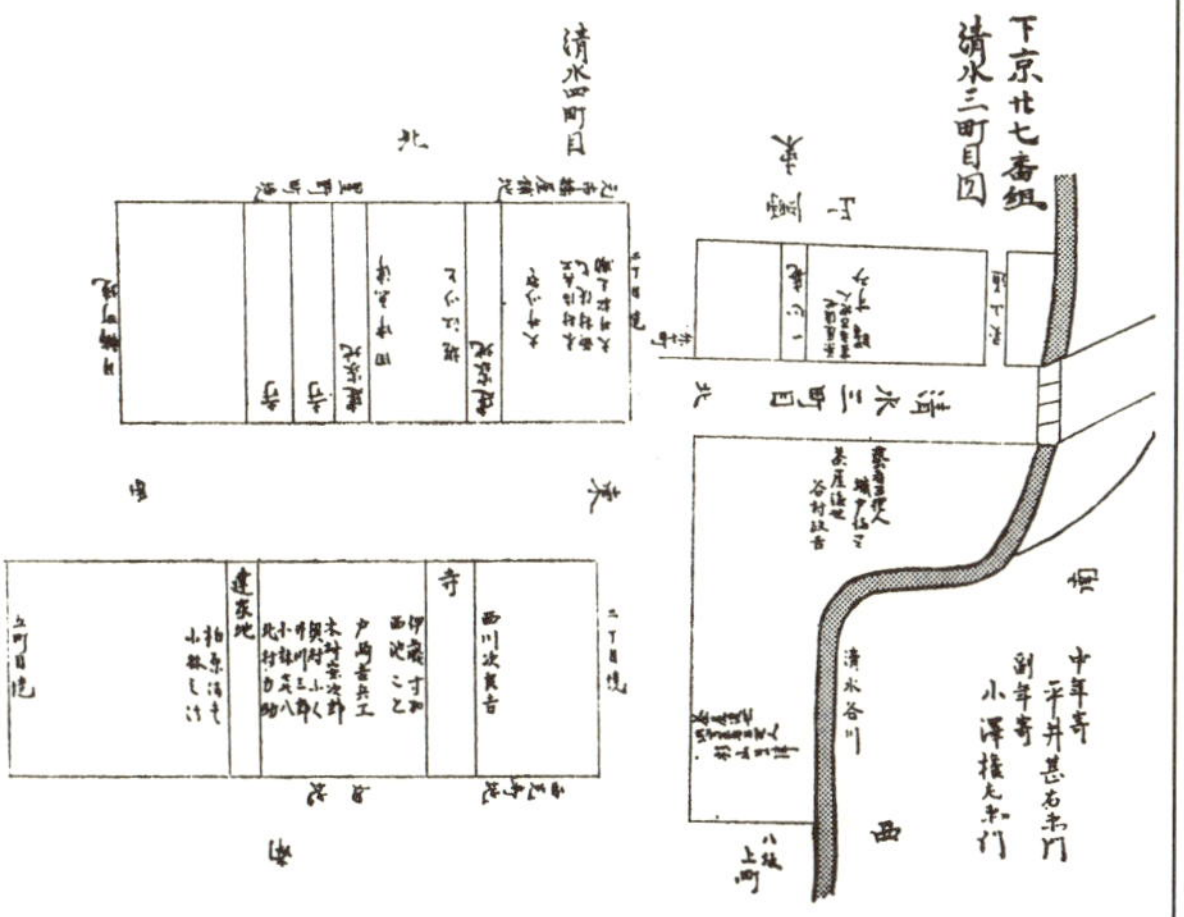

清水新地の古地図

図20　清水三年坂と古地図

清水、八坂（辰巳新地）、祇園町、北野上七軒の四廓に「遊女と相見エザル茶立女」を一軒一人ずつにと規制した――と『京都府下遊廓由緒』にあるのだが、奇怪なことに同じ『……由緒』の祇園町、上七軒、八坂の項にはこれが載っていないのである。清水の項に「布令ノ写シアリ」とまで書いてあるのだから間違いあるまいが、もう一つすっきりしない。

元禄四年（一六九一）八月、清水二丁目、三丁目、四丁目に遊女厳禁の達しがあり（『……由緒』）、おそらく、寛文の規制に背いて遊女を抱え、その数を増していたのであろう。

宝永四年（一七〇七）十二月、今度は実刑を伴った規制の記録がある。『京都御役所向大概覚書』によると、

「清水寺門前弐町目、同四町目、茶屋家《いえ》無断隠普請《かくしぶしん》いたし候趣、致ニ露顕一候ニ付、吟味之上無レ紛《まぎれ》ニ付、家主茶屋追放被ニ仰付一、依レ之向後《きょうこう》右茶屋家潰《いえつぶし》、常体之町人差置候」

とある。正徳三年（一七一三）八月、清水三丁目が類焼、焼け出された茶屋が二丁目で営業したいと願い出て許されているが、享保九年（一七二四）七月十八日付で、

「清水寺門前四町目引替地、松原通ニ而《て》相渡候内、菱屋吉兵衛と申者欠所屋敷、此度三軒ニ割、間口三間弐尺七寸、裏行拾三間ニ致シ、三軒共茶屋株相添払可ニ申付一候間、望之者ハ場所之儀、清水寺門前四町目年寄ニ相尋ネ見候而《て》、当月中東役所へ入札持参可レ申候。右之通洛中洛外へ可ニ触知一者也」（『古久保家文書』）

という布令がある。あき家になった遊女屋一軒を三軒に分け、それぞれに営業権をつけて払い下げるから、希望者は入札に来い、というのである。お役所（東町奉行所）もなかなかやるものである。洛中洛外へ周知せよ、と念が入っている。また間口、奥行の数字は、当時の遊女屋の規模を示すものとして興味がある。

寛保三年（一七四三）十一月事件が起こった。三町目の茶屋大津屋りん方へ泊まった江州松本村の顕随という坊主がりんの娘を殺害したのである。顕随は重い御仕置《おしおき》となったが、大津屋りんの方も、

「りん儀も清僧と存《ぞんじ》なから娘を顕随相手に出《だし》候段、不届に候。家財欠所、遠国非人手下ニ申付候」

と厳しい処分になった。ついでに町の役方にも、

「惣而《そうじて》茶屋旅籠屋商売之もの、風来無宿者と乍レ存も止宿いたさせ、僧徒を客といたし候儀、畢竟《ひっきょう》其町年寄五人組共不吟味より、右体《てい》之儀も有レ之候」

とお叱りが及び、今後は遊女定員を厳守し、僧徒、無宿者を泊めるべからずとされ、違反の際は町内年寄、五人組も

同罪と強調している（『古久保家文書』）。

寛延三年（一七五〇）八月、どういう理由か「茶屋商売一旦差留」になったが、すぐ解除され（『……由緒』）、寛政九年（一七九七）五月には、他町に比べ広すぎた四町目を二分して西の方を五町目と称し、以後清水新地は二、三、四、五町目の四町建てとなる（『……由緒』）。文化十年（一八一三）二月、全市の茶屋株調査があり、清水四町は在来通りの渡世を免許された（『……由緒』）。この間、寛政二年（一七九〇）の全市隠売女《かくしばいじょ》大手入れがあり、当然清水も対象となったはずだが、『京都府下遊廓由緒』清水の項は、なぜかこれに触れていない。

このあと天保十三年（一八四二）の一旦停止令とその緩和を経て明治維新に至る過程は、他遊廓と同じである。

『壇浦兜軍記』のヒロイン・阿古屋

安政四年（一八五七）閏五月、四町目からの願出により、二町目、五町目の茶屋株を四町目が引き受け「往古之通称ヲ以テ阿古屋《あこや》茶屋ト相唱エ渡世」することになった、と『京都府下遊廓由緒』にある。阿古屋は享保十七年（一七三二）九月豊竹座初演、長谷川千四・文耕堂合作『壇浦兜《だんのうらかぶと》軍記《ぐんき》』のヒロインである。清水新地の遊女という芝居の設定だけで、仮空の人物である。第一、源平時代に新地があるはずがない。

清水新地と町名のいわれ

清水新地は現在の東山区東大路清水道バス停東入ル、土産品店街を清水寺入り口に至るまでの南北両側と東大路を西へ越えた清水五町目の一部である。旧記にある清水二〜五町目の町名は、そのまま残っている。『京都坊目誌』を主文献として、各町の由来を探ってみる。ついでながら清水一町目は、すなわち清水寺全域であり、遊女町とはなり得ない。

清水二町目　松原通が東大路を越えて東へ進んだ所。南西五条に通じ、北は産寧坂を下り三町目に接す。東西太《はなは》だ傾斜ありて坂路を為す。所謂《いわゆる》清水坂なり。東高く西低し。南北は渓谷にして中央に道路あり。所謂古《いにしえ》の清水の岡是也。

清水三町目　清水二町目産寧坂（三年坂とも）下より八坂上町に続き、北は二年坂を以て桝屋町に至る。土地東西極めて高低あり。中央に道路あり。二町目に上る石階を産寧坂と称し、再念坂に作る。又三年坂とも云う。北に二年坂あり。稍《やや》小坂なるを以て此名あり。維新前本町東北の地に丹後田辺（三万五千石）牧野氏、但馬豊岡（一万五千石）京極氏の屋敷があった。

清水四町目　松原通の東大路東入ル二町目境まで。東西高低あり、所謂清水坂なり。維新前、本町北側に日向飫肥《おび》（五万七千石）伊東氏、その東に近江西大路（一万八千石）市橋氏の屋敷あり。

清水五町目　松原通の東大路西入る南側、及び東大路通松原下ル西側。東大路は明治三十三年の開通（幅三間）で、大正元年拡幅（九間）して同年十二月二十五日電車を通じた。現在五町目だけが東大路の西側に飛び離れているゆえんである。

13　八坂神社に接する辰巳新地（東山区）

高麗から帰化した八坂造族

『京都府下遊廓由緒』は辰巳新地の項の冒頭に「古ハ法観寺門前ト唱エ、今ハ八坂最寄《もより》ト称ス」として、関係町は「八坂上町、金園町、南町、桝屋町、清水三町目、合《あわせて》五町、出稼無レ之」としているが、清水三町目は「事跡ハ清水」と断っており、清水新地の域内である。なぜここへ清水三町目を持ってきたのかわからない。

『京都坊目誌』によると、八坂は元郷名で、祇園以南、清水坂以北の汎称であるという。『新撰京都名所図会』は、「もと愛宕《おたぎ》郡八坂郷と称し、北は真葛ヶ原、南は清水坂までの惣名であるが、今はもっぱら八坂塔付近をそう称している。平安京以前に高麗から渡来、帰化した八坂造《やさかのみやつこ》族が住んでいたところ」としている。

第12節清水で説明した通り、京都最古の寺の一つである法観寺は、八坂上町にある。その五重塔が荒れるにまかせて盗賊の巣窟となり、ついに元和五年（一六一九）所司代板倉勝重が賊を捕え、塔を修復し、門前に茶屋渡世を許したくだりは清水新地に書いた通りで、『京都府下遊廓由緒』も両方に同文を載せている。

その後、毎年夏の盆には付近の女たちが塔の周りで踊り、見物遊客群集《ぐんじゅ》して都大踊りという名ができた（『……由緒』）とあるから、見物の男たちもともに輪に入って深夜まで踊り狂い、そのまま女たちに誘われて遊客と化し、それがこの新地の繁昌のもととなったことが想像される。

ただ「辰巳」という固有名詞の由来が、どの文献にも見当たらない。察するに京の中心である御所から見て、辰巳

八坂の塔（現在）

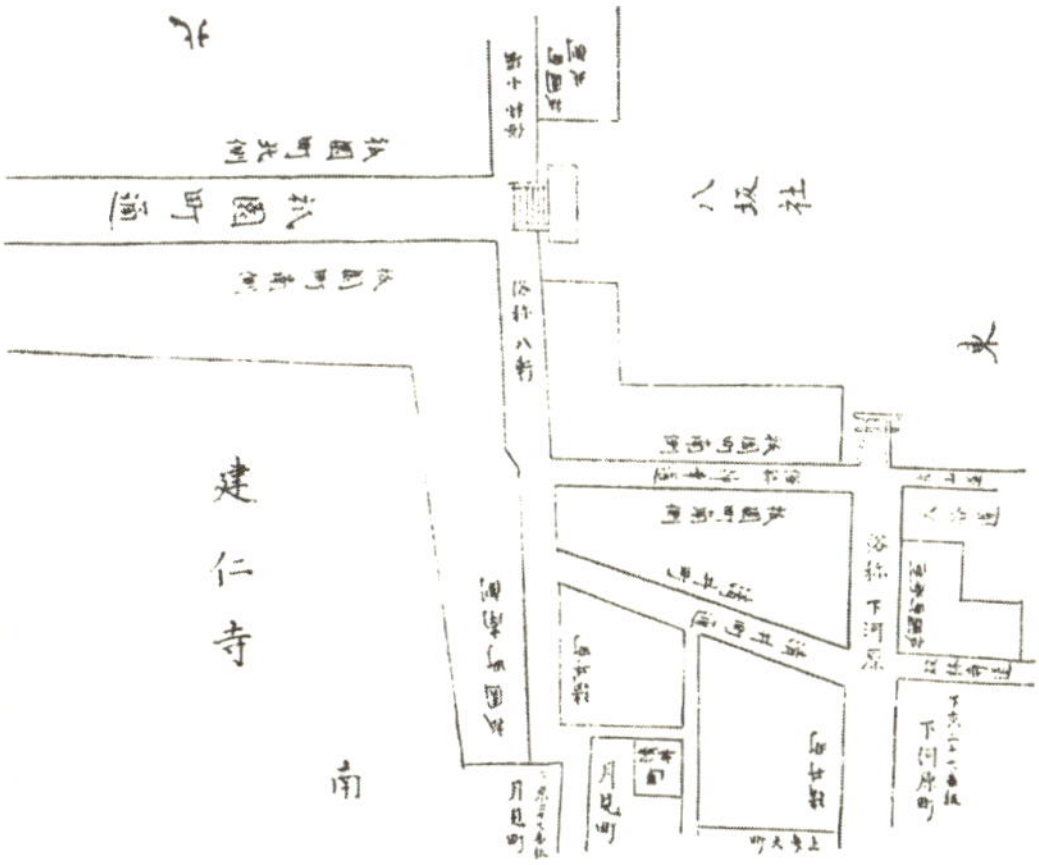

八坂神社・下河原付近古地図

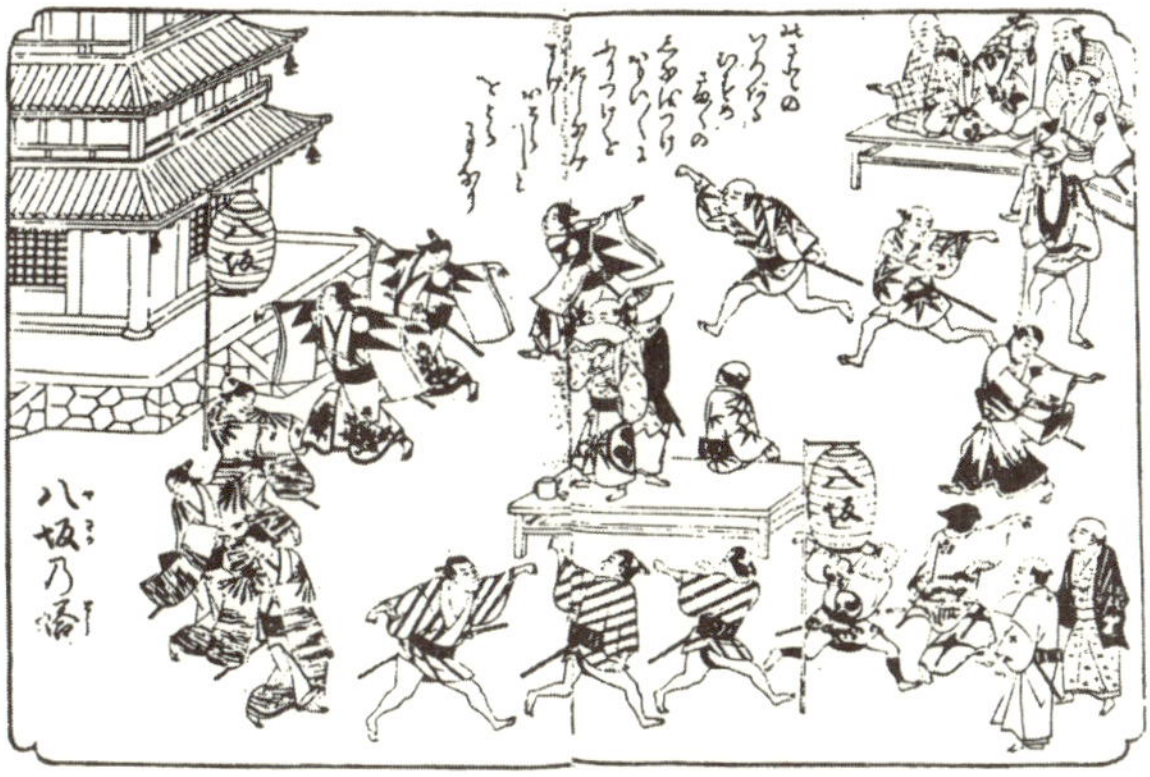

市民のおどり場八坂の塔
（『花洛細見図』より，寛永ごろ）

八坂神社から見た（左）祇園町南側（右）同北側

図21　八坂神社付近と八坂の塔

（東南）の方角にあるからだろうか。しかし、それなら祇園町も同じことだし、そのへんがわからない。

八坂上町《かみのまち》　法観寺門前をいう。道路甚しく傾斜して坂を為す。元和四年（一六一八）開通。元法観寺境内なるを町地と為すを以て、元和以来明治二年まで地子（年貢）七石八斗五升五合九勺を毎年寺に収納せしという。

金園町　下河原通より八坂法観寺前南側までをいう。元和四年開通。古《いにし》へ法観寺の境内なり。応仁以来耕地となる。元和四年法観寺門前下ノ町と号す。天明三年（一七八三）今の名に改む。地子五石一斗を同寺に収む。

八坂南町　下河原通高台寺大門前西側及び同門横通南側までをいう。慶長十年（一六〇五）町地となる。南町というは略称。

桝屋町　下河原町の南、八坂上町の東に続き山腹に至る。土地東西に太《はなはだ》しく高低あり。道路概ね坂を為す。宝暦八年（一七五八）町地となる。元祇園社領の畑地なり。祇園回り百九十四石六斗四升八合の内に包含せり。宝暦八年桝屋喜兵衛なる者、官の許可を得て之を開拓し屋地と為す。本町の東北の山腹に翠紅館あり。元霊山《りょうぜん》正法寺の寺中東光寺の跡。のち叔阿弥の名で詩歌、書画の雅会場となる。天保の初め西本願寺が別荘として買い、勤王志士の集会所となった。現在は料亭「京大和」。

元和の盆踊りで繁昌した辰巳新地のにぎわいがいつまで続いたか、よくわからない。本当の遊所としての歴史は、それから百年以上たった宝暦からのようで、この間の記録は全く見当たらない。

宝暦八年（一七五八）三月、従来所有の茶屋株のうち一部を「場所宜敷《よろしき》土地」へ貸しつけたいと願い出て、西町奉行松前筑前守（順広）から許可されている。もちろん営業権はこちらにあるのだから、もうけの幾分を上納させる仕組みであろう。「場所宜敷土地」がどこかわからないが、島原や祇園のような一級遊里ではあるまい。

寛政十二年（一八〇〇）三月、八坂上町と金園町の芸者を建仁寺門前下柳町へ出店させたいと願い出て、これも許可された。下柳町は建仁寺の西側、恵美須神社の裏にあたる。宮川町の東側に密着している細長い町で、どうしてここが出稼先に選ばれたのか。宮川町との間に、なにか協定でもできたのかもしれない。

以後、幕末に至る経過は他の廓と同じである。一つだけ気にかかるのは、『京都坊目誌』が辰巳新地を説明したくだりの末尾に「最も下級の遊廓たり」と断言していることである。何をもってかくきめつけたのか。

14　京都御所の真横にあった白梅図子（上京区）

御所の隣に不浄の地とは

常識的な京都人でも、ここに廓があったことを知らない人が多い。事実を教えても「まさか、あんな御所の近所に」とまだ疑う。

河原町通の今出川から南二筋目を西行すると、すぐ京極小学校にぶつかる。小学校の向こうは京都御苑の森である。この道中筋通の河原町と寺町の中間あたりの南側、本禅寺北通までのわずかな土地が新夷町《しんえびすちょう》、すなわち白梅図《しらうめず》子《し》遊廓の跡である。町の西端から御苑の東端まで約百㍍で、なるほど御所に近い。

新夷町は明治二年二月合併するまでは、新松屋町と夷町の二つの町だった。新松屋町は元禄十六年（一七〇三）九月、二条城北側の松屋町通丸太町下ル新松屋町の住民らが幕府に強制疎開させられて移り住み、旧町名を称している町、夷町は安永四年（一七七五）同じく猪熊通丸太町下ルの住民が移り住んだ町である。疎開の原因は、どちらも所司代邸拡張のためである。それにしても、御所近い一等地が、よくぞあいていたものと思うが、これは黒谷近くへ移転した真如堂の跡地をあてたものである（『京二羽重大全』）。

この両町の人々は、引越しの費用など出費が多くて渡世難儀というわけで、生計のため煮売茶屋をやりたいと陳情し、これが許された。『京都府下遊廓由緒』の記事は、これだけであるが、『京都坊目誌』は、

「安永以来此地に煮売茶屋と唱《とな》へ遊女屋あり。慶応前後太《はなは》だ繁華を極む」

と、幕末の繁昌ぶりを示している。

しかし、あまり高級な遊所ではなかったらしく、天保四年（一八三三）刊『愚雑俎』に、

「洛にしらみの辻子《すし》といふ所二所あり。東に有ものは調べの辻子なり。西にあるものは白海《しらみ》の辻子なり。両所ともに半虱《しらみ》の辻子とあやまる。わらふべし」

とある。シラミは不潔の象徴であろう。ただし一説には白梅という美人がいたので、白梅図子だともいう。

新夷町　中筋通石薬師下ル町をいう。元禄年間（一六八八－一七〇三）開通。本禅寺横通より本町にかけ俗に白梅の辻子という。始め白梅の辻子（安永刊『京町鑑』に虱《しらみ》の辻子とあり）は新松屋町、夷町の二町たり。明治二年二

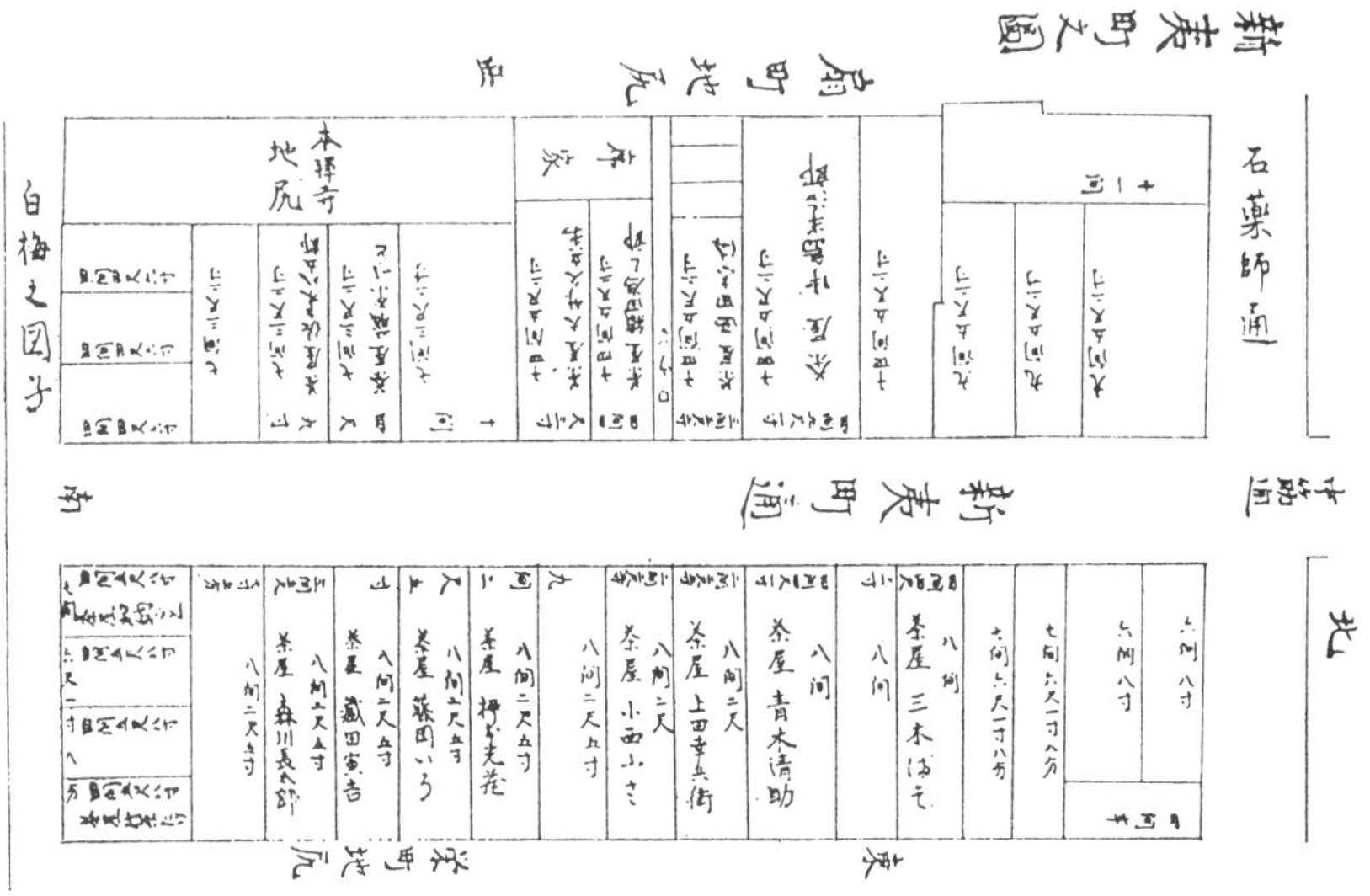

白梅図子廓古地図

白梅図子遊廓跡（前方の森が京都御所）

図22　白梅図子遊廓跡

月合併して新夷町と称す。
なお『京都坊目誌』によれば、白梅図子遊廓の東南百歩、本禅寺境内地の一部である九軒町とその南中御霊町との間に、籔之下という下級遊廓があったとされているが、白梅図子遊廓とは関係ない。

15　壬生寺と密着した壬生遊廓（中京区）

鑑真和上が開祖の壬生寺

壬生《みぶ》は、これも社寺密着型の遊廓で律宗別格本山壬生寺（地蔵院、宝幢三昧院《ほうどうざんまいいん》）に接する小規模の廓である。大正七年京都市に編入されるまでは、葛野《かど》郡朱雀野村大字壬生、現在の表示で中京区坊条通綾小路下ル梛《なぎ》ノ宮町といい、これが壬生寺で、遊廓はその西側千本通と南側松原通に沿っていた。

　壬生寺は寺伝によれば、平安時代の正暦二年（九九一）の創建で、開祖は奈良唐招提寺の鑑真《がんじん》和上とされている。壬生寺の名物は毎年旧暦三、四月行われる壬生大念仏狂言のパントマイムである。壬生遊廓の始まりもこれに縁故があり、花園天皇、北条高時時代の正和元年（一三一二）三月から大念仏開莚のたびに、参詣人目あての茶店を境内に出し、茶立女も置いたという。これは寺侍らの特権で、それ以前からも境内に茶屋を出していたらしい（『京都府下遊廓由緒』）。

　下って文禄年間（一五九二―一五九五）伏見桃山城から太秦広隆寺の茶会へ行った太閤秀吉が、壬生寺本堂裏手の茶店で茶を喫し、賞誉した、という記録もある（『京都府下遊廓由緒』）。

　その後江戸時代に入ると、この茶店がそのまま遊女屋と化したことは十分想像できるが、何といっても境内地内での遊女営業は困る、と寺側の方が心配し、ついに宝永年中（一七〇四―一七一〇）「女性は寺門内で宿泊すべからず」との命令が出され、それ以来「日暮に限リ茶屋仕舞《しまい》、門外江罷り出《いで》候由」（『……由緒』）ということになった。このあと、天保十三年（一八四二）の大手入れなどを経て、幕末に至る。

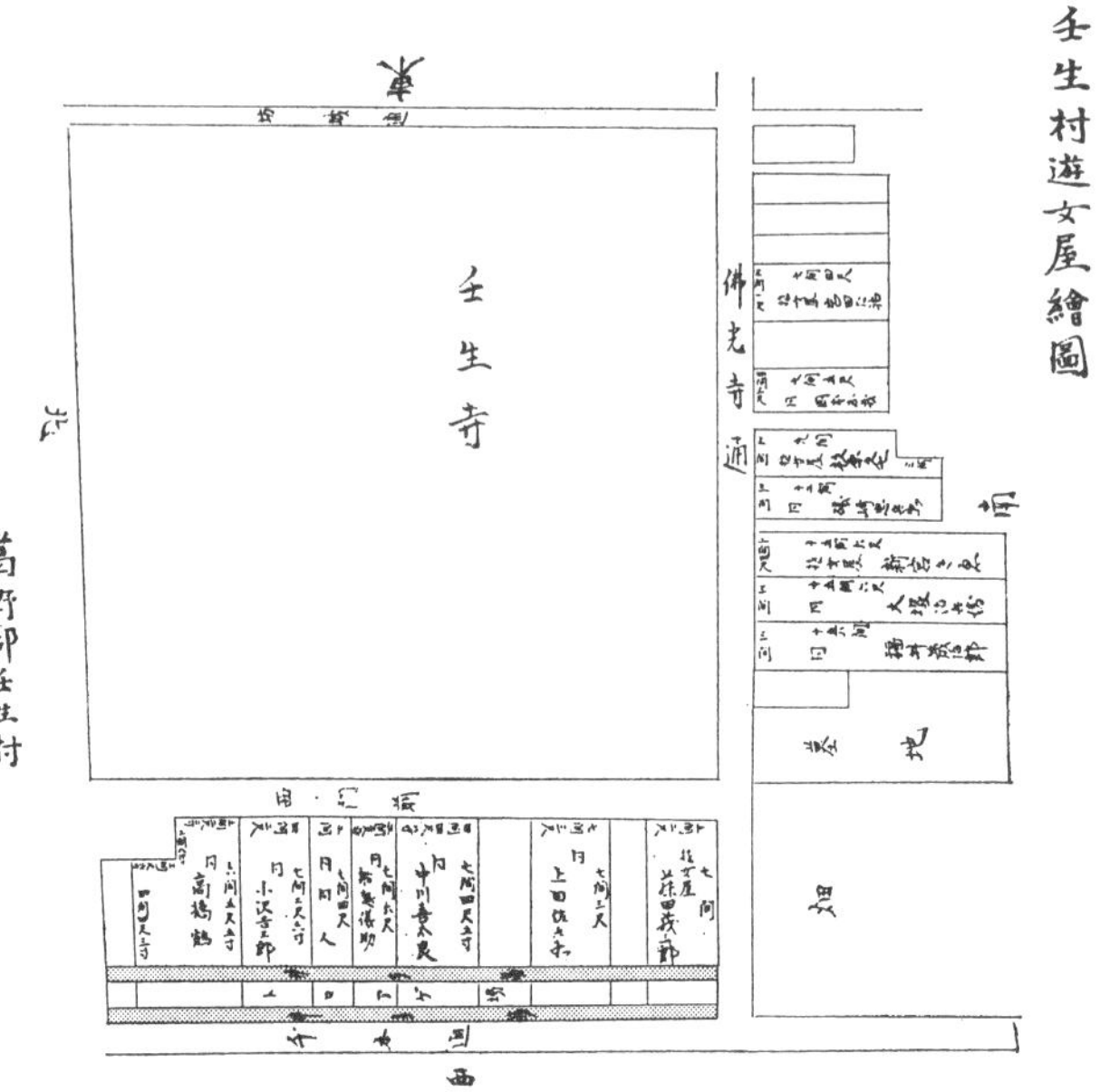

壬生遊廓古地図

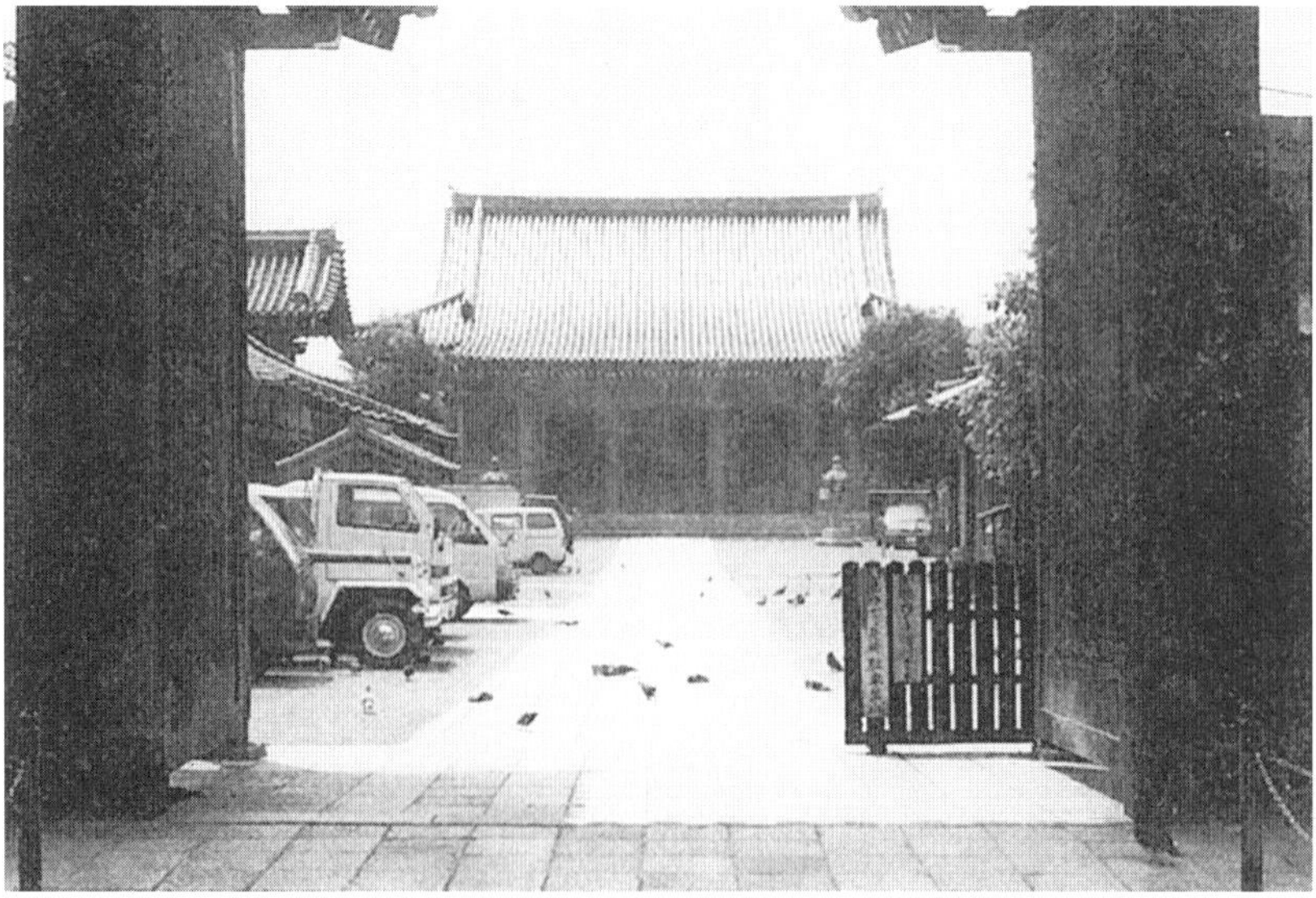

壬　生　寺

図23　壬生寺と壬生遊廓跡

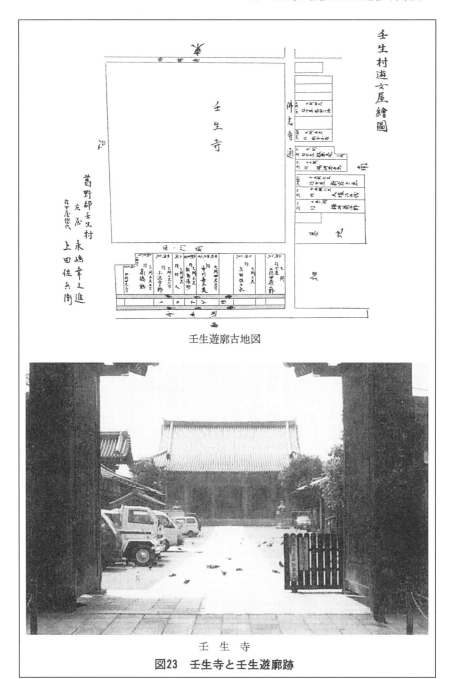

16　脇坂中務少輔邸跡の中書島（伏見区）

「中書」とは中務の唐名

この地は本来葭《よし》、芦の茂った低湿荒地であったが、文禄元年（一五九二）豊臣秀吉が大規模な伏見桃山城の工を起こすと、同時に埋め立てられて諸大名の邸宅地となった。そのとき、このあたりを割りあてられたのが脇坂中務少輔安治（当時淡路洲本三万石）で、中務の唐名を中書《ちゅうしょ》というところから土地の名となった。正しくは伏見区柳町で、幕末以前は東柳町、西柳町に分かれていた。

この初期整地の時から、早くも荷附問屋（運送業者）と茶屋株を許されていた（『京都府下遊廓由緒』）というから、遊所としての歴史も相当古いことになるが、慶長になってから地震による伏見城の放棄、大名邸の荒廃などから遊女屋も消えてしまった。

遊所の復活は元禄元年（一六八八）で、伏見奉行建部内匠頭政宇へ請願して、遊女ならびに茶屋株を許されている。伏見大亀谷村の多聞院弁財天が中書島《ちゅうしょじま》長建寺へ移ってきたので、参詣人のための茶屋が必要だ、という理屈であった（『……由緒』）。その後の繁昌ぶりを諸書から引用すると、

「中書島《ちゅうしょじま》、川ノ南ニアリ。此島近頃迄田畑ナリ。元禄年中新家ヲ建テ、東ハ平戸ニ続キ、蓬莱橋北ニアリ、今富橋西ニアリ」（『山城名跡巡行志』）

「中書島、今富橋の東詰にあり。慶長の初、伏見の城と共に滅亡せり。夫《それ》より年久しく荒廃の地となりしを、後世遊女町となして、昔《いにし》への江口、神崎に準《なぞら》へ、旅客の船をとゞめて羇旅《きりょ》の憂をなくさむ。頗る繁昌の地なり」（『淀川沿岸一覧』）

そういえばここは、京都市内唯一の河港遊所だったのである。かつての江口、神崎（第一章参照）のにぎわいも、無理ではなかったことと思われる。

天保十三年（一八四二）の総遊所大手入れのときも、太閤ゆかりの地でもあるとして、なんとか助かったうえ、同じ伏見の撞木町の世話までしているようである。

古都唯一の河港遊所

『色道大鏡』による中書島遊廓の説明を次に掲げる。

「此遊廓は夷町より十六町　坤《ひつじさる》（南西）の方なり。此間南部町通板橋下る町に金札宮《きんさつのみや》あり。此社《やしろ》は太玉尊なり。此

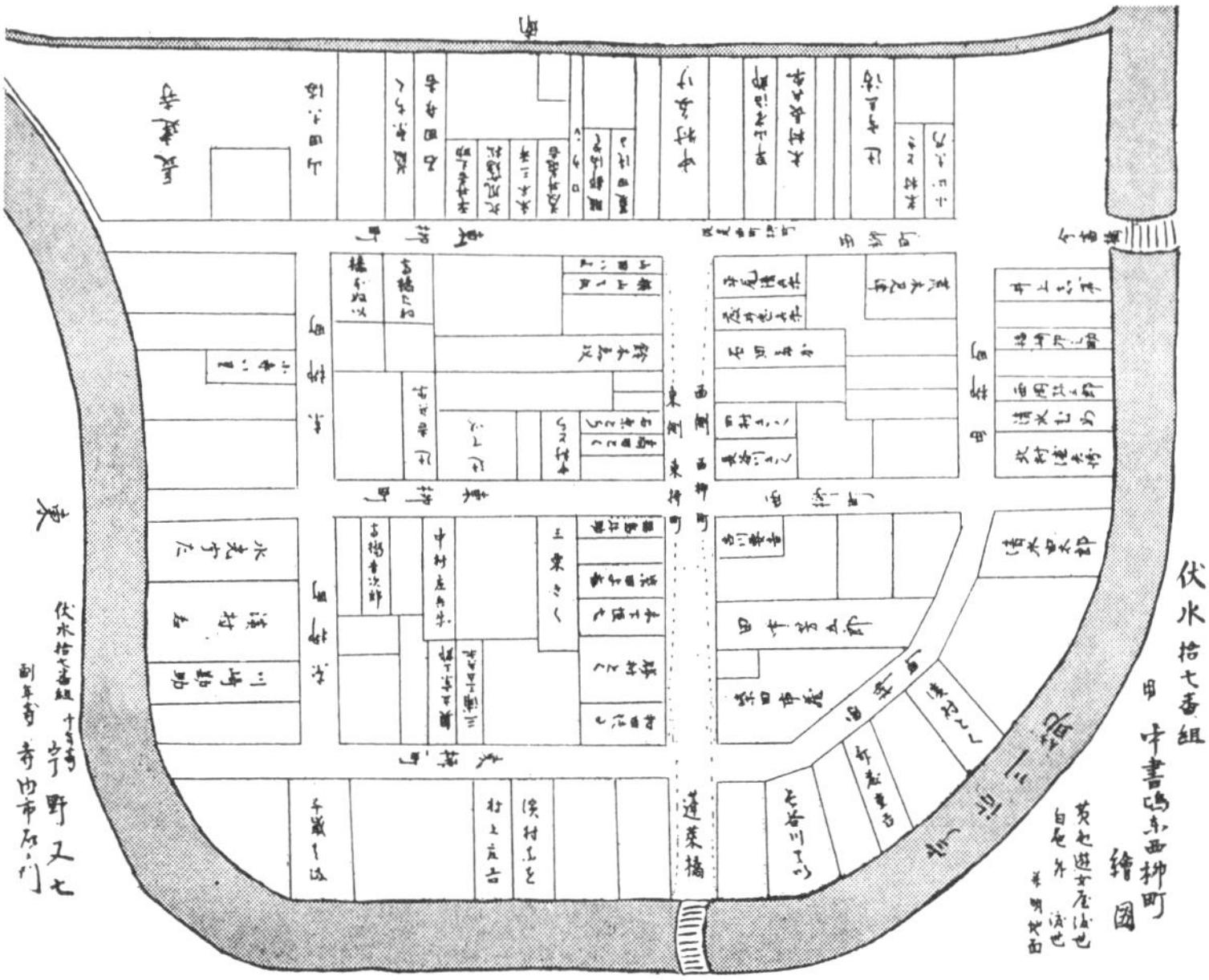

中　書　島（古地図）

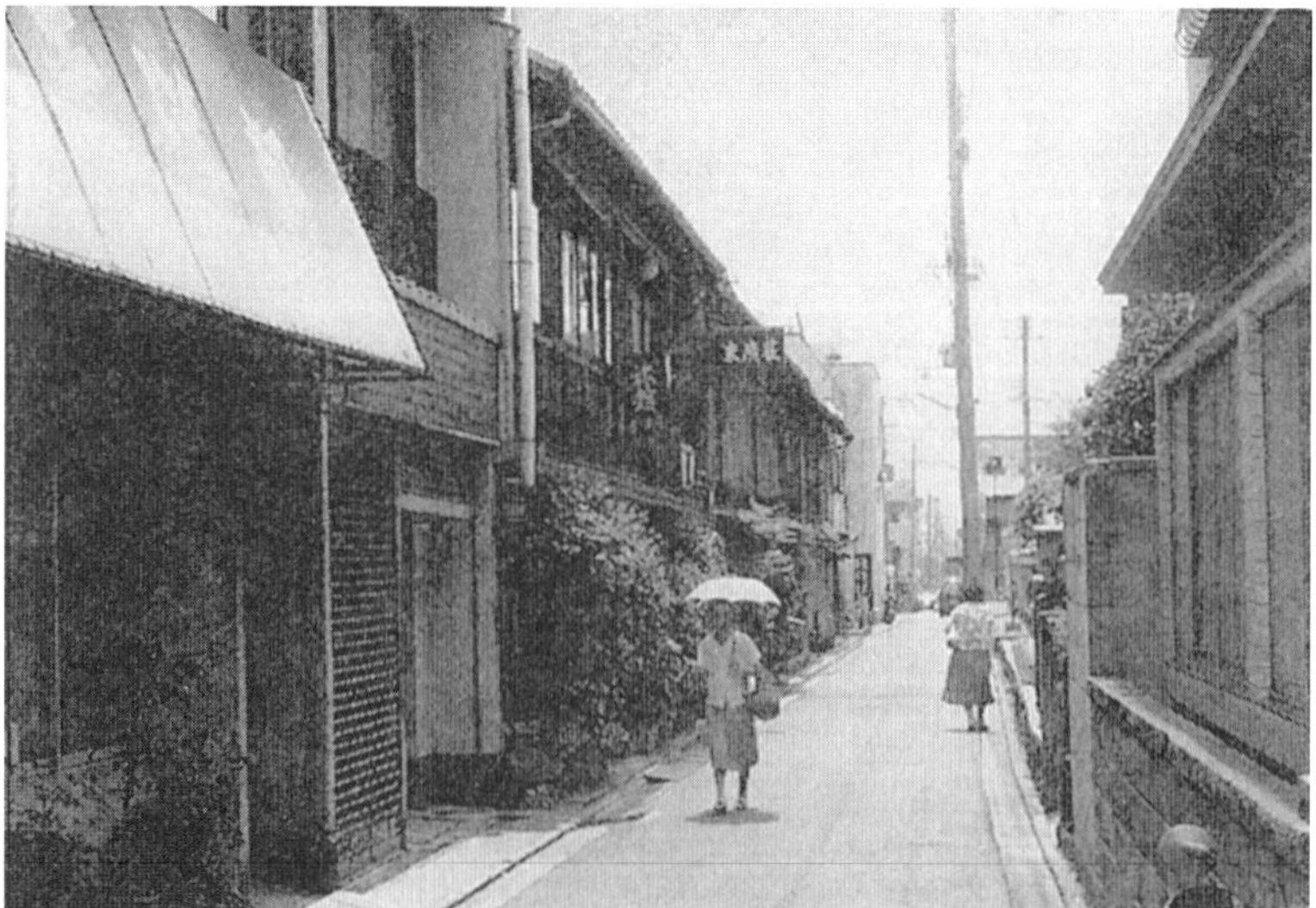

中書島廓跡（現在）

図24　中書島遊廓跡

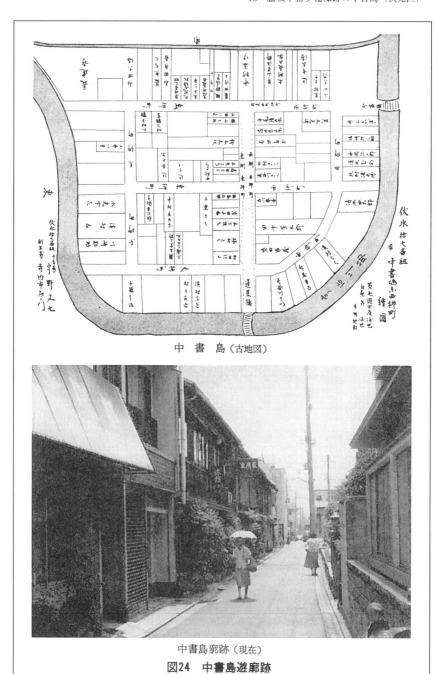

外《ほか》させる旧跡なし。遊廓を柳町といふを誤りて泥《どろ》町といへり。泥町とは、阿波橋をわたりて、此柳町の入口東西へ通りたる町をしかいふ。（中略）抑《そもそも》伏見柳町の一廓、先年は柿木浜《かきのきはま》にこれあり。小堀遠江守政一奉行たりし時、寛永三年（一六二六）丙寅に屋敷更《かえ》ありて、此所《ところ》に遷《うつ》す。当廓を柳町と名付る事、僧雪岑《せっしん》が柳の詩に曰《いわく》

滑水橋辺送レ別時　　馬前折送笛中吹
若教下繋二得離情一住上　何必千糸又万糸

17　大石良雄の遊んだ撞木町（伏見区）

T字型の遊女町

この廓は歴史が古い。島原の次である。原三郎左衛門、林又一郎という浪人二人が、豊臣秀吉の許可を得て二条柳町に遊廓を開いたのが天正十七年（一五八九）である。その七年後の慶長元年（一五九六）、林又一郎は伏見田町（この所在不詳）に遊女町開設の許しを得たが、これは間もなく衰滅した。さらに、その八年後の慶長九年（一六〇四）渡辺掃部、前原八右衛門というものが、伏見奉行長田喜兵衛、柴山小兵衛に願い出て、同年十二月二日富田信濃守旧邸跡地に遊廓を再興した。

目前の景気此心に相叶へり。仍《よつ》てこれになづく。（中略）伏見の柳町は船着の遊廓にして、麁《そ》女（無骨な女）のみあつめをける所なれば、風俗をいふにたらず。たとへば高瀬の舟人、馬借の類、入込てもて興ずる者なれば、むかしより今にいたり、其味《あじわ》ひすくなし。されども、元祖の薫《かおる》美子《びし》、奥村家の尊子《そんし》八千代などは、此地より来現したり。奇妙と謂《いい》つべし」

当時夷町が正式の町名だったが、のち恵美酒町の文字を用い、丁字型の町の地形から、撞木町と俗称した。現在も伏見区撞木町《しゅもくまち》と称する。

元和四年（一六一八）江戸に葭原（のち吉原）遊廓ができると、先進地京都から娼家が名妓をつれて続々と乗り込み「京町」を形成した。全国各地の遊廓内に京町の名が多いのは、いずれもこの類《たぐ》いである。葭原のできた時点で、京都の廓は六条三筋町とこの撞木町、他に中書島が存在した可能性もあり、いずれにせよ伏見勢の進出めざましいものがあった。他国遊廓内には「伏見町」の名も多い。

この撞木町は、地元京都では江戸初期においては、それ

ほど評判がよいとはいえず、例の『色道大鏡』にも、

「当処の傾城、先年半夜《はんや》女ばかりにて、いたく凡卑なりし。万治三年（一六六〇）初音、小左衛門といふ二人の囲《かこい》女でき、また寛文三年（一六六三）淡路、小藤とて天神も出来たりしが、同五年の頃なくなりて天神中絶しぬ」

とあり、島原のように高級遊女が並んでいる状況ではなかった。島原では太夫―天神―囲《かこい》、端女郎の位があるのに、ここでは天神―囲と端女郎にあたる半夜の順であった。

大石良雄ここに遊ぶ

さてここで、赤穂浪士団の盟主大石内蔵助良雄の撞木町における遊蕩ぶりについて触れねばならない。大石が京都山科の閑居にいたのは元禄十四年（一七〇一）六月から翌十五年十月までの一年四か月間で、主君浅野長矩《ながのり》の殿中刃傷から吉良邸討入りまでの一年九か月のうち、大部分を京都ですごしたことになる。その間大石は、どこまで本気か、どこまで詭計かわからぬが、各地同志の貧困を尻目に、もっぱらここ撞木町で遊んだ。

なぜ撞木町を選んだか。第一に、大石の閑居山科西野山（現岩屋寺境内）から京都市街へ出るには、辷石《すべりいし》越えで今熊野へ出るのが最短距離である。今熊野から深草へ抜けると、すぐ撞木町である。第二の理由は大石のふところ工合で、さすが討入り準備の公金であることを気にしたのか、安い撞木町を選んだ。

当時撞木町には夕霧、花崎、しら藤、浮橋、今坂、よし野等々の名妓がいた（『遊里櫓太鼓』）が、格の違いもあって島原でいう天神、囲クラスであった。一夜の遊びが天神で銀二十八匁、囲で十八匁ですんだ。元禄後期の相場で米一石銀百匁だから、消費者米価に換算して十八匁は一万三千円ばかりである。なるほど安い。大石は浮橋という妓となじみ、たまに島原へ行ったときは天神の浮船と遊んだ。浮の字が好きだったと見え、自分も「うき」と名乗り、後世芝居の舞台で見られるように「うきさま、手のなる方へ」とはやされながら遊び呆《ほう》けた。

撞木町で大石が上がったのは笹屋清右衛門という店で、おつまという小女に硯を持たせてコタツに上がり、天井板に、やや本心を示した文字を書き流した。それは、

「今日亦逢二遊君一　空過二光陰一　明日如何　可レ憐　恐二君急払上袖　帰後世人久不レ許　逗留レ不過二二夜一者也」

というものであるが、少々世評を気にしているところができすぎていて、真偽のほどはわからない（『亡くなった京の廓』）。

登楼するときは、よく在京の同志をひきつれていたが、これらの人々も廓内だけの粋名《すいな》を使っていた。例えば小野

撞木町の笹屋で天井に詩を書く大石良雄
（『北窓瑣談』より）

現在の祇園一力

宿場そっくりの墨染廓（『都林泉名勝図会』より，寛政ごろ）

図25　撞木町の大石良雄と墨染廓

寺十内は「ほくたん」、大高源吾は「しょう」、中村勘助が「なか」、村松三太夫が「たんすい」、富森助右衛門は「春帆」、小野寺幸右衛門「しげ」、勝田新左衛門「せう」、潮田又之丞「才野《さいや》」といった類いであった（『亡くなった京の廓』）。

大石は、また衆道（男色）の方にも趣味があり、伜主税とともに、しきりに宮川町へ通っていたことは、この章の第9節に述べた。

「良雄甚ダ淫酒ニ耽《ふけ》リ、伏見ノ里ノ傾城浮橋ト云フ女ニ通ヒ馴テ、昼夜ノ境モナク酔倒レケレバ、小山源五左衛門、進藤源四郎等議シテ曰ク、良雄ハ我党将帥也、カヽル挙動アリテ争《いか》デカ衆ヲ統《す》ベケンヤ、是偏《ひとえ》ニ枕席ノ徒然《つれづれ》ナルガ故ニテゾアルラントテ、瑞光院主海首座ニ議《はか》リ、洛陽二条通寺町ノ辺リ、二文字屋次郎左衛門ト云フ者ノ女《むすめ》ノ容色艶ナルヲ納《いれ》テ妾トス」（『一話一言』）

この妾は本名おかぢといい、上京区今出川通千本西入ル、天台宗上善寺に墓もある実在の人物であった。これが寛延元年（一七四八）竹本座初演の竹田出雲、三好松洛、並木千柳合作「仮名手本忠臣蔵」でかのお軽となり、大石遊興の場も撞木町から祇園の万亭（一力）に変わった。この縁で、祇園「一力」では毎年三月二十日盛大な「大石忌」が催されているだけのゆかりである。

公家衆の色里から急激に衰退へ

その後も撞木町は繁栄を続け、正徳（一七一一―一七一五）のころには、公卿まで遠路遊びに来た。

「伏見の色さとへ公家衆数多《あまた》来られしゆへ、京都の町奉行、度々《たびたび》公家方へ意見せられしかど不二聞入一、年月重るに従ひて、公家衆弥増《いやまし》に通われしゆへ、京都町奉行より所司代松平紀伊守（信庸・丹波篠山侯）へ達しければ、所司代聞取られ、即時に紀伊守殿の利の字の紋を付《つけ》し灯燈《ちょうちん》を遣はして、是を毎夜町の口々、遊所町の家々にともすべしと被レ命しに、公家衆例のごとく色町に来りて、この灯燈を見て大いに驚き帰りぬ。その後は一向来り給はずとかや。是は紀伊守殿の謀也」（『睡余寄観』）

しかし、このあと急速に衰退したようで、やがて「町は草原に」とまでいわれるようになる。理由はわからない。

「伏見撞木町の妓楼、今（享和二年―一八〇二）は大におとろへて、郭はむなしく菜園となれり。吾妻屋とかいへる妓楼只一軒の、赤穂義士のふみを墨本にして出すよし聞ぬるまゝ人にたづぬるに、今はかゝることを聞《きか》ずといふ。撞木町かくまでおとろへたれば、その妓楼も今はいづち行けん、伏見にしる人なければ、くはしくたづねとめずしてすぎぬ」（『羇旅漫録』）

「笹屋（大石遊興の店）の子孫さへ今（文政八年＝一八二五＝）は絶《たえ》はてて、撞木町も一軒も不レ残亡び失ひ、青草の荒原となりし。見るがうちに移り変れる。歎ずるにもあまりあり。其後寛政年間（一七八九―一八〇一）にいたり、誠に賤《いや》しき青楼《ちゃや》、纔《わずか》に二三家、誰人にや建立せしかど、昔の俤《おもかげ》にもあらず。笹屋はよほどの大家《か》にて、二階のはしごの幅壱間半余もありて、三四人も手を携《たずさ》へながら、飲食の物にても持登るべき程なりし。余が初に伏見に住し頃は皆全《まっ》たかりし」（『北窓瑣談』）

実際のところは、細々ながらも廓は生き続け、天保十三年（一八四二）の全遊廓規制のときも、古い歴史を理由に中書島とともに存続を認められ、やがて幕末を経て明治の新時代を迎えるのである。

素朴で情の深かった遊女気質

次に『色道大鏡』の撞木町遊廓に対する批評を掲げる。

「惣じて当所の傾城、都ちかき郭なれば、京の者になれて風流すこしなきにしもあらず。然りといへども、小郭にてそだちあがりたる女ゆへに、物を博くうかがはざれば、腹中せばし。京の者とさへいへば、智あるも愚かなるも、福人にもすりきりにも、其かんがへなく、ひたふるにおもひつきて、行末ひさしかるべきとをしはかり、すまじき人にも心中の懇志を尽すといへども、男の心はかく〳〵しからず。されども、一たびのまけをおしみ、ぜひなくつとむるなど、皆当郭の傾城のくせなり。究竟《ひっきょう》おとこをたらす事は成かたく、男にたらさるゝといふものなり。不便《ふびん》と謂《いい》つべし。倩《つらつら》おもひくらぶれば、女のにくさげなる所はなけれど、取まはしさかしからねば、傾国の正理《しょうり》にたがへり。此比《このころ》は所さびしく、又々をとろへ来りぬれば、猶《なお》品あしくなりもてゆくべきと、いたましくおもひ侍《はべ》る」

18　遊廓よりも宿場色の濃い墨染（伏見区）

宿屋名目で黙認された娼家経営

墨染《すみぞめ》遊廓に関する記録は、質・量ともに貧弱である。数多い諸家随筆の類にも、あまりに出て来ない。それほどこの廓は影がうすかった。廓というより、京都・伏見間の交通路にある休憩所といった形だったからであろう。

場所は京阪電車墨染駅の西約三百㍍、墨染寺《ぼくせんじ》北門から旧師団街道（京町通）に至る間で、現在の地名表示では伏見区墨染町の一部、以前は南新町、七軒町、墨染横町に分かれていた。

『京都府下遊廓由緒』によれば、元禄十二年（一六九九）茶屋株、茶立女を免許され、天保十三年（一八四二）幕府の遊廓整理政策で「転業するものはそのまま居住してよし。遊女商売を続けたい向きは恵美酒町（撞木町）か中書島へ移るべし」と指令された。どれだけ二廓へ移ったか不明であるが、翌十四年、移転せずに旅籠屋又は商人宿への転業が認められた。「飯盛女等召仕候儀不ニ相成一」と一応念を押されているが、実際は宿屋の名目での娼家経営が黙認されたと見るべきであろう。

『都林泉名勝図会』巻三に「深草里墨染花魁」の絵が載っている。上方では使わない「花魁《おいらん》」の字を「うかれめ」のルビつきで画題としている点が面白いが、図柄は、客引き女たちが強引に旅人をひっぱりこもうとしている場面で、東海道の宿場そっくりである。店構えも完全に宿屋風で、掛行灯の屋号も「伊勢屋」「大竹屋」などで、どう見ても遊廓風景ではない。この絵の賛にいわく。

「月含ニ微暈一夜禽呼　花影朦朧村妓壚　伏水客舫須ニ早発一　茜裙莫下漫酔中商夫上」

（月ハ微暈ヲ含ミ夜禽呼ブ　花影朦朧タリ村妓ノ壚《ろ》　伏《ふし》水《み》ノ客舫　須《すべから》ク早発　茜裙商夫ヲ漫酔セシムルナカレ）

19　遊廓の復興と大火の関係

度重なる大火にめげぬ業者の底力

木と紙と土でできている近世大都市京都（江戸期を通じ人口三十万ないし三十五万）では、江戸と同様火災が頻発した。このうち何年に一度かは数町以上に及ぶ大火となり、しばしば遊廓が被災地域に含まれていた。

こうした遊廓は、そのたびに他所に仮宅の土地を求めて営業をつづける一方、鋭意本来の遊廓の復興に努めた。復興が意外に早かったのは、業者の底力のおかげであろう。

次に掲げるのは、江戸期京都の大火一覧表である。このうち享保九年五月十日、享保十五年二月十五日と慶応元年三月二十六日の大火は本章第3節「祇園町」で、安政元年八月二十二日の島原焼けは同第2節「島原」で触れているので、ここでは他の大火のうち、とくに遊廓と関係あるものについて説明する。

元和　六（一六二〇）2・30　新町京屋町から出火し上京大火、相国寺も類焼。
寛永　二（一六二五）7・25　北野辺一町余焼亡、次いで柳原も焼亡。
寛永十九（一六四二）5・18　下京大火、九百余戸焼ける。
正保　二（一六四五）5・17　御幸町二条上ル から出火、十一町三百余戸を焼く。
正保　三（一六四六）4・4　出水町より出火、二条へん百五十余戸を焼く。
承応　二（一六五三）6・23　皇居炎上、周辺類焼。皇居は翌年造営。
万治　二（一六五九）1・25　室町二条下ル から四条坊門まで六百余町焼亡。
寛文　元（一六六一）1・15　二条光平邸から出火、禁裏と公卿邸多く焼く。禁裏は同年11月造営完。
寛文十一（一六七一）1・15　梨木町、京極通、河原町にかけて大火、数十町へ延焼。
延宝　元（一六七三）5・8　関白鷹司房輔邸から出火、禁裏と百余町五千余戸類焼。禁裏は延宝三年十一月造営完。
延宝　三（一六七五）11・25　一条油小路から出火、仮御所、本院御所を焼き、公卿邸多く類焼。被災百十二町、二千数百戸。
元禄　三（一六九〇）12・10　新町下立売から出火、三百余軒焼失。
元禄　五（一六九二）12・1　青蓮院里坊より出火し、約三百戸を焼失。
宝永　二（一七〇五）12・5　伏見水垂町から出火、納所町に延焼し十一か寺四百八十三軒焼亡。
宝永　五（一七〇八）3・8　油小路通姉小路から出火、四百九十七町一万三千余軒、を焼く。世に「宝永の大火」。
正徳　三（一七一三）3・20　油小路椹木町から出た昼火事で七十三町千百六十九軒焼く。
享保　八（一七二三）5・2　宮川町四丁目の初代瀬川菊之丞方から出火、芝居役者の住居など三十余軒焼失。
享保　九（一七二四）5・10　四条通北側の芝居小屋から出火、二百八十六軒焼亡。
享保十五（一七三〇）2・15　建仁寺町四条上ル の水茶屋から出火、芝居町の九十八軒類焼。6・20　上立売通室町西入ル から出火、西陣百八町類焼。

寛保　元（一七四一）11・25　川東二条三条間の数百戸焼亡、清光寺、善光院類焼。
宝暦　五（一七五五）3・30　今出川へんの火事で六十余戸類焼。
天明　三（一七八三）2・21　寺町革堂境内芝居から出火、本堂炎上、地内町家二十軒類焼。
天明　八（一七八八）1・30　川東団栗図子から出火、御所、二条城をはじめ千四百二十四町三万六千七百九十七軒を焼亡。京都では未曾有の大火。御所は寛政四年十一月造営完。
弘化　三（一八四六）閏5・19　四条道場内から出火、錦小路—綾小路間の河原町—高倉間十余町を焼亡。
嘉永　三（一八五〇）4・16　麩屋町万寿寺上ルから出火、数か町を焼失。
安政　元（一八五四）4・6　御所内芝御殿から出火、西側の百九十町五千軒が類焼。御所も全焼し、翌二年十一月に再建。これが現在の京都御所。8・15　島原廓内から出火、揚屋町の一部を残し廓全焼。
安政　五（一八五八）6・4　諏訪町万寿寺から出火、新町—柳馬場間を焼失。
元治　元（一八六四）7・19　禁門の変。その兵火で八百十一町二万七千余軒が焼失。
慶応　元（一八六五）3・26　祇園新地など三十町焼失。
明治　元（一八六八）1・3　鳥羽伏見戦争の兵火で伏見と淀の大半焼亡。

京都の四分の一を焼いた「宝永の大火」

宝永五年（一七〇八）三月八日正午ごろ中京区油小路姉小路下ル西側二軒目、両替商伊勢屋市兵衛方から出た火は、あるいは東北にあるいは東南に燃え拡がり、皇居も公卿邸、武家邸も一なめにし、鴨川を越えて愛宕《おたぎ》郡下鴨村にまで飛火した。焼失したのは四百九十七町、一万三千五十一戸。その中に神社七、寺院七十四、公卿邸七十三、大名邸三十一。瓦礫と化した焼失範囲は、東は鴨川から西は油小路までの北は鞍馬口へんから南は四条まで、京都の市街地の四分の一に及んだ。

この焦土の再建を指導するにあたり、幕府はこれを機会に御所の周囲を広々と再整備することにし、二十七もの町々が、幕府の与えた替地へ強制移転させられた。その行先の一つが川東の地で、現在も残っている新麩屋町、新富小路などの地名は当時の名残りである。またこの新天地に目をつけた北野吉祥寺の人々が、享保十七年（一七三二）幕府に願って開発したのが二条新地である。

宝永大火のあと西側の内野《うちの》七町へ移転させられた御所周

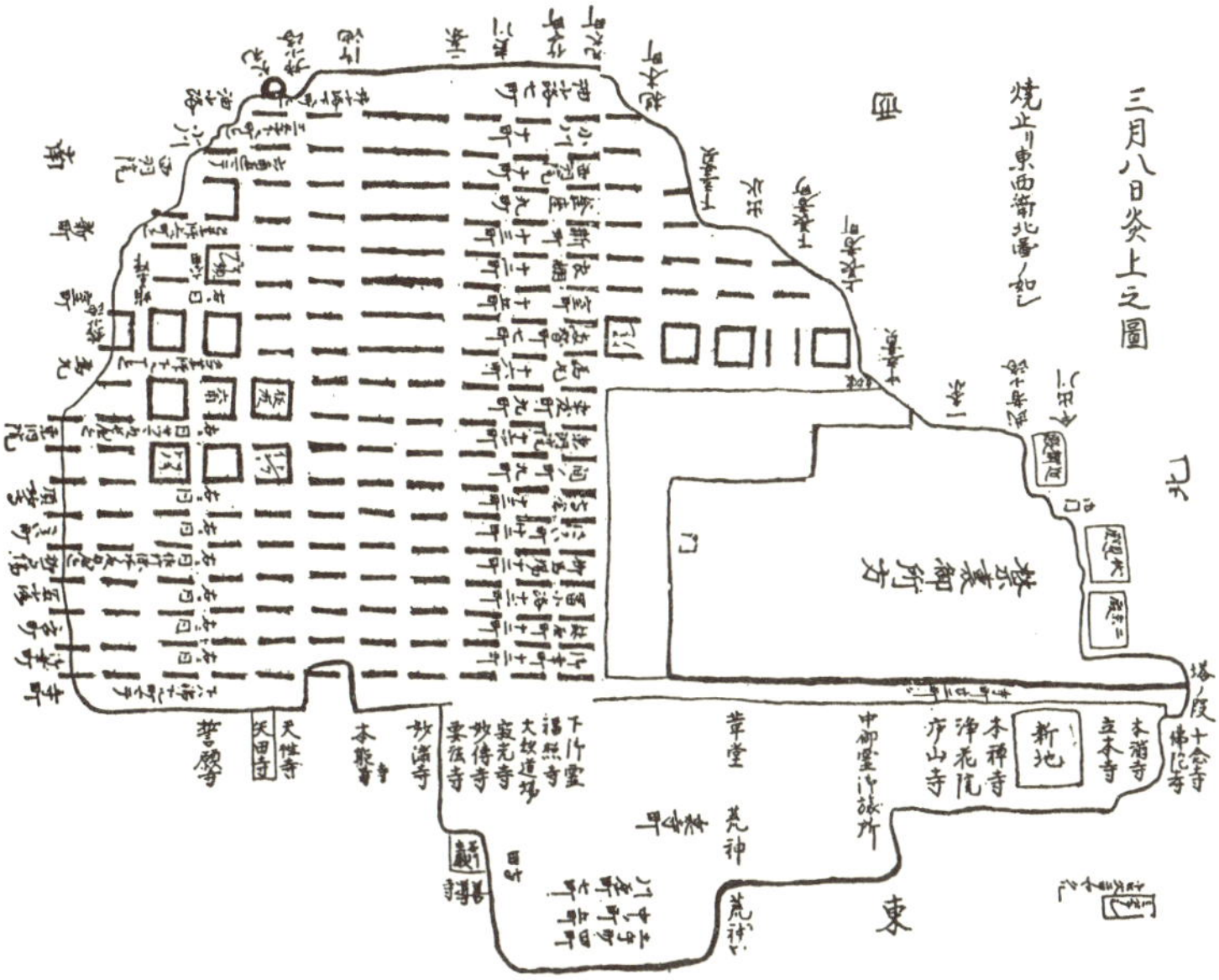

宝永五年の大火かわら版

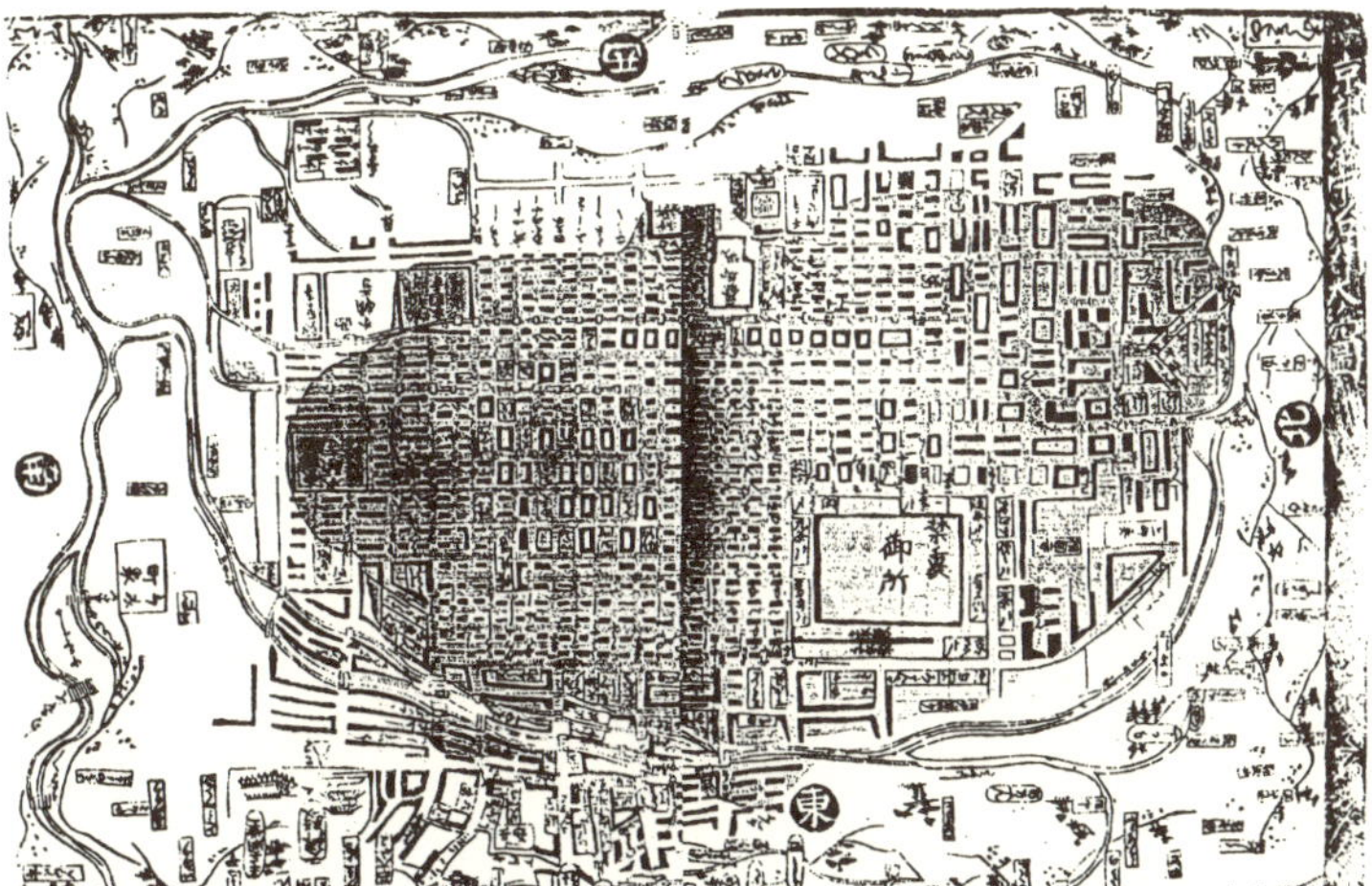

天明の大火（『京都洛中洛外大絵図』天明８年より）

図26　続いて京を襲った大火

辺町内もあり、その一部烏丸下立売辺から来た連中は、五番町遊廓を開発した。

いずれにせよ、この宝永大火は、市内の遊所を増加させるという妙な副産物をもたらしたのである。

上京区から出た正徳の大火

正徳三年（一七一三）三月二十九日正午ごろ上京区椹木町《さわらぎちょう》通油小路東入ル、魚屋五郎兵衛方から出た火は、規模はそれほどではないが、御所の西側、室町一条上ル一帯の二十か町を焼いた。幕府は例によって、替地を与えてこれを上地しようとしたが、町組あげて猛烈に反対し、今回は沙汰やみとなった。同じ年八月、川東の清水三丁目が中規模の火事で類焼し、以後清水二丁目で営業したとの記録（『京都府下遊廓由緒』）があるが、もちろん同年の上京大火とは関係がない。

西陣機業に大打撃を与えた「西陣焼け」

享保十五年（一七三〇）六月二十日午後二時ごろ上京区上立売通室町西入ル北側、筑前侯呉服所大文字屋五兵衛方から出火、猛風にあおられて四方へ延焼、西陣機業地を中心に東西は室町から北野馬喰町まで、南北は一条通から廬山寺通までの百三十四町、三千八百五十戸を焼きつくし、死者も八十余人に達した。

この火事で西陣機業は大打撃を受け、織屋の旦那衆を客とする上七軒、織工らを遊ばせる五番町も衰退した。世に「西陣焼け」と称され、永く市民の話題となった。

島原の繁栄を取り戻した天明の大火

天明八年（一七八八）一月二十九日から二月二日まで焼け続けた業火は、応仁以来の惨害であったが、他にも①火元が川東の遊所であったこと、②二条城、所司代、町奉行所など幕府出先機関が全滅したこと、③享保十五年大火から立ち直ったばかりの西陣が再び壊滅的打撃を受けたこと、などいろんな特徴を持っている。

火元は鴨東宮川町団栗図子《どんぐりのずし》新道角、両替商某で、出火は二十九日午前四時ごろであった。折から東北の猛風が吹きすさび、たちまち宮川町は全滅、火は鴨川を越えて中心部全市街地を焼きつくした。罹災地域は、川東は二条新地、祇園町、宮川町、川西は、西は千本以西、北は鞍馬口へんから南は七条へんまでの千四百二十四か町、人家三万六千七百九十七戸に及んだ。御所と公卿邸百三十、武家邸六十も焼亡した。島原は奇跡的に助かったが、七条新地、五条橋下などは全焼した。

結局、この大火は衰退一路の島原に、焼けた廓の客たちが殺到し、しばらく島原は昔年の繁栄をとり戻したのであった。気の毒なのは西陣で、天保七年（一八三六）を最高潮とする全国的大飢饉による購売力の激減もあって悲惨のドン底にあえぎ、天保八年には三月十八日から四か月間ものカユ施行さえ受けている。

名建築を焼き尽した安政の「島原焼け」

安政元年（一八五四）四月六日正午ごろ、今度は所もあろうに御苑内芝御殿（大宮御所）から出火、禁裡諸殿を全焼、九十か町、五千七十八戸を巻添えにした。

これ自体大変な大火なのだが、わが京都花街史の視点では、その四か月後、同年八月十五日の島原の火事の方が重要なのである。この日、廓内から出た火はたちまち上之町、中之町、太夫町、中堂寺町を全焼させ、わずかに下之町の一部と揚屋町が焼け残った。焼けた中には寛永以来の名建築が多く、焼け残りの角屋のみが現在、文化財建築の全容を残しているからである（この章の第2節参照）。この火事で島原を出、宮川町の仮宅へ移り住む業者もあったという。

蛤御門の兵火による「元治のドンドン焼け」

元治元年（一八六四）七月十九日、大挙東上した長州軍は御所守衛の会津、薩摩、越前などの藩兵と戦い、敗れて西走した。いわゆる禁門の変、蛤御門の戦いである。このときの兵火で京都市街の三分の二、八百十一町、二万七千五百十三世帯が焼土と化した。瓦版の地図で見ると東西は寺町から堀川まで、南北は丸太町から八条まで、約五・二五平方キロになるから、天明大火に匹敵する。これを「ドンドン焼け」と称する。

廓関係では五条橋下、七条新地が全焼した。これを機会に、七条新地から祇園新地内林下町橋本町へ移転する業者もあった（この章の第3節参照）。

悲喜交々の「慶応新地焼け」

慶応元年（一八六五）三月二十六日夜の祇園町大火については、第三章第3節ですでに述べたが、この火事でも焼け残った林下町、橋本町へ、官許を得て、焼けた町の遊女屋、茶屋が移転している。思うに、この両町はまだ空地が多く、それだけ焼けにくかったのであろう。『京都府下遊廓由緒』によれば、両町への移転のあと「其後内外共惣体遊所ニ相成候由」とあり、全祇園町の完成はこの火事のおかげということになる。

明治元年（一八六八）一月三日から始まった鳥羽伏見戦争は幕軍の敗退に終わり、あとには、兵火による広大な焦土が残された。当時の瓦版の地図を見ると、現在の大手筋以南宇治川までの市街地と竹田から淀、八幡に至る集落、ならびに大阪府へ入って樟葉《くずは》、枚方《ひらかた》、守口まで点々と赤で塗られ、罹災地であることがわかる。図の説明にこうある。

「慶応四年（明治元年）辰正月三日申之刻より出火、同四日鎮火いたし、同五日は淀出火、同六日八幡《やわた》、橋本、楠葉、枚方辺出火いたし候由。伏見竈《かまど》数四千五百八十二軒斗《ばかり》、土蔵百八か所斗、寺院十ヶ寺、神社三ヶ所斗」

結論として、この兵火で中書島遊廓は全滅、撞木町と墨染は被害がなかった。

20　非合法の遊所と隠し売女

隠売女の街

京都の隠売女《かくしばいじょ》は、特定の区域の特定の店に住み、業者（楼主）の命令で不法の売春をしていた女たちと、全くの一匹メス狼として夜な夜な街へ出て客を求める女たちに大別できる。

前者は、その特定の区域に「島原出稼」の形による営業免許が下りていないが故に不法とされ、女たちは何年に一度かの手入れで検挙され、島原で奴婢《ぬひ》として売春労働を強制されてきた。しかし手入れのないときは、その区域は実質上の遊廓として営業を黙認され、また究極的には幕末までに正規の営業権を獲得した所も多かった。この章の第3節から第18節までに紹介した十七の遊廓も、はじめはすべて非合法の遊所だったわけである。

では、最後まで非合法のまま維新を迎えた遊所は、どこどこであったか。『雍州府志』は、寛永十七年（一六四〇）の島原移転のことを記したあと、

「始め六条の外、荒神河原口ならびに三条四条の樵木《こりき》町、下粟田口、松坂、五条、北野など遊女町有り。近世、島原の外、悉《ことごと》くこれを禁ず」

としており、先ずはこのあたりから非合法遊所が始まったのであろうか。ただし、このうち樵木町はのち先斗町、五条は五条橋下、北野は上七軒として公認遊廓に昇格している。

寛政三年（一八〇二）刊の『翁草』には、京都の遊所として団栗《どんぐり》の図子、平野、六波羅野、三条裏町、中御霊裏などの地名が出ており。享和二年（一八〇二）京都を訪れた滝沢馬琴は、『羇旅漫録』中で「御所うら」を紹介し、

「見せ(店)はうちつけ格子、畳わづかに三四畳を敷べし。むかし御所の下主《げす》女、夜行して色をうりしよし。今はかゝることはなしといふ」

と説明している。馬琴はまた、同じ本の別の所で島原以下四十五か所の遊所名をあげ、その中に御影堂うら、御霊うら、檀王《だんのう》うらを加えて「凡《およそ》洛中半《なかば》は皆妓院なり」と有名な結論を加えている(第三章第1節参照)。

最後に『亡くなった京の廓』は非合法遊里として貞安《じょうあん》裏、大仏前を加え、『京都坊目誌』は上京九軒町を下級遊廓跡としている。以上の諸史料から、非合法遊所を列記しておくが、これら遊里の当時の状況を説明する史料はまったくない。地名の現代表示だけを示しておく(第三章第1節参照)。

荒神河原口　上京区河原町通荒神口東入ル。

下粟田口　東山区粟田口夷町・西町一帯。

松坂　東山区蹴上と山科区日ノ岡の間の峠。袖競《そでくらべ》ともいう。

団栗の図子　東山区団栗通のことか。

平野　北区平野宮本町、平野神社付近か。

六波羅　東山区松原通大和大路東入ル一帯。

中御霊裏　上京区河原町通丸太町上ル西側。

御所うら　上京区河原町通今出川下ル西側、白梅図子のことか。

御影堂うら　下京区寺町通五条下ル新善光寺横。

御霊うら　上京区寺町通丸太町下ル下御霊神社東側。

檀王うら　左京区川端通三条上ル法林寺北側。

貞安裏　下京区寺町通四条下ル貞安前ノ町。

大仏前　東山区正面通大和大路西入ル一帯。

九軒町　上京区河原町通広小路上ル西側。

単独夜行性の散娼たち

さて第二は、単独夜行性の散娼(土妓)たちである。古くは辻君、夜発《やはち》、江戸で夜鷹《よたか》、京大坂で惣嫁《そうか》、あるいは惣(総)右衛門、時に白湯文字《しろゆもじ》などと呼ぶ。これほど異名の多い職業も、珍しかろう。『売春婦異名集』(宮武外骨・大正十年)という本があるくらいである。

江戸人滝沢馬琴の『羇旅漫録』によると、

「総嫁は二条より七条までの(鴨川の)かはらへ出づる。河原にむしろかこひして、こゝにて夜合する」

とある。傑作は「惣嫁の小屋」と題したスケッチで、簡単な柱がけをし、四方に筵《むしろ》を下げた〝惣嫁ホテル〟の構造がよくわかる。絵の説明にいわく。

「河原の水なき所に石を高くし、そのうへにむしろかこひ(三尺に一間)をするなり。ひるはとりくずして、又夜は小屋をかける。惣嫁は川ばたにたゝずみ居て、往来の人をひく」

江戸の「夜鷹」と京坂の「惣嫁」

これが江戸の夜鷹になると、小脇に抱えている筵《むしろ》が営業所となり、大坂の惣嫁は浜蔵（川岸に並ぶ蔵）の下に草筵をたらし、または雨傘を拡げたりして、やっと人目をさえぎり、その中で営業する。

もっとも、江戸本所吉田町（吉岡町とも）の夜鷹はやや組織化されていて、両国橋東、永代橋西あたりに京都式の小屋が立ち並んでいたという。「ひっぱり」と称する江戸の最低売女は、立ったままで一交に及ぶよしで「実に浅間敷《あさましき》行ひ也」と『近世風俗志・娼家』はあきれている。

こうして女性たちは上品《じょうぼん》から下品まで大きな格差があり、年も十五、六歳から四十、五十まで、従って売春価も一交三十四文から百文、二百文とさまざまであった。これは江戸吉田町の例だが、最下品女の実態を示す文章があるので紹介しておく。京都も同様であろう。

「瘻《りゅう》（老病）は少女姿に粧《よそほ》ひ、姥《おうな》は墨を以て眉毛を造り、白髪を染て島田曲《まげ》にゆひたて、鼻の落たるは蠟燭《ろうそく》の流れを以て是を作り、（中略）何れも瘡毒にて娼家に用ひ難き醜女の顔に白粉を塗て疵《きず》のあとを埋め、手拭をほうかむりにして、垢付《あかつき》たる木綿布子に黄ばみたる木綿に布をして、敷物を抱へて端々の辻に立て、朧《おぼろ》月夜を上首尾としておいで〳〵と呼声、またましていと哀れ也」（『近世風俗志・娼家』）

しかし、こうした醜女群のなかにも群鶏中の一鶴がいるのか、貞享三年（一六八六）刊『好物《すきもの》訓蒙図彙』は京都惣嫁中の上品を紹介している。

「今の名とりの上物は大路のさん、五条のきち、さやまち（鞘町）のはつ、ふりふりのまん、六条のさんがかゝ（おさんという嬶《かかあ》か）、松原のかめ（下略）。これらは当時の名家なるべし」

売春の「名家」には恐れ入る。また同じ本のさし絵に、客の袖を引く黒衣の惣嫁が描かれており、「下立売のなき六」と説明がはいっている。「なき六」とは、意味深長である。

尼僧姿の売女たち

尼僧姿の売春婦は、相当古くから存在していた。紀州熊野三山へ参詣した尼たちが、地獄極楽の熊野絵を歌つきで解説、説法する、いわゆる「熊野比丘尼」となり、そのうち仏法勧進より歌唱の方で喜ばれ、いつか売春を兼ねるようになった。

夜鷹，惣嫁，夜のそばや（『百人女郎品定』）

湯女の街頭姿（『歴世女装考』寛永ごろ）

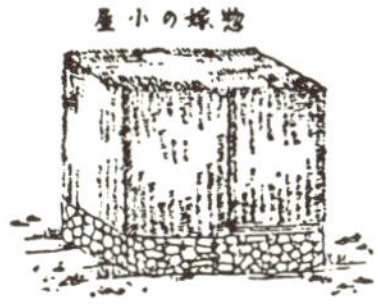

河原の水なき所に石を高くしそのうへにむしろかこひ「三尺ニ一間」をするなり。ひるはとりくずして又夜は小屋をかける。惣嫁は川ばたにたゝずみ居て往来の人をひく。

惣嫁の小屋（『羇旅漫録』馬琴画）

船まんじゅう（『間合俗物譬問答』）

白人（『近世風俗志』より，享保ごろ）

夜鷹（『岡場遊廓考』）

惣嫁（『近世風俗志』）

図27　非合法の売女たち

売女化したのは天和・貞享（一六八一―一六八七）のころといわれる。貞享三年（一六八六）刊『好物訓蒙図彙』にその風俗の説明がある。

「いつのころよりか歯は水晶をあざむき、眉ほそく墨を引、くろい帽子もおもわくらしくかずきて、加賀笠にばらをの雪駄《せった》、小歌をよすがにして、くはん〳〵といふしほ（しおらしい）の目もとにわけをほのめかし…」

ただし活動の場は江戸が主であったらしく、京都に関する文献としては『近世風俗志・娼家』に、

「右の唄比丘尼、京坂にもありて、江戸と異なることなく売色を専らとせし也」

「本名熊野比丘尼、後《のち》歌唄ひ歩行《ある》くにより歌比丘尼とも云也。三都とも同名也。比丘尼一名丸女、丸女をまるめとかな付せり」

とある程度である。ただし同書さし絵の方は「比丘尼《びくに》　丸《まる》女《た》」とルビしてあり、注目したいのは、二人いる右の女に「とりへのよし」と説明が付いていることである。「とりへの」は東山鳥辺野で、このおよしこそ京都高名の売色比丘尼ということになる。

しかしいずれにせよ、安永・天明（一七七二―一七八八）ごろには、三都とも完全に廃絶した。

「湯女」の発生も京都から

「『太平記』巻三延文五年（一三六〇）の所に『今度の乱はしかしながら畠山入道の所行也と、落書にもし歌にもよみ、湯風呂屋の女童部《おんなわらべ》迄もてあつかひければ云々』（第一章第1節参照）『骨董集』に此文に注して云《いふ》、是は京都の事を云《いへ》りと。当時早く京都の町に風呂屋ありて、湯女なども在《あり》しやうに聞ゆ云々」（『近世風俗志・娼家』）

とあるように、風呂屋売女の発生もやはり京都らしい。これが近世に入ると、もっぱら江戸で繁昌するようになり、寛永年間（一六二四―一六四三）神田の堀丹後守邸前にあった丹前風呂をはじめ、多くの風呂屋と湯女の記録が江戸に残っている。関西の方は、それほど派手でなく、『近世風俗志・娼家』に、

「京坂にも風呂屋売女ありけり。貞享（一六八四―一六八七）『印本難波鶴』に云《いふ》、風呂屋株十四軒云々とある、是也」

と記してある程度である。天保十三年（一八四二）の大規制後は急に衰退し、

「右に云る如く昔は三都ともに風呂屋女流行せしが、今世は此売色たへて有《ある》ことなし。京坂も同時よりの禁止か」（『近世風俗志・娼家』）

という有様になってしまった。

少女の時から磨き上げられた「白人」

正式の娼芸妓である玄人《くろうと》に対する素人《しろうと》という意味だったが、転じて広義には私娼全般、狭義では京都土手町《どてまち》（丸太町通以南二条通までの河原町・鴨川間）や三本木（第三章第10節参照）に出没する私娼をいう。

『近世風俗志・娼家』は、大坂島之内と北新地の二か所に限った呼称としているが、いかがなものであろうか。

『五箇津余情男』にいわく。

「いつのころよりか素人と名付けて、傾城にあらず茶屋女にしもあらぬ遊女の出来《いでき》ぬ。白人《しろうと》といふと、すぐに用ひて白人《はくじん》と云ふ。大かたは（京都）土手町の西筋に大黒町、鉾《ほこ》田町、袋町、新町、または三本木などいへる所の裏借屋に、東の野作（百姓）、あるは雑喉《ざこ》（小魚）売、駕《かご》かきの娘、または少し貌《かほ》だちのよい子に銀子二十目つけてくる十ばかりなる女を養ひそだつる」

「貧困なれど薪《まき》など取扱はして肌褐《はだへ》に染み、指の不恰好《ぶかっこう》になるを厭《いと》ひて飯を焚《た》かせず、豆腐のからなども買ひにやらせず。（中略）髪は一匁棹の美羹《みるかん》みるやうに長き島田に結ひならさせ、絹のつぎはぎの二十五条の袈裟みるやうなのを肌のよくなるためとて常着にさせ、からこの粕《かす》では顔が黒くなるとて、もち米のぬかでふき出しの銀磨くやうに、歯磨も匂《にほ》ひはみがき…（中略）いつとなく成人して十四五になると、白人にしたてゝ出す」

こうして子供のときから磨き上げられているので美形が多く、この白人相当に繁昌したようである。

臨時女房の役をする「わたぼうし」

長逗留の旅人のため、臨時女房の役をしてくれる「わたぼうし（つくしわた）」については、本章第7節「先斗町」で詳述してある。そちらを参照されたい。

参考までに京都以外の散娼の異名だけ記しておく。

白湯文字（大坂）　びんしょ（大坂）　地獄（江戸）　百花（尾張）　船饅頭（江戸）　けまろ（江戸）　提重《さげじゅう》（江戸）

詳しくは〔付編〕「語彙小辞典」を参照されたい。

第四章 維新後遊廓の変貌

1 花街の近代化

日本列島五つの近代化

明治維新は、あらゆる点で日本列島に大変革をもたらした。徳川封建体制は崩壊し、明治近代国家が誕生した。当然、全国の遊廓もまた、大きく変貌せざるを得ない。京都における変貌の具体的あらわれは、次の諸点であった。

①永年の島原支配が消滅した。
②医療施設ができた。
③教育施設ができた。
④人権尊重の理念が明文化された。

このように列挙すると、いかにも近代国家の理想に合致した諸施策が着々と進行していったように見えるが、実情はなかなか理想には縁遠いものであった。近代国家といっても、それは生まれたばかりの、海のものとも山のものともわからぬ混沌たる姿であり、文明といい開化という、その華やかなかけ声は、いたずらに国民の頭上を吹き交う空虚な風音にすぎなかった。

もしこのとき、最初から真の近代国家体制が確立されていたら(そのようなことはあり得るはずもないが)、人間が人間に組織的に金銭の代償として肉体を提供するという社会的不条理は、この時点で瞬時にして解体され、埋没されていたはずである。それができなかったがために、制度としての娼婦組織が消滅するには、明治維新のあとさらに九十年もの歳月を必要としたのである。

もちろん、室町以来の永い遊廓の歴史に、前記五項目のような、当時としては思いきったメスが加えられたことは、それなりに評価すべきである。人間に代わって歴史の流れが執行してくれた大手術、ともいえるであろう。

「島原支配」からの解放

「維新に遭遇し公務多端の折柄とて、新任官吏も未だ遊所迄に手を附けざりしに、明治三年（一八七〇）閏十月に、従来島原の支配にかゝり出店或ひは出稼等の名目なりしを、京都府の布達の下に解《とか》れて、其廓〱各自独立となりて、茶屋商社、遊女屋商社と唱へ、双方結合して取締りを為し来りしに引続き、三社合併の布達あり。是れは前記の二社に娼妓を合したるものなるべし」（『京都先斗町遊廓記録』）

「島原支配」からの解放は、島原への上納金がなくなることであり、全遊廓とも歓迎したことであろう。従来実質的意義のなかった「出店」「出稼」の語もここに消え、各遊廓は全くの独立形態となった。その代り「商社」を結成せねばならなくなったが、これは今でいう商社とは違って、同業組合的団体の意味である。

引用文によると、茶屋、遊女屋、娼妓の三商社になるが、他の文献では芸者商社というのも出てくる。あるいは娼妓とあるのは芸者の間違いではないかとも思われるが、確信はない。

島原に支配権がなくなったのだから、これまで島原で発行していた芸者・遊女の鑑札も、京都府から下付されることになった。これは角力、演芸、髪結など四十種の職も対象となっており、すべて「無鑑札にて右業体一切不㆓相成㆒事」を前提としている。あらゆる風俗営業を統制しようとする権力の意図が見てとれる。

これと同時に「従来免許場所之外、茶屋遊女屋ヲ開キ候儀禁止之儀」が布令された。「従来免許場所」を整理すると、次の二十か所となる。

①旧傾城町**島原**　②旧傾城町出稼一の**祇園町**　③**八坂新地**（元祇園新地）　④八坂新地外六町出稼の**清井町**　⑤旧傾城町出稼二の**二条新地**　⑥旧傾城町出稼三の**北野上七軒**　⑦旧傾城町出稼四の**七条新地**　⑧二条新地出稼一の**先斗町**　⑨北野上七軒出稼一の**内野五番町**　⑩北野上七軒出稼二の**内野四番町**　⑪七条新地出稼一の**宮川町**　⑫七条新地出稼二の**五条橋下**　⑬旧傾城町出稼六の**下河原**　⑭二条新地出稼二の**清水**　⑮二条新地出稼三の**白梅図子**　⑯七条新地出稼三の**壬生**　⑰**辰巳**　⑱伏見**中書島**　⑲伏見**恵美酒町**　⑳伏見**墨染**

第三章の記述の順と多少相違がある。それについては、この章の第2節で説明する。

これら「最後の公認」の遊所は、それぞれの商社の名において京都府から芸者・遊女の個人鑑札を受け、新しく定められた掛行燈《かけあんどん》を店の表に出して商売することになる。全遊所統一の掛行燈の印《しるし》は、篆《てん》書の「遊」の字を丸で囲んだものである。それまでは、祇園町は「栄」の字、二条新地は「東」の字、七条新地は「泉」の字、上七軒は「寿」の字と、廓によって違っていたのである。

大政奉還と「京都府」の誕生

慶応三年(一八六七)十月の大政奉還に続く十二月の王政復古大号令で、京都に対する旧幕府の統治は消滅し、膳所、篠山、亀山三藩による過渡的な治安維持機関市中取締役所ができたが、明治元年(一八六八)三月三日、京都裁判所がこれに代わった。裁判とはのちの司法機関としての意味ではなく、民政の統轄と解すべきである。この京都裁判所が京都府と改称されたのは同年閏四月二十九日で、初代知事は公卿の長谷《ながたに》信篤であった。府の機構のなかで風俗営業を監督指導するのは市政局庶務課、勧業課で、役人たちはなかなか意欲的であった。

例えば、本書でも頻繁に引用している『京都府下遊廓由緒』(写本奥付明治五年二月)は、府参事槇村正直(のち知事)の命によって編纂されたもので、京都遊里史の研究に欠かせない重要文献である。

授産所の運営資金となった冥加金

京都府は明治三年四月、島原支配の廃止を宣告、各廓商社の設立を指示すると同時に、授産所運営の資金として「芸者・遊女の花代一昼夜の上り高の二十分の一」を冥加金の形で上納するよう各廓に布告している。ただし、この授産所は廓の女だけを対象としたものではなく、一般の「無籍失産之者等ニ産業相授ケ、職道ニ為レ基《もとづかせ》候タメ」(『京都府下遊廓由緒』)が趣旨であったから、収容の対象は市中の浮浪者・流民が主であり、所要経費つまり冥加金の負担者も、花街のほか芝居者、角力《すもう》、各種演芸、席貸、髪結《かみゆい》など広く風俗営業、府側の表現によれば「凡《およ》ソ遊興浮業ヲ以テ糊口《ここう》スル者」すべてに及んでいた。

こうして授産所は明治三年十一月四日、中立売通智恵光院西入ルに開設され、常時五、六十人を収容して油絞り、蠟燭《ろうそく》製造、紙漉《かみこし》、団扇《うちわ》づくり等々の技術を教えたが、予期したほどの効果は上がらず、明治七年廃止となった。京都遊里史の上で何らかの意義を求めるとするなら、遊里側が資金の一部を負担した最初の公共事業、ということになる。

遊女対象の「療病院」

京都府の次の事業である療病院は、明治四年の始め建設の義が起こり、醍醐三宝院などの富裕寺院や一部医師たちの後援で、翌五年十一月一日、粟田口青蓮院宮旧邸を改造して開設された。これは授産所と違って、もっぱら遊廓の女たちを対象とした施設で、当然、運営維持の費用は遊所に課せられた。

「授産所助費之冥加ヲ廃シ改メテ病院費用ヲ助クル之仕法申付候旨及ニ布告ニ」（『京都府下遊廓由緒』）

というわけで、それまで授産所の運営費として上納されていた「花代の二十分の一」がそのまま療病院の方へ回された。

わざわざドイツから招いた医師ヨンケル・フォン・ランゲッグ以下が行った「療病」とは、実は遊女の性病を発見、治療する「検黴《けんばい》」の行為であった。この仕事の推進者は、参事槇村正直のブレーンの一人明石博高《あかしひろあきら》で、明石はかねて大坂舎密局勤務時代外人教師アントニウス・ボードインから性病黴毒の恐ろしさをたたき込まれ、その蔓延《まんえん》を防止するため心魂を傾けていたのである。

明石はこの府立療病所とは別に明治三年七月、祇園町御幸道南側（八坂神社南門付近）に検黴治療所を開設した人物でもある。このときは、「一力」主人杉浦治郎右衛門らが協力している。このいわば私立の治療所と府立の療病院との関係については、明治六年（一八七三）八月の京都府告示に、次のように記録されている（『京都府史料』）。

「下京第十五区（祇園町）ノ儀ハ遊女屋渡世御免ノ地ニ候処、売婦ノ儀ハ梅毒症相煩《わずらい》候者不レ少、其療法不ニ行届一ヨリ其身癈疾ニ陥リ候而已《のみ》ナラス、来客ヘ伝染、諸人愁《しゅう》苦《く》ノ媒《なかだち》ト相成リ、甚ダ浩歎ノ至ニ付、有志ノ者申合セ、府庁聞済ノ上、去ル明治三年庚午七月ヨリ設建候。

但シ当時（現在）療病院所轄ニ相成候。尤《もっとも》最前設立ノ姿ニ異リ候処、無レ之候。

一、入費ハ当区小学校為ニ永続一会社取結候仕法ノ内、救助手当金ヲ資金ニ仕リ、其余ハ有志ノ寄付金ヲ以テ保続ノ法相設ケ候

一、壱ケ年入費凡《およそ》三百六十円

一、事務取扱方　当区正副区長、区内戸長中

一、医員姓名　新宮涼民、新宮涼閣、美藤亀造、田中玄良、田中貞吉、渡辺宗栄、土山武邦、小森順貞、小笠原孟政

右何レモ有志ヲ以テ出頭ニ付、無給料ノ事

一、患者員数（明治六年一月ヨリ同七月中）男八十七人、女五十五人、小児十八人、総計百六十人　以上」

「医員は全員有志につき無給」のくだりが面白い。今でいうボランティアである。

この青蓮院の療病院は、のち明治十二年（一八七九）四月

府立医学校となり、明治三十六年（一九〇三）府立医学専門学校と改称、さらに大正十年（一九二一）府立医科大学に発展する。

新政府の「娼妓解放令」

明治五年（一八七二）十月二日、新政府はわが国売春史上画期的な「太政官布告第二百九十五号」を発布した。いわゆる娼妓解放令、俗に「牛馬きりほどき」と称された大号令である。

一、人身ヲ売買致シ、又ハ年期ヲ限リ、其主人ノ存意ニ任セ、虐使致シ候ハ人倫ニ背キ、有マジキ事ニ付、古来制禁ノ処、従来年期奉公等、種々ノ名目ヲ以テ奉公住為《いた》レ致《させ》、其実売買同様ノ所業ニ至リ、以テノ外ノ事ニ付、自今可《たる》レ為《べき》ニ厳禁ニ事

以下四か条であるが、とくにその第四項で、

「娼妓芸者等年期奉公人、一切解放可レ致、右ニ付テノ貸借訴訟総《すべ》テ不ニ取上ニ候事」

とピシリときめつけてある。とくに破天荒なのは、同月九日付で司法省が出した省令第二十二号で、いわば右太政官布告の注釈であるが、その中に、現在でも有名な珍表現がある。

「同上ノ娼妓芸妓ハ人身ノ権利ヲ失フ者ニテ牛馬ニ異《こと》ナラス。人ヨリ牛馬ニ物ノ返済ヲ求ムルノ理ナシ。故ニ従来同上ノ娼妓芸妓ヘ貸ス所ノ金銀並《ならび》ニ売掛滞金等、一切債《もとむ》ルベカラザル事」

この解放令の発案者は、司法卿江藤新平であった。「人間が牛馬に借金返済を求めることがあり得ようか」とは名文句で、俗に「牛馬きりほどき」令と称せられる所以《ゆえん》である。

この〝英断〟は、同年六月に起きた「マリー・ルイーズ号事件」が引き金になったといわれている。南米ペルーの船マ号が、暴風に会って横浜へ入港した。中に清国で買い入れた奴隷《どれい》二百三十一人が乗せられており、その一人が脱船して港内を泳ぎ、碇泊《ていはく》中の英軍艦に救いを求めたため事件が表へ出た。

外務卿に命じられた神奈川県権県令太江卓が交渉にあたったが、マ号船長が「日本でも芸娼妓の名の奴隷を売買しているではないか」と主張するので、一言もなかった。幸い仲介に立ったロシアなど外国勢力が日本に味方したので、奴隷たちは無事清国へ送り返されて一件落着したが、マ号船長の主張は、諸外国との条約改正をめざす日本政府としては、すこぶる痛いところであった。

さて、この画期的解放令で遊里は大騒動となり、楼主は青息吐息、遊女はさっさと出て行って、

授産所

療病院（青蓮院時代）

洛東病院

図28　授産所療病院と洛東病院

「其身は元来《もとより》、其親兄弟の歓喜如何《いか》ばかりなりけんかし。所謂《いわゆる》手の舞い足の踏む所を知らぬも理《ことわ》りなり」（『東京開化繁昌記』）

という現象になった、と思われたが、実情はなかなかそうではなかった。新政府の大号令は勇ましかったが、解放後の対策が何ら考えられていなかったのである。

貧窮の実家へ帰って邪魔者扱いされる女、好きな男と一緒になったものの炊事ひとつできない女、永年の廓づとめで男なしでは生きてゆけぬ体になっている女など、悲劇は次々と生じ、ついには「自分の意志で」廓へ帰る女、一本立ちの街娼になる女、苦しんだすえ自殺する女などが続出した。京都ではどうであったか、『京都先斗町遊廓記録』によると、

「十二月二日附を以て芸娼妓解放令を布《しか》れて、人身売買の悪弊を禁じ、独立自由の様を与へられ、又もや大恐慌を来したり、芸娼妓にして情夫を有するもの、惑ひは苛酷なる抱主《かかえ》をして呵責《かしやく》を受くるものは、籠の鳥を放ち、空を馳《かけ》る好運時に遭遇したるに、幸ひなるかな。全国相通じて実行せしもの甚だ稀なり。偶々《たまたま》恩露に浴して親許《おやもと》へ帰るも、其親大率《おおよそ》困窮者なれば、口数殖《ふ》えて徒《いた》づらに餓死する外なければ、幵《それ》を口実の下に歎訴せしに、大参事槇村氏は府政革新の要路に当たり釐《りん》正する所大方ならざりしも、氏は花柳の大通人とて、酸《すい》も甘《あまい》も噛《かみ》わけ、能《よ》く其の哀訴を入れて、之れが名称を改め月税を賦課することゝなり、貸座敷三両、娼妓二両、芸妓一両とす」

結局、遊廓側の哀訴が容れられて、「本人が希望するなら芸者娼妓を続けてもよろしい。月ごとに税を払えば鑑札を下し営業させる」ことになった。通人槇村正直参事の粋《いき》なはからいのように書いているが、自由意志の名目で人身売買を復活させる方向につながってゆくのである。それにしても娼妓で月二両の税金は高いものであった。

奇妙な名前の「芸娼妓教育機関」

「婦女職工引立会社」という奇妙な名の芸娼妓教育機関は明治五年秋から準備が進められ、明治六年二月下京第十六区（島原）、同三月下京第十五区（祇園）で開設され、先斗町、上七軒など各遊所でも次々開設された。区から申請して府が許可する形となっているが、実際は始めから府が指導して、半強制的に設けさせたのである。善後策もないまま公布した芸娼妓解放令のおかげで、帰るに家なく働くに技能なしの芸娼妓の実態を知らされた官庁側としては、これを収拾するための次の施策を考えねばならなかったのである。

明治五年十月下京第十五区（祇園町）の役員たちが連名で

長谷信篤知事に提出した「婦女職工引立会社取立願書」から、その間の事情を察することができよう。

「当下京第十五区内ハ従前娼婦芸妓ノ街衢《がいく》ニテ、婦女子多クハ遊芸浮業之者共ニ在レ之候所、先般格外寛大之御仁恤《じんじゅつ》ヲ以、従前在来浮業之儘《まま》遊女芸者茶屋等、各其産業ヲ御差免被レ為ニ成下一、依然生活相営罷在候事、全ク御寛典ヨリ出タル鴻大《こうだい》之御憐恤《りんじゅつ》ト深難《く》レ有仕合ニ奉レ存候。

然ル処今日ノ御時勢ヲ謹テ奉察仕候ニ、独リ浮業ノ輩、婦女子トハ乍レ申、今日ノ遊女芸者モ明日ハ人之母ト成ルニ、其子教《ゆ》ル道理ヲ弁セスシテハ、其情ナル風俗ヲ常ト心得居候ヘハ、其子モ亦遊惰《またゆうだ》ヲ受継キ、或ハ従前之宿弊ニ心付候者モ正業ニ基候道ヲ不レ知候得ハ、徒ニ遊芸浮業ヲ以テ生産トシ、従来食カ益《いささ》世之務ヲ知ラス、年月ヲ経《ふ》ル内、終《つい》ニハ機会ヲ失ヒ生涯ヲ誤ル類連々在レ之、深歎《なげかわしく》敷奉レ存候。

（中略）折柄僥幸《おりからぎょうこう》ナル哉《かな》、今般人タル者ノ道云々御諭告相成リ（芸娼妓解放令のこと）区内一統ノ者共、此御教示奉ニ謹承一、乍レ恐如レ斯明正ノ御教示、娼妓共ニ於テモ、対ニ天地一是ヨリ大ナルハ有ニ御座一間敷ト難レ有奉ニ感拝一候儀ニ御座候。

（中略）依テハ婦女子ノ僥幸、今此時ニ当《あたり》テ従前ノ弊風ニ因循《いんじゅん》セバ、終ニ遊惰放蕩、生涯ヲ誤ルニ至ラン事ヲ憫《びん》惊《りょう》シ、速カニ其弊ヲ撓《ため》テ各自ヲ力《つとめ》テ食《は》ミ、各自ラ生業ヲ営ミ、聊《いささか》タリ共世益ニ供スル之志ヲ起サシメ、乍レ恐奉レ得ニ御府庁御保護一、漸次遊芸浮業ヲ転ジテ実業正職ニ赴キ、後年其生業之安全ヲ為レ保度《たく》、今度申合、婦女職工引立会社取立テ、別紙ノ通永続ノ方法ヲ設ケ、浮業相営ナカラ、其渡世ノ余暇ニハ婦女ノ職工正業相営可レ申ノ弁理ヲ興シ、聊《いささか》富強ノ御基ヲ奉体為レ仕度《たく》奉レ存候ニ付、乍レ恐此段奉ニ願上一候。（後略）」

提出者は下京第十五区遊女芸者券番所支配人井上与三郎、武田仙助と十四か町の戸長で、最後に第十五区長杉浦治郎右衛門（一力主人）が署名している。

こうして祇園町に先ず「婦女職工引立会社」ができたのは、「開業御届書」によると明治六年三月十一日で、府から開業式に「大日本四神図」「万国全図」各一軸が贈られた。場所は祇園町南側「一力」の東南の地で、教科内容は料理、裁縫、生花、琴、三味線、舞踊の一般教養と養蚕、機織、製茶など生計技術指導の両面であった。その後各廓に相ついで開校し、府は祇園町と同様に、

「ソノ挙ヲ嘉称シ、為メニ区内、席貸遊女芸者等各自総勢の半額ヲ賜給し、該社ノ助費金ニ充テシム」（『京都府史料』政治部勧業類）

と対応した。ただし自力で会社を作れない廓もあり、これ

らは府の営業許可が得られないまま自然消滅した。明治十二年までに清水、白梅図子、辰巳、三本木、壬生の各廓が廃業している。

「遊所女紅場」の教育内容

「婦女職工引立会社」という珍妙不粋な名が「女紅場《にょこうば》」と改められたのは、明治七年四月と推定される。「紅」はこの場合は「工」の意である。注意したいのは、この女紅場に二つの意味があることで、一つはこの遊所の系統、一つは一般「良家の子女」を対象とする教育機関である。これを区別して前者は「遊所女紅場」と通称され、後者はのちの高等女学校に発展する。現在の京都府立鴨沂《おうき》高等学校の前身府立第一高等女学校は、明治五年四月土手町丸太町の旧岩倉邸内に開設された英語、数学、舎密（化学）など教授の女紅場が発展したものである。

遊所の方の女紅場がどのようなものであったか、一例として明治十四年制定の上七軒女紅場（上京区第六組社家長屋町六百七十壱番地）の規則（『京都府庁文書』）をのぞいてみよう。先ず「維持方法」としては、

「当女紅場経費、一ヶ月見積金三拾五円、該金ヲ以テ本場ヲ維持ス。其法、次ノ如シ」

として、授業料が芸妓、娼妓一人につき月五十銭、貸座敷からの拠出が一軒につき同五十銭であった。

「但シ、臨時費及月々計算上不足ヲ生スル等ノ節ハ、其都度《つど》関係人民協議ヲ経テ賦課スルモノトス」

役員は取締二人、勘定掛二人、庶務掛二人、生徒世話掛婦人一人、小使一人で、別に教師として裁縫西村きみ、修身学村井利貞、ダンツー（絨緞）竹鼻よねの名があがっており、女礼《じょれい》教師は未定とある。また、

「場中ニ設《もうけ》タル教規ハ、左ニ掲《かかぐ》ル処ノ業ヲ授与セシム。裁縫、押絵、女礼、ダンツー、習字、算術、読本」

とあるから、押絵や習字、算術の別に講師がいたのであろう。授業は朝八時から午後三時までで、夜の仕事を持つ女たちには相当つらかったであろう。休みは日曜祝祭日と北野神社祭日、それに十二月二十一日から一月十六日までであった。

通人知事の遺した業績「踊り興行」

通人知事槇村正直が京都に残したもう一つの業績は、各遊所の踊り興行である。明治五年東本願寺、建仁寺、知恩院を会場として博覧会が開かれたとき、大参事槇村は祇園一力主人杉浦治郎右衛門らに「余興」のことを命じ、杉浦らは林下町の寄席で祇園芸者の舞踊を公開した。これが現在の「都をどり」の始まりである。

翌六年御所の一部を開放して本格的な第二回博覧会が開かれると、各遊所はこぞって舞踊ショーを企画、公開した。祇園町は花見小路に会場をあつらえて「都をどり」、下河原は「東山踊り」、宮川町は「宮川踊り」、先斗町は「鴨川踊り」といったたぐあいで、昭和の現代その大半が残っているところは、さすが京都と感心させられる。

2　花街の明治・大正・昭和

漢語芸者と英語芸者

明治元年五月（日不明）の「都鄙《とひ》新聞」に、こんな記事がある。

「此頃《このごろ》鴨東ノ芸妓少女《マイコ》ニ至ルマデ、専ラ漢語ヲツカフ事ヲ好ミ、霖雨《りんう》ニ盆地ノ金魚ガ脱走シ、火鉢ガ因循《いんじゅん》シテヰルナド、何ノワキマヘモナクイヒ合フ事トナレリ。又ハ客ニ逢ツテ、此間ノ金策ノ事件ニ付、建白ノ御返答ナキハ如何ガ、ナド実ニ聞ニ堪《た》ヘザル事也。鴨西漁隠曰《いわく》、己《われ》若カリシ比《ころ》ハ近国近在富農ノ娘ヲ京奉公ニ出スハ、給金ニ不拘《かかわらず》、行儀言詞ノヤサシキヲ習フガ為メナリ。糊ヲノモジト呼ビ、葱《ねぎ》ヲネモジトイヒ、カチン（餅）ヲハヤシテヲムシニテ烹《に》ルナド、如何ニモ皇都《みやこ》ノ優ナル詞ナルヲ、鰌《ドジョウ》ニ天誅ヲ加ヘ、鮒《ふな》ニ割腹サセテ晩酌ノ周旋セン、閨中ノ事件ハ我ガ関係セザル所ナリナド、厨下《ダイドコ》ノ少婢《シロハ》ニ嘲ラル、面白キ時勢トナレリト云々」（ルビ原文）（『新聞集成明治編年史』）

関東から東北にかけ、新政府軍と旧幕軍が激戦を重ねているころである。京都芸者の時代感覚のすごさに、感嘆する。おそらく、客に薩長の田舎侍がふえ、彼らが方言コンプレックスを漢語でごまかそうとする風潮があり、これに迎合したのであろう。

これがさらに進んで、漢語が英語に進展する。明治五年四月二十六日付「東京日日新聞」によると、これは東京の話だが、

「府下銀座二丁目里俗いろは長屋と云える或家の弦妓、（芸者）妙音絶伎にして其容姿も婀娜《あや》なれば、常に酒客の愛顧も多かりしが、当春の頃某の酒席に招かれしに、客は何れも書生とはいえ、残らず英語のみ用ゐければ、さすがの弦妓も少しきまりわるさに、只ぶつねんとして酒盆に媒するのみ。（中略）宅に帰りてつく〴〵と其席の事を考へ、英語の解せざりし事こそ残念なれとて、忽《たちま》ち髪

の具調度をば売払ひ学費に充《あ》て、其翌日より愛宕下某の義塾へ日々十二時まで通学せりと。素より己の覚悟にて学びし故か、此ほどは大に上達して、先進の生徒も追々この小妓に圧倒されしと。ことし十八歳の由（後略）」

漢語や英語はきわめて末梢的な現象かも知れないが、少なくとも新時代にふさわしく生きようという女たちの前向きの姿勢が見てとれる。次は祇園の話題である。明治十三年十一月十六日付「東京日日新聞」にこうある。

「この頃西京祇園八坂新地の老妓が開きし開議の妓案は地方官府県会の議題にも恥ざる題にて道路修築の件なりし。妓長はおたねとて本年七十二歳の老妓にて（中略）今こゝでみなさん方と相談せいと戸長さんやら券場《けんばん》からいはるゝには、此祇園新地は名高い繁昌な遊所で随分好いお客さんもたんと来はるさかい、芸子はんも舞子はんもお山（娼妓）はんも精出して勤めなはるさかいに、金もちはんがたんと家も蔵もせんど〳〵うち込まはんすにより各遊所の模範となり、悦ばしいコッチャ。此うへ今一いき新地中二十町の往還を瓦づめに道普請するには、皆はんが花一つに五厘ずつ三年はずみなはればでけるさかい…」

なんのことはない。芸娼妓の負担によって道路舗装しようという上からの押しつけ議案であったが、これが名議長の熱弁によって満場一致可決された。この三月に第一回京都府会が開かれたばかり、明治二十三年十一月の第一回帝国議会召集の十年前のことである。

明治十六年四月、京都八坂新地の老妓政員《まさかず》らは、「芸者自由講」を組織、月々拠金を積み立てて外部知識人の話を聞くことにした。その第一回として十月二日に開かれた自由講主催の「女子学術演説会」は聴衆二千人を集める大盛会であった（「大阪日報」）。

芸者の集まりに「自由」の字がつけられるのも面白いが、この勢いを知った外部団体も積極的な働きかけを始め、五月十一、二の両日には同志社教師グリーン・デービスらが四条北の劇場で基督教演説会を開いた。これも聴衆約千人であった。その三分の一が女性で、芸娼妓も多数参加し、終始静粛の気であったという（「日出新聞」）。

同年十二月には、祇園町北側の老娼妓里村政勇らが「娼妓互愍《ごみん》会」を結成している（「日出新聞」）。娼妓団結組織の第一号である。二十年十月某日、四条南劇場で祇園芸者らによる「風俗改良演説会」が開かれた。講師名が不詳なのが残念であるが、演題は「貞操の説」「日本女子の不甲斐性」というものであった。軟派専一に徹していた遊里の女たちが、ここまで硬派に転じてきたのである。

芸娼妓の〝慈善運動〟

明治二十一年二月十四日、三宅三千鶴ら祇園町甲乙両部の芸娼妓は「慈善会」を組織した（「日出新聞」）。この「慈善」は意味深長であった。自分らより恵まれない人々に救いの手を伸ばしましょうと筋は立派だが、まだもっと不幸な階層がある、という優越感につながっていた。あるいは、芸者に優越感を抱《いだ》かせることによって得をする側の指導があったとも考えられる。

「慈善」の風潮は一種の流行としてひろがり、二十三年六月祇園芸者による「貧民救助演説会」が計画され（「日出新聞」）、二十四年二月には宮川町芸者有志の「鴨東婦人慈善会」ができ、貧民救助のための積み立てが開始された（「日出新聞」）。

こうした慈善行為は、実際は積み立て金や毛糸細工などの収益を救貧団体に寄附することであったが、芸者たちが純真な気持ちで自己満足にひたっている割りには、世間の眼は冷たかった。明治二十年博愛社から改称した日本赤十字社は、二十二年二月京都支部を設置、府知事を支部長として府下慈善事業推進の母胎となっていたが、その支部が二十四年六月、芸娼妓の入社申し込みを「賤業」を理由に拒否したのであった（「日出新聞」）。

しかも同支部の内規によれば、貸座敷、小方業（置屋）、幇間などには入社を許可するという。女たちに「賤業」をやらせている業者に許し、その女たちは締め出すという不条理は、さすがに一般の反感を買ったらしく、二十六日付の「日出新聞」は下京区赤井一郎という人の投稿をのせ、日赤側をきびしく非難している。

芸妓税増税反対に立ち上がる女たち

一方『京都府百年の年表・社会編』を見ると、こんな動きが目立ってくる。

「明治二十三年七月、祇園甲部、先斗町、宮川町芸妓より北垣国道知事に対する市税徴収不服訴訟、大阪控訴院で却下」（「日出新聞」）

「明治二十六年一月、先斗町の芸妓・舞妓ら減税請願を行うが拒絶される」（『京都労動運動史』）

「明治三十五年三月十三日、八遊廓芸妓総代二十三名、芸妓税増税に反対し市会に陳情」（「日出新聞」）

「大正四年三月、伏見中書島遊廓の芸妓、町税軽減の嘆願書を町会議員に提出」（「日出新聞」）

一見、芸者が方向を転じて税金闘争に立ち上がったように見える。しかし、この対税行動は、もう一つはっきりしない所がある。彼女たちが本当に自発的に動いたのかどうか。おそらくは、減税によって最も利得を得る業者の主導であったろう。しかしその業者自体が、女たちを表面に押し出す作戦に出たことが面白い。彼らが、彼女らの社会的立場を認めたことになるからである。

本邦最初の遊廓のストライキ

明治二十二年三月十五日、伏見中書島の芸娼妓ら、大挙して廓を出、約一キロ東北の御香宮《ごこうのみや》へ行進して集団参詣した。その趣旨がふるっていて、「芸娼妓解放記念」とある(「日出新聞」)。「解放御礼」と解釈すべきであろうか。いずれにせよ、京都花街史上はじめての遊女集団デモである。三百年間抑圧されてきたうっ積を一度に発散させた「壮挙」ともいえる。

しかし、彼女ら同士の内部分裂もまた生じた。二十四年三月、祇園新地甲部の娼妓が芸妓との差別に反対して、女紅場改良、待遇の平等、利益権利の平等などを要求、常議員十名を選んで運動を始めた(「日出新聞」)。

江戸中期芸者というものが発生して以来、芸者と娼妓の間に微妙な対立感が生じ、所によっては娼妓が芸者の上座に座り、所によっては娼妓が芸者の下位に小さくなるなど複雑な習慣があったが、芸者対娼妓の葛藤がここまで表面化することはなかった。江戸末期に至って、どの廓でも多数の芸娼妓同居が行われるようになる(資料編例えば明治五年現在祇園町で芸者五百六十人、娼妓百七十六人。「幕末京都各廓遊女芸子名」参照)と種々複雑な対立が生まれ、それが維新後の急速な個人尊重観念の発展に触発されて爆発したものと思われる。

以上の例で見られる通り、芸娼妓たちは人間として自覚した結果、すべてに行動的となった。旧幕時代には絶対に考えられなかったことである。

明治二十七年七月「京都駆黴院、患者の風紀粛正のため裁縫科のほか習字科、諸礼科設置を計画」(「日出新聞」)という記述がある。駆黴院とは明治二十六年検黴所が改称した芸娼妓の性病治療病院で、患者とはそこへ強制収容されている遊女たちである。その質が低下し、しばしば粗暴のふるまいが目立つので、精神安定の一助にと、習字や礼儀作法を習わせることにしたのである。それ位のことで、罹病遊女たちの自暴自棄が療《いや》せるわけがない。

はたして翌二十八年には、

「駆黴院の患者、悪質化し、堀を越え逃走するもの多く、ために周囲の高塀を改造して、二尺余高くした」
(『明治文化と明石博高翁』)

ということになった。逃走は情夫や時には女郎屋業者の示《し》唆《さ》によるものが多かったという。入院中は遊女も業者も、その分だけ収入減となるのである。

明治二十九年五月には、祇園新地の芸者六人が集団逃亡し（『京都地方労働運動史』）、同じ年八月、これは遊女ではないが、宮川町遊廓の箱屋が増給を要求してストライキを敢行している（『同』）。

歌謡史上有名な「東雲《しののめ》のストライキ」が熊本二本木遊廓で起こったのが明治三十二年だから、この宮川町箱屋の一件は本邦最初の遊廓のストライキだったといえる。

折りから全国的に澎湃《ほうはい》として遊女自由廃業の声が高まり、これに応じて進取的遊女が次々と自由廃業に踏み切りつつある段階であった。これについては後に詳述する。

大正から昭和に移っても、遊女の強気構えは衰えない。昭和三年十一月十八日、中書島、撞木町、橋本（府下綴喜郡）の三遊廓で、娼妓が府立伏見娼妓検査所長の娼妓虐待を訴え、これに応じて三遊廓組合の同業者が同所長の不信任を決議し、知事に善処方を陳情するという事件があった。時勢はいよいよ変わっていった。

虐待され楼主へ復讐の放火

「八日（昭和十一年九月）午前三時五十分上京区六軒町通中立売下ル西入ル、五番町遊廓内、第八石梅楼こと谷口元治方階下奥四畳半の間から出火すると見る間に、火は忽《たちま》ちにして暁天に沖する猛勢と化し、瞬《また》くうちに火元第八石梅楼を全焼、更に渦を巻いて一手は東隣梅の家こと林むめ方を襲ひ、一手は西隣角増田楼こと増田寛次郎氏宅をなめ、一転して東側に目白押しに並んだ貸席業宅を……」（京都日出新聞）

といった調子で、結局十三戸十九棟を焼いて五時十分鎮火した。焼け跡から娼妓一人の死体が発見され、火元の楼主夫婦は大やけどを負った。

「所轄西陣署で厳重調査の結果、果然、火元第八石梅楼の抱娼妓花枝こと東京府南多摩郡小宮村笹野キミ（二三）が放火したことが判明した。病気のため商売もできぬところから楼主に虐待を受け、苦しまぎれにやむを得ず放火したといふ」

「同人は本年二月六日七条新地から鞍替してきたが、長い娼妓生活の間に受けた病気のため客をとることができず、このために受ける楼主の虐待に耐へかね、七日夜押入に揮発油をまいて点火したと自供、取締当局は虐待の事実を徹底的に調べることにしている」

はたして楼主がどのような処分を受けたか、また笹野キミがどうなったか続報が見当たらず、わからない。わかっているのは、楼主への復讐を放火という手段によってしか果たせなかった田舎出女郎の無知と、これを機に廃娼の声がいよいよ熾烈《しれつ》に、文字通り燎原《りょうげん》の火のごとく全国に広がっていったことである。その前に、廃娼運動の沿革を述べねばならない。

火の手上がる「廃娼運動」の展開

廃娼の字が文献に初めてあらわれるのは、著者（明田）の瞥見《べっけん》した限りでは、明治二年三月刑法官権判事津田真道《まみち》（一八二九—一九〇三、真一郎、法学者）の草した『廃娼の建白書』ではないかと思われる。かつて幕命で欧州に学んだ津田は先進諸国の実情を知り、わが国が文明国の仲間入りをするには廃娼こそ先決であると主張したのである。

廃娼つまり公娼廃止の論は、女性人権の無視という人道上の不条理を根絶せねばならぬとする倫理的見地から出た論と、幕末の不平等条約を改正するためにも文明国家としての体裁を整えねばならぬという政治的見地の論との二種が考えられるが、当然、キリスト教信者を主体とする前者の方が精力的かつ強力であった。

もっとも早く実際運動が起こったのは群馬県で、早くも明治十五年四月十四日「全県下の遊廓を明治二十一年六月限り廃止する」と布告し、少しおくれたが、二十六年までに同県下の「遊廓」は完全に消滅した。その間の経過は『群馬県公娼廃止沿革史』（昭和五年）、『群馬県廃娼顛末《てんまつ》』（昭和三年）などに詳しい。

群馬県が運動に先鞭をつけたのは、旧安中《あんなか》（同県下）藩士でのちに京都・同志社の校祖となる新島襄が明治十二年以来県下で廃娼運動を展開してきたこととも、深い関係があると思われる。

廃娼運動の実際の進め方としては、①世論を喚起する、②国会、府県会などに廃娼決議させるため請願を重ねる、③娼妓に自由廃業を勧める、の三点が考えられ、明治十年代後半に入ってからキリスト教団体、婦人団体によって運動は次第に強化されていった。矢島揖子らによって基督教婦人矯風会が設立されたのが明治十九年六月で、月刊「女学雑誌」読者有志が日本廃娼会を結成したのが二十二年十一月、婦人矯風会が廃業娼婦たちの再転落を防止するため職業婦人宿舎（のちの慈愛館）を設立したのは二十六年十月であった。

こうした運動はようやく効果を生みだし、明治二十二年廓を脱走した名古屋の一娼妓が無罪判決をかちとったのを皮切りに、名古屋、函館などで次々と勇気ある娼妓の自由廃業が目立ちだし、廓の業者たちに一時恐慌状態が起こった。もちろん業者側も無防備に手をこまねいていたわけではなく、全国結束して「全国貸座敷聯合会」などの名で盛大な廃娼反対運動に立ち上がった。

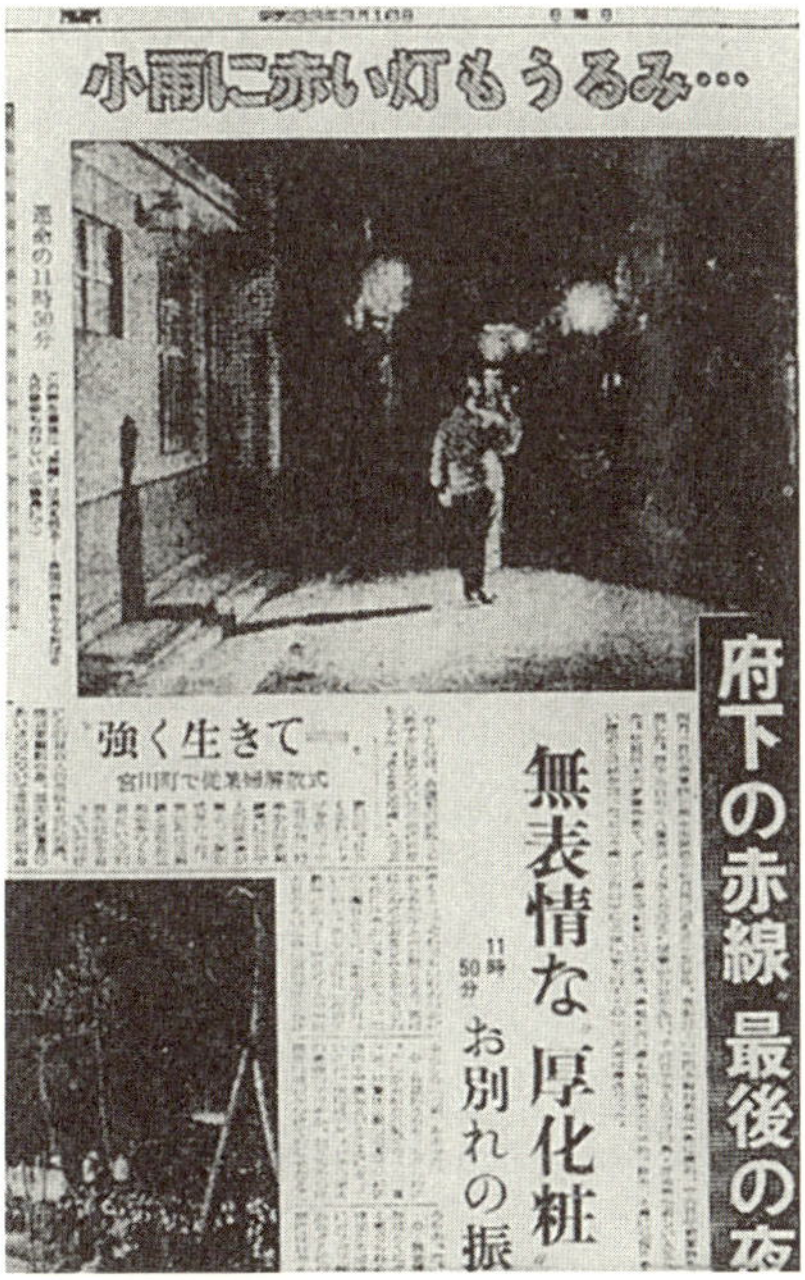

京都新聞（昭和33年３月）

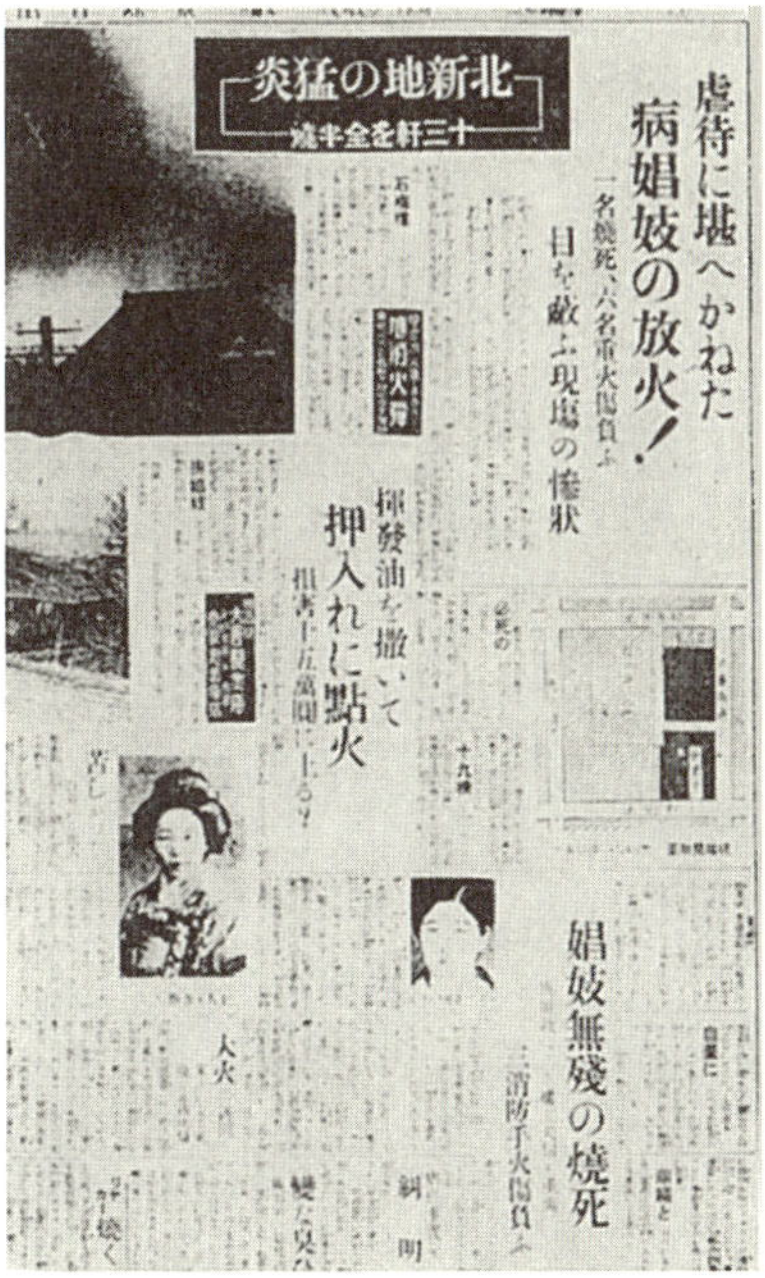

京都日出新聞（昭和11年９月）

京都廢娼運動のあと
氣の付いた事

京大教授 理學博士　駒井卓

一　廢娼運動の理論的根據を強くする必要

今廢娼運動をやつてをる人々に、宗敎家社會敎育家の多い理由から、廢娼の道義的方面が聲高く唱へられて、他の點が割合に閑却せられてをるのではないかと思ふ。元より道義的根據は、廢娼の理由の第一に掲げられねばならぬ事ではあるが、實際運動の立場から見ると、比較的かやうな聲に耳を傾け難き議員等を對手にするにはさほど有利ではない。同時に國や府縣の爲政者とか、實業家とか、醫師とか云ふやうな人々の中には、經濟上とか、衛生上とかの立場から反對するものがかなり多い。又民衆運動の指導者たちは、公娼は單に經濟組織の缺陷の結果を如實に暴露したものに過ぎぬ故、これを廢するだけでは抜葉を刈つて、根を元の如くにしておくに過ぎぬと、云ふやうな事を云ふ人もある。

此等の人々の疑問や、又反對意見に對しては、それ〲最適切の方面から、之に應酬する充分の準備が必要であると思ふ。卽ち經濟上からは、確實な關係統計を詳細に調べておく事、又衛生上からは公娼、私娼の數、花柳病の統計等、日本のも世界のも最新、嚴密のものをたやすく得られるやうにしておき、否應の云へない證據をつきつけるやうに、常に準備しておく外、一般的に廢娼の理論的根據と云ふものを、あらゆる方面から討究して、一の體系を作り、而もそれを容易に見れるパムフレット等の形にしておく事が、最も大切と思つた。此度の運動の際にも、一廉物の分つたやうな此程の人々

活発に〝廃娼〟を訴える「廓清」の紙面（昭和４年３月）

図29　火の手上がる廃娼運動

業者側の廃娼反対論の根拠は①性産業を野放しにすれば衛生上の管理ができず、性病が国内に蔓延する、②一般婦女子を性暴力から守る防波堤として公娼は必要、③娼妓は人身売買による奴隷ではない。自由意志で働く勤労女性である、というようなことで、これまた国会、府県会への請願や言論活動に専心した。

試みに明治二十年代から昭和終戦までに出版された単行本（資料編「引用・参考文献」参照）から関係内容のものを抽出してみると、公娼廃止論五十八種に対し、廃止反対論は十一種で、それなりに反対論も健闘していることがわかる。

ただ、執筆者の顔ぶれを見ると、廃娼論の方が救世軍の山室軍平、評論家の島田三郎、植木枝盛、安部磯雄ら錚々たる知名人が多いのに比べ、廃娼反対論は無名の士が、それも変名を使って書いたものが多く、それだけ迫力に格差があった。有力新聞の多くが廃娼論に味方したことも大きく、「二六新報」のように記者が運動に挺身したあげく、業者側の暴力による流血事件（明治三十三年九月）にまき込まれた例もある。

「救世軍」による廃娼運動

京都の廃娼運動は群馬県などより相当おくれ、明治二十三年一月、五日、平安教会松山牧師が群馬県の廃娼運動の実情を紹介したのが始まりではないかとみられる。同年三月には京都キリスト教団の信徒らが同志社病院長宅に集合して、廃娼運動の具体策について協議、これとの関連かどうか不明だが、同じ年、京都人、人見鹿太郎名儀の「公娼廃止請願書」が国会に提出されている。

その後運動はしだいに活発化したと思われ、三十三年十一月には四条教会で「社会矯正演説会」というのが開かれ、日本廃娼会幹事松田順平が「公娼廃止の利害」と題して講演している（以上「日出新聞」）。

注目すべきは『京都府百年の年表・社会編』がこの年（三十三年）の「日本」の項に、

「娼妓の自由廃業流行し、中にはかえって身の振り方に困るものあり」

と記載していることで、京都を除く各地で娼妓の自廃しきりなとき、予想された問題ではあるが、無計画な自廃で女たち自身が戸迷っている模様がわかる。

京都における自廃は明治三十四年六月、七条新地の二娼妓が七条署へ提出した自廃届が第一号ではないかと思われる。いうまでもないことだが、このころの自廃は、残り年季分の借金を踏み倒して自由になるのではなく、自由後も個人対楼主の貸借関係は残るのである。だからこそ事後の身の振り方に困るものが現れるのである。

同じ三十四年の十月二日早朝、七条新地内六軒通の路上で京都日日新聞配達員某が三人組に殴る蹴るの暴行を受けた。調べによると三人は同新地の遊客で、日ごろ廓内に潜入して遊女たちに自廃を勧めている救娼軍（救世軍の廃娼活動班）のものと間違って殴ったという。当然のことかも知れないが、遊客は廃娼運動を憎んでいたというわけである。

明治四十三年一月、宮川町、先斗町、祇園乙部の三遊廓が主唱して「芸娼妓救済所」が創立された。その趣旨は次のとおりであった。

「芸娼妓の生みし子供にして便《たよ》るべき所なきもの、芸妓にして疾病《しっぺい》休養中衣食に窮するもの…等、貧困者を収容して病者に医薬を与へ、生業なき者には産業を授け、老衰を養ひ、児童には適当の教育を施す等、夫々《それぞれ》身分に応ずる救済法を設くる」

〃公娼廃止〃をかかげる「廓清会」

基督教信徒や婦人団体を糾合した公娼廃止運動団体「廓清会」（会長島田三郎）が生まれたのは明治四十四年七月で、その京都支部の発足は大正元年三月である。廓清会は以来、戦時中の昭和十八年まで機関誌「廓清」を発行して廃娼運動を続け、京都支部も大正三年六月、婦人矯風会支部と共催で市議事堂で「社会廓清講演会」を開くなど活動を重ねた。この講演会の論題は「廓清の新気運」「現代社会に対する希望」で、聴衆五百人が集まったという。

しかしこの運動には、多大の困難が伴ったのは当然である。廓清会京都支部の有力メンバーである京都帝国大学教授・理学博士駒井卓は、昭和四年三月号の「廓清」で「京都廃娼運動のあと気の付いた事」と題し、次のように記している。

「今廃娼運動をやってをる人々に宗教家、社会教育家の多い理由から、廃娼の道義的方面が声高く唱へられて、他の点が割合に閑却せられてをるのではないかと思ふ。元より道義的根拠は廃娼の理由の第一に掲げられねばならぬ事ではあるが、実際運動の立場から見ると、比較的かやうな声に耳を傾け難き議員らを対手にするにはさほど有利ではない。同時に国や府県の為政者とか、実業家とか、医師とか云ふやうな人々の中には、経済上とか衛生上とかの立場から反対するものがかなり多い。又民衆運動の指導者たちは、公娼は単に経済組織の缺陥《けっかん》の結果を如実に暴露したものに過ぎぬ故、これを廃するだけでは枝葉を刈って根を元の如くにしておくに過ぎぬと、云ふやうな事を云ふ人もある」

だから、これらの人々を説得するには厳密かつ具体的なデータを十分に調査し、否応《いやおう》ない証拠としてつきつけられるように準備しておかねばならない、というのが結論であるが、世に識者とされている社会的指導者たちが、全く廃娼問題に非協力的なことが見てとれる。運動の前途、いよいよ多難ということである。

「廃娼同盟」の結成と「娼妓取締規則」の改正

昭和に入り、有志の熱心な廃娼運動はなおも続く。昭和三年十一月、京都廃娼同盟が結成される。中心人物は松浦有志太郎である。同十二月、京都女権同盟、声明書を発表して各方面へ公娼廃止を訴える。こんな動きが進むうち、他府県ではすでに秋田、福井、福島、埼玉の四県が公娼廃止期成会の廃娼建議案を可決している。

しかし、御大典さわぎに沸く京都の府会は、まだまだ頭が古かった。この年横田大助、内藤広吉、神田兵三、奥村甚之助府議によって本会議提出がはかられた廃娼建議案は結局、昭和四年一月の府会で多数により上程が拒否されたのであった。

昭和天皇の即位式は三年十一月十日京都御所紫宸殿で挙行され、これを記念して、内帑金《ないど》百五十万円が「養老賑恤《しんじゅつ》のため」府に下附されたが、「娼妓救恤」のことなど考える者は一人もいなかった。

昭和四年、浜口雄幸内閣の緊縮政策で不景気はいよいよ深刻化し、全国の失業者数二十六万九千人、うち京都府七千人。同年十一月、島原の娼妓、堀川署へ自由廃業駈込訴えを起こした。動機は「不景気を理由に食事を一日二食に減らされた。空腹に耐えられず」というのであった（「日出新聞」）。

こうした複雑な情勢のなかで廃娼論者を力づけたのは、五年十二月大阪地裁が橋本遊廓（京都府下）瓢楼の自廃娼妓に無罪判決を言い渡したというニュースであった。

このころ、芸娼妓で内地を見限り、新天地を求めて大陸へ渡るものが増えてきた。高級芸妓はともかくとして、大多数は日本軍用の慰安婦になるのであるが、慰安婦という新しい名を、なにか娼妓よりも高等なもののように受けとり、女衒の巧言に乗せられて「勇躍」乗船する女たちの姿があわれであった。

昭和八年五月、内務省の娼妓取締規則改正により、娼妓の廓外への外出が自由となる。それまで自由でなかったのかと、国民の多くはあらためて驚いた。

昭和十一年九月、虐待された娼妓の放火で北新地（五番町）大火が起き、娼妓の自廃が進むなかで、まだこんな環境が残っていたのか、とこれまた驚く人が多かったに違いない。

昭和十二年、宮川町にダンス芸者が誕生、一時は百五十人に上った(『亡くなった京の廓』)。折りから大陸の野を「皇軍」が進み、内地では「進軍の歌」「愛馬行進曲」「軍国の母」のメロディーが人々を酔わせていた。

やがて本格的な戦時体制となり、「日出新聞」などに次のような記事が載るようになった。

▽昭和十五年一月、先斗町の鴨川踊り関係者「南進日本」上演の参考に琉球方面視察。

▽同年五月、宮川おどりは「建国音頭」上演。

昭和十六年十二月「朕ココニ米英ニ対シ宣戦ヲ布告ス」で〝大東亜戦争〟に突入した。もはや「おどり」どころではなくなった。国民皆兵で、女学生も芸者も挺身隊員という名の工員と化し、鉢まき、モンペ姿で、プロペラを磨いたり、落下傘を縫ったりした。花街も一変して、例えば先斗町歌舞練場は「市設三条共同勤労所」なる工場になってしまった。そして二十年八月十五日、こんどは「万世ニ太平ヲ開カン」と敗戦の詔勅が下され、日本は百八十度回転せざるを得ないことになった。花街も面目一新せざるを得ないことになる。

占領軍用の「国家売春命令」

昭和二十年八月、完全敗戦で茫然自失たる態《てい》の日本政府が最初にやった仕事は、終戦詔勅放送の三日後、十八日、「占領軍向け〝性的慰安施設〟を設置せよ」という内務大臣指令を各府県知事に流すことであった。各府県は急拠これを実行に移し、八月二十六日、早くも接客業者によって「特殊慰安施設協会(RAA)」が銀座に設けられ、二十七日には最初の施設「小町園」が東京大森で開業している。

早くいえばアメリカ軍人向け遊廓の新設で、従業員は従来の遊廓から募られた娼妓の有志である。もちろん、一般家庭婦女子のための防波堤の役割を果たすものであった。

その後、混乱が静まるにつれ、日本占領連合軍総司令長官・米陸軍元帥マッカーサーは、この国の〝民主化〟をめざし、有能なスタッフを動員して、各方面に縦横にメスをふるった。花街も、この大手術から逃げるわけにはいかなかった。

二十一年一月、連合軍総司令部(GHQ)は「公娼を容認する一切の法規の撤廃」方針を覚書として発表、これに基づいて京都府では一月末、公娼の廃止を宣言、二月初から府下の全娼妓は「自由意志に基づいた酌婦」ということになったが、実質的には以前と異なるところはなかった。内務省も二月初、娼妓取締規則を廃止したが、娼妓の自由を認めることによって街娼が増加する結果となった。

娼妓の自由と街娼の増加

このころようやく赤線（遊廓）、青線（街娼）、パンパン（進駐軍向け）などの語が一般に使われるようになり、これらが新聞の見出しに出ない日はなかった。

昭和二十二年以降になると、売春関係法規の厳重実施を予測して、その社会的影響に対処する動きが活潑となり、二十二年八月には京都府花柳病予防法施行細則ができ、同十月には府民生部に「ヤミの女を含む社会病を退治する懇談会」が設置されている。

たしかに性病の蔓延は大きな社会問題であり、昭和二十二年度の全国患者数は推定四十万人と前年の二十四万人から激増している。風俗営業取締法とともに性病予防法が公布されたのは、二十三年七月である。

昭和二十四年三月、京都七条、西陣両職業安定所は管内の祇園甲部、同乙部、島原、宮川町、先斗町、上七軒の芸妓組合（芸妓計八百十六人）と下河原月見町のヤトナ従業員組合（三百二十五人）を労務者供給事業と認定した。

ヤトナは臨時雇い仲居の略である。仲居と芸者を兼ねた役で宴席に出、配膳、酌などのほか三味線を弾き歌舞を演ずることもある。いつごろの発生か定かでないが、京阪に限った呼称である。戦後「新妍芸妓」と自称したが、固すぎて一般には通じなかった。

この認定によって、芸者、ヤトナは、それまで貸席業者を通じて受け取っていた花代を、自分たちの組合によって管理できるようになり、花街民主化への大きな前進を見た。

「赤線」の女たちによる「売春防止法反対」決議

このころから公娼廃止、売春禁止の法措置を望む声が、婦人団体や一部国会議員らによっていよいよ高まり、二十六年十一月矯風会など八十団体が集まって結成した「公娼復活反対協議会」が、その運動の中心となった。京都でも二十九年五月、京都勤労婦人連盟、京都キリスト教女子青年会、婦人有権者同盟などが「売春禁止法成立促進委員会」を結成している。

しかし一般の関心度はまだまだ低く、京都市会でさえ、三十年九月の臨時会で左右両社会党と共産党の提出した売春等取締条例案を多数で否決している。

昭和三十一年一月、東京の赤線（遊廓）の女たちが一堂に会して「東京女子従業員組合連合会」を結成した。そこまではよかったのだが、このとき決議したのが、なんと「売春防止法反対」なのであった。

しかし、世論はこのころから俄かに盛り上がりを見せ、売春防止法の制定は、もはや動かすべからざる段階となっていた。

「売防法」の成立で消えた赤線の灯

同年五月二十一日売春防止法が成立した。ただし発効は三十二年四月一日、罰則適用は三十三年四月一日からである。それまでに全国四万の業者と推定十七、八万の売春婦は、身のふり方を考えよというわけである。京都府下の数字は業者千七十四軒、従業婦二千四百二十一人であった。

同年六月、全国の業者が京都で大会を開き、更生転業の方策を協議した。同月京都府売春婦女保護更生対策協議会が発足、十月京都府婦人相談所が設置され、婦人相談員十二人が委嘱された。三十二年一月府を中心とする婦人対策連絡協議会が発足した。

この年四月現在で、京都府下の赤線地帯は十五か所、業者千五十七軒、従業婦千九百二十六人となった。一年間にこれだけ減ったのだが、前年十月に開設された婦人相談所の取扱件数は、百八十六件にすぎなかった。

昭和三十三年四月一日、売春防止法が完全施行された。その前夜をもって全国三万九千軒の灯は消え、十二万人の女が去って行った。ザル法と呼ばれた売防法ではあったが、これによって法的にはいちおう日本の公娼制度は消滅した。明治八年、津田真道が「建白書」を提出して以来八十九年、廃娼論者にとっては永い闘争の年月であった。

その後の京都各花街の経過は、このあと第3節「消えた廓・残った廓」を見て頂きたい。さらに消えたはずの売春婦が「野放しの非合法」という妙な形で、あるいは「トルコ風呂」と称し、あるいは「ソープランド」ととなえて繁栄を続けている現状をどう解釈したらよいのか。日本は法治国家のはずだったのだが……。

3　残った廓・消えた廓

「格調高き」島原の変貌

明治維新の変動で、他の遊廓に対する指揮権を失った島原は、以後繁栄を祇園に奪われ、単なる「格調高い古遊廓」と化した。

明治後のこの廓の特徴は、遊女の数が大幅に増減していることで、例えば明治十七、八年ごろは太夫四、天神以下十二、芸者五人だったのが、明治四十五年には業者九十二軒に太夫、天神以下計二百二十二人、芸者四十六人に激増している。大正になると少し安定して、大正十五年現在で太夫二十八、天神以下二百四十三、芸者六十人、業者百十二軒といったところであった。昭和七年現在、太夫十四人、天神以下五百二十六人、芸者六十人、業者百四十軒と下級娼妓の増加が目立つ。

明治末期の島原太夫を列挙すると、笹尾楼の光扇、輪違屋の薄雲、田村楼の小町、若雲、山下楼の玉織、西村楼の雛窓、若紫、永原楼の若雪、小雛、小林楼の長山、小鹿、田中楼の松人、松扇、西勢楼の大橋、尾ノ栄、北尾楼の玉扇、夕村楼の名山、高尾、小車、初紫、司、音藤楼の吉野、若君、初人、山田楼の小太夫、鶴末楼の末広といった面々で、中でも小太夫、吉野太夫、光扇太夫、玉扇太夫がトップクラスで、「明治の四天王」と称されていた（『京都の花街』）。

その花代が昼夜で六円、朝から暮まで三円、暮から翌朝まで四円、その他に朝跡花《あさあとばな》というのがあって、流連《いつづけ》すれば一円五十銭増、約束花五円であった（『京都の花街』）。

この値段は、祇園に対抗するための苦肉のサービスと思われる。明治二十年ごろには、松本楼という大店が遊女と酒肴を三ランクに区分して、たがいに組み合わせるセットプランを考案している。遊女の方は、太夫が朝から昼まで五十銭、昼から暮までと暮から期《ご》までそれぞれ一円であった。これを「松」といい、「竹」は天神で同じく三十銭、八十銭、八十銭、「梅」の端女郎は同二十五銭、四十銭、五十銭とされた。酒肴の方は「花」三十銭、「月」二十銭、「雪」十銭で、「松」と「雪」、「竹」と「月」、「梅」と「雪」がセットになっていた（『京都の花街』）。

御一新前には、考えもつかなかった近代的発想で、それだけ合理化したとはいえ、島原の風格ついにここまで衰えたかと、慨嘆する古老もいたに違いない。

昭和三十三年の売防法施行で、遊女関係は業者も娼妓も一斉に消え、現在は芸者扮する「太夫」が、「かしの式」などを見せるだけである。

売春防止法による解散の直前、昭和三十三年末現在で業者六十六軒、娼妓百九十一人となっている。

祇園の象徴「都をどり」と「歌舞練場」

明治・大正・昭和の京都花街の代表は、島原にとって替わった祇園である。祇園は先ず「万亭」一力杉浦治郎右衛門ら指導者に人を得た。杉浦らは、京都における新政府の権力者槇村正直と親近した。槇村はもと長州藩士で、明治元年九月京都府出仕、二年七月京都府権大参事、四年九月京都府大参事、八年七月京都府権知事、十一年一月京都府知事となった男である。

槇村は、明治三年の東京遷都によって死都と化しかけた京都を復興させるため、全力を傾けた京都の恩人であり、同じ思いの杉浦らと意気投合したのである。単なる「権力と業者の癒着」とは無関係の、同志的結合と解釈すべきである。

槇村・杉浦コンビによる最初の傑作が、明治五年三月第一回を催行した「都をどり」である。第二回京都博覧会の附博覧《つけはくらん》という形で、新橋通東大路西入ル南側の「松之家」を会場として催されたこのショーは、伊勢の「古市おどり」にヒントを得た群舞で、舞方三十二人、歌方十一人、鼓《つづみ》四人、笛二人、太鼓兼鉦《かね》三人、大太鼓一人、計五十三人を一組とし、毎日組が交替して七組で一週間の興行を打ち、別に裏方その他を含め、舞芸子総計四百六十四人の動員であった。

このとき、舞踊振付および指導をしたのが、井上流三代八千代こと片山春子で、以後井上流は、それまでの篠塚流に代わって祇園町の芸となった。一方、この踊りの主題歌ともいうべき「唱歌都踊十二調」ができたが、これがなんと槇村府参事の作詩なのである。頭初部分だけ紹介する。

槇村は粋人知事として有名であったが、ところどころ文明開化調の入っているところがご愛敬である。

〽神風の届く地球の隅々までも　わけて都は明らけく治る年のいつゝめ（明治五年）はいよむつまじく七重八重　けふ九重に咲花の　弥生を開く初めにて　十重はたへとも群《む》れ競《きそ》ふ　名にし八坂のまが玉揃へ　色うるはしき朝霞　あつき情に薄化粧　何のかわらん瓦はいやよ　たまのお出の異邦人《コトクニビト》に　光り輝く初日の出見せて……

以後、大戦中を除いて毎年開催し、現在京都年中行事の一つに数えられているのは、衆知の通りである。途中観客の激増に伴い、新会場建設を計画、明治四十四年花見小路四条下ル東側、八坂病院移転跡地四千二百九十八坪二合五勺を社団法人祇園新地甲部組合の手で購入、大正二年三月十五日新築落成したのが現在の祇園歌舞練場である。純檜造り、舞台・客席計四百九十四坪に点茶席、待合席などを含め、総建坪一千三百余坪。

「女紅場への道」花見小路

その後、娼妓解放令の徹底、婦女職工引立会社の建設など、すべて槇村正直の指導のもとに京都花街のモデルケースとして、他に先んじて実行されていった。従って、これらに関する保存史料は、他遊廓と比較にならないほど多い。明治五年十一月二日付の『京都府史料』を見よう。

「下京第十五区（祇園）始メテ婦女職工引立会社ヲ設立シ、区内ノ娼妓等ヲシテ紅（工）事ヲ習学シ、婦道ニ趨向《すうこう》セシム。是ノ日、本府ソノ挙ヲ嘉称シ、為メニ区内、席貸遊女芸者等、各自総税ノ半額ヲ賜給シ、該社ノ助費金ニ充テシム。嗣後、各区ノ遊所、皆相倣《なら》フテ会社ヲ設立ス。本府乃《すなわ》チ毎区ニ賞給スルコト皆第十五区ノ例ノ如シ。後、各区、皆社号ヲ更《あら》タメ、遊所女紅場ト通称ス」

引立会社の場所は、前年「窮民産業所設立」の名目で府が建仁寺、蓮乗院、蓮華光院などに上地させた現花見小路四条下ル東側一万八千五百余年で、これを祇園町が一坪一朱の格安で府から払い下げてもらい、歌舞練場、療病院などを建て、一隅を女紅場とし、実習用の茶園、桑園、花園、製茶場、養蚕場まで設けた。京都花街の中では、もっとも恵まれた〝女紅場環境〟だったといえる。これも杉浦治郎右衛門らの手腕のおかげであろう。

この婦女職工引立会社が祇園女紅場と改称されたのが明治七年四月、さらに八坂女紅場となったのが同十四年九月で、同じ年十月、のちの祇園乙部歌舞練場となる美磨女紅場が祇園町北側の膳所裏にできている。

なお現在の花見小路が開通したのは、明治七年である。おそらく女紅場への便利のためと思われるが、一力の西側に南北の通りを設け、周囲は竹藪や荒地が多く、はなはだ殺風景であったので、道に桜の並木を植えて情緒を添えた。花見小路の命名者が、また府参事の槇村正直なのであった。

「駆黴院」から洛東病院へ

性病専門の京都駆黴院《くばいいん》というのがこの花見小路に立ったのは、明治十五年である。『京都府誌』によると、

「明治十四年十二月祇園の遊廓より、花見小路に於て四千四百坪の地所を寄附し、駆黴院敷地となさんことを請ひしかば、本府は之を許可し、直《ただち》に病院の新築に着手せり。十五年十一月京都駆黴院の新築なり、其の月二十四日開院式を挙行す。工費総額弐万七千三十五円三十壱銭八厘なり。茲《ここ》に於て仮駆黴院及療病院を閉鎖せり。三十三年四月入院患者に属する費用を食費薬価に至る迄《まで》悉《ことごと》く府費の支弁とす。此の年十一月京都駆黴院を八坂病院と改称し、京都娼妓検査所を併置す」

この八坂病院は明治四十五年清水四丁目に移転し、昭和三十三年まで娼妓の性病治療、予防に大役を果たしてきたが、のち一般総合病院となり、名も府立洛東病院と改められた。

良家子女のための女紅場
（旧九条別邸）

祇園新地婦女職工引立会社（女紅場）

七条新地婦女職工引立会社（女紅場）

図30　女紅場への道

祇園の分裂と盛衰

明治十九年、祇園町は二つに分裂した。京都府が府令第三号五業取締規則を適用して、祇園甲部と祇園乙部に分けてしまったのである。甲部は祇園町南側、膳所裏を除く祇園町北側、中之町、富永町、清本町、弁財天町、元吉町、二十一軒町、常盤町、橋本町、末吉町、川端町と林下町の一部、清井町の一部、それに宮川筋一丁目および下河原に属する鷲尾町、下河原町、月見町、上弁天町の計十九町である。また乙部は祇園町北側の膳所裏と林下町の一部、清井町の一部である。

これを地図で見ると、四条通以北の甲部の中に、東を除く三方を甲部に囲まれた乙部が独立した形となる。簡単に四条通の南北で甲、乙を分けたのではない。

両者の争いは、明治十四年春から始まっていた。明治五年十一月の府会(前掲)にもあるように、芸娼妓から取り立てた賦課金の半額が女紅場の経費として廓へ還付され、これが毎月二千円ほどになるが、実際は二百円ぐらいしか使わず、残りは積み立てていた。その積立金の使途があやしい、返金せよ、との声が北側の膳所裏から上がったのが発端である。十四年に、膳所裏が独自の美磨女紅場をつくったのも、このためと想像される。

府の断によって積立金問題は消えてしまい、以後甲部、乙部は独自の事務所(検番)、独自の歌舞練場を持って運営することになるが、甲は芸者の町、乙は娼妓の廓という色彩が濃くなり、このため共存できて現在に至っている(もちろん現在は乙部に娼妓などいない)。

大正元年八月、府によって祇園の地域改正が行われ、四条通、大和大路通に面する部分が廓区域から外された。表通りでの売春業は、文化都市として困るという考え方である。折りから四条通の拡幅工事が終わったところで、通りに面する一力はあやうく廃業になるところであったが、これは入り口を花見小路側に移すことで助かった。

甲に対する乙ではあまり嬉しくなかっただろうと思われるが、乙部はそれなりに独自の廓風を確立し、それなりに繁昌してきた。これには、明治三十三年府令によって貸座敷組合が設立されて以来取締まりを勤めてきた雪亭の主人小山友次郎(昭和十年八十一歳で没)の力が大きかったという(『亡くなった京の廓』)。

昭和十一年七月十日、祇乙は、永らくとだえていた祇園《ぎおん》会《え》の「ねりもの」を実行して識者の間に面目をほどこした。「ねりもの」は、祇園の芸者が歴史上の人物などに変装して、新地から八坂神社本殿へ参る行列のことで、旧幕時代から続いている祇園名物であったが、幕末の動乱で中止になり、維新後は数年に一度催されただけで、明治二十六年以来行われていなかった。この復活は、甲部の鼻をあかす意味でも壮挙であったが、あとが続かず昭和二十九年、三十二年、三十五年と行われただけで、ついに消えてしまった。

新しい歌舞練場兼組合事務所が完成したのは、昭和二十四年春である。総檜《ひのき》造りで、観客席は五百五十席である。これを記念して組合名を「祇園東新地」と改め、やっと「乙」の字を捨てた。同じ場所に、鉄筋コンクリート造りの会館を再建したのが、昭和三十三年三月で、地上三階地下一階、観客席千席である。このとき、組合名をさらに「祇園お茶屋組合」と改めた。現在、会館は秋の「祇園おどり」期間中を除いて、映画館として市民に開放されている。

「祇園おどり」は、昭和二十七年秋を第一回として毎年行われている。踊りの流派は、甲乙分離以来井上流にかわる藤間流である。

最後に、祇園には甲部、乙部のほかに一時丙部があったことに触れておかねばなるまい。『京都の花街』によると、明治十九年ごろ府の命令で二条新地が廃止されることになったとき、祇園清井町に遊女屋跡の空家があるのに目をつけた二条新地側が祇園甲部の組合と交渉し、二条新地の一部業者をここへ入れ、「祇園丙部」の名で営業した。のち「清井新地」とも称したが、明治二十一年二月祇甲に吸収され、丙部の名は消滅した。

現在祇園町は、京都随一の花街として両新地紅灯の美を競っている。

学問教育の地と化した二条新地

明治五年中年寄永井喜兵衛、副《そえ》年寄佐藤宗三郎が府へ提出した地図によると、新生洲町二十九軒、新先斗町四十軒、大文字町三十九軒、中川町二十軒、難波町八軒、杉本町十二軒の茶屋が営業していた。六つの町で計百四十八軒だから、京都屈指の大遊廓だった。

しかし実際は、それほど繁昌していた様子ではなく、この直後、業者二十八軒、娼妓十二人、芸者十一人という数字があり、この辺が実数であろう。従って現在の踏水会水練学校の南側に女紅場兼組合事務所を設けただけで、踊りを催すこともできず、祇園や先斗町に繁栄を奪われてしまった。

明治二十年、大阪にあった国の舎密《セイミ》局（化学研究所）が洋学校と名前を替えて京都へ移転してくることになり、吉田に本建築のできるまで二条新地女紅場を接収、使用した。洋学校は第三高等中学校と改められ、明治二十三年吉田へ移転、のち第三高等学校、さらに第二次大戦後の学制改革で京都大学教養部となり、現在に至っている。女紅場跡は京都薬学校となり、これが山科へ移転して現在の私立京都薬科大学になっている。

いずれにせよ、遊興の巷であった二条新地は、強引に学問の地とされてしまったわけで、当然、学生風紀の問題からこれまでの営業は不可能になった。洋学校転入と同時に、府は命令を発し「正業」に復するものは、そのまま居住してもよいが、遊女芸者関係で渡世したいものは八坂、下河原などへ移転せよ、と強制した。何軒が移転したかはっきりしないが、ここに二条新地は消滅した。

教育上の理由で閉鎖させられた廓は、ここだけであろう。いまは商店、住宅雑居の平凡な景観で、往時をしのぶ何ものも残っていない。

「北野をどり」を維持する上七軒

明治五年、中年寄沢田喜兵衛、副年寄沢村芳三郎から府庁へ提出した図面があるが、この廓に限り通り名、町名しか記してないので、維新直後に関しては業者の数すらわからない。しかし『京都坊目誌』によると、明治三十年代で、

「貸座敷業戸数毎年異動あり、最高三十五戸最少二十五戸、芸妓時々異動あり、最高六十五人最少四十人、娼妓三十八年初て置く、最大六人最少二人」

とあり、だいたいこの程度の規模だったと思える。

注目したいのは、明治三十八年初めて娼妓を置いたが、その数はきわめて少なかったということである。上七軒は、あくまで芸の町であって、その伝統は現在も固く受けつがれているのである。

また明治四十五年の数字「貸座敷二十九軒芸者六十四人、娼妓三人」も、この傾向をはっきり示している。芸を伝統としてきたのは、西陣旦那衆の影響であろう。この旦那衆は芸事に対する眼識が肥え、また祇園町よりも地元上七軒を愛した。遊里側が研さんに励まねばならぬのは当然であった。

ただし、この遊里は規模が小さい。戦後、芸者数は三十人前後、うち半分が中年以上の地方《ぢかた》である。昭和二十七年以来の「北野をどり」を維持するのは大変だったであろう。時には退職のOGも応援するらしいが、舞台に狂いはない。芸の力とチームワークである。

現在の上七軒歌舞練場兼組合事務所の北野会館（真盛町）は、北野天満宮一千年祭の明治三十五年四月、廓の独力で建てられた。それまで温習会などは、上立売浄福寺東入ルの岩上座で開いていたという。踊りの流派ははじめ篠塚

流、のち花柳流である。

七条新地と五条橋下の合併

この二つの廓がいつ合併したのかはっきりしないが、明治五年両廓から京都府へ提出した図面つきの「由緒書」で奇妙な点が発見できる。すなわち七条新地側が出した書面には、責任者として「下京十八番組中年寄本田六兵衛、添年寄草川儀兵衛」の名が見えるが、図面にはその名前がなく、一方五条橋下が出した書面には責任者の名がなく、図面に本田と草川が名を連ねているのである。

つまり、すでにこの明治初年の時点で、両廓は形式的には二つであっても、実質的には一つであると解釈できるのである。

さて、このうちの二つの図面によって業者数をかぞえてみると、七条新地が五十四軒、五条橋下が五十五軒である。地域的には、七条新地は七条通から完全に離れて上ノ口通以北に集中、正面通以南にあるのは五十四軒中六軒にすぎない。五条橋下の方は五条通に接し、このあたり東北から西南へ流れる高瀬川を挾んで、両廓はすでに一体化しているように見える。

大正期に入ると両廓の合併は確定的なものとなり、大正元年八月二十三日の京都府令第六号は七条新地の地域を、

「平居町（新寺町に沿った表側と同通以西を除く）、南京極町、聖真子町、八ツ柳町、岩滝町、早尾町、波止土濃町、菊屋町、高宮町、富松町（高宮町に面する表側）、平岡町（高宮町に面する表側及び菊屋町に接続する部分、その部分に面する表側）」

と規定した。この中には五条橋下遊廓が全部含まれており、これで五条橋下廓の名は消えた。

大正二年末現在で貸座敷二百五十六戸、芸者二十四人、娼妓九百四十五人（『京都坊目誌』）あるいは同年貸座敷二百三十八軒、芸者二十六人、娼婦九百六人（『京都市統計』）、いずれにせよ京都最大、全国でも屈指の大遊廓であった。

ただし芸者がいたのは昭和初年までで、以後は娼妓一本の街として発展し、昭和二十二年一月には全娼妓を会員とする七条新地巽会《たつみ》というのができ、初代会長は浜田弥佐子であった。自治、親睦、教養を目的として運営し、『都の華』なる月刊の機関誌も出している。その文芸欄に掲載された和歌一首を掲げよう。

「わが一生いかにか過さむおりふしに
　おもへばあはれ心ゆらぎて
　　　　　　　　　　　　　真弓」
（『亡くなった京の廓』）

昭和三十三年三月売春禁止法実施に伴い、全面廃業、業者の一部はカフェー、バーなどを中心とする「五条楽園」

歓楽街への変身をはかったが、現在では営業していない。

先斗町と「鴨川おどり」の復活

明治五年、下京六番組中年寄佐野清兵衛、添年寄吉田□助、同十二番組中年寄植村七兵衛、添年寄熊谷市郎兵衛連名で京都府へ提出した図面で数えると、営業の貸座敷業者は百八十六軒であった。

本来娼妓を主とする色町であったが、維新とともに芸者中心に転換し、明治五年春には第一回博覧会に協賛して「鴨川おどり」を催し、明治七年には自力で女紅場もつくった。ともかく積極的なところがよかった。「鴨川おどり」は会場がないので、四条河原町西入ル上ル、大竜寺前の千代廼《の》家《や》という寄席を借りた。

第一回は「都の賑い」という主題で、作詞は府勧業課長横井雅頌、振付は京舞の三世篠塚文三、三味線は杵屋六三郎、鳴物は杵屋万蔵が指導し、大好評であった。

明治二十八年二月、先斗町三条下ルの地に工を起こし、同十一月間口十八間、奥行十五間半、二百七十五坪の会館が完成、翠紅館と名づけて温習会場とし、十七年以来中絶していた「鴨川おどり」もここで復活した。昭和二年三月、鉄筋コンクリートづくりの近代建築に改築、先斗町歌舞練場として今も全京都市民に親しまれている。

最近はお茶屋建築が次々と姿を消し、けばけばしいネオンのバー、スナックがふえつつあり、一部の人々から深く惜しまれている。

水上勉が描いた「五番町夕霧楼」

祇園町などにならって明治七年女紅場を設けたが、いつか有名無実になったようである。大正元年八月、京都府によって指定された廓の区域は、上京区一番町の四番町に面した表側と、中立売通に沿った表側を除く四番町、それに五番町全部、白竹町、利生町全部、および中立売七本松以西、以北を除く三軒町であった。

明治末年ごろから全廓を東西二組合に分け、東を芸妓部、西を娼妓部と二面作戦でやってきたが、本来娼妓本位の廓であり、すぐ北には伝統の芸妓街上七軒もあるので芸妓の方は発展せず、昭和初年までに再び娼妓一本に戻ってしまった。

五番町のひびきが下級花街の印象を与えるというので、一時「北新地」と改めたが、市民はこれに乗らず、第二次大戦後「西陣新地」としたが、これも一般に親しまれず、ついに五番町のままで昭和三十三年の売春防止法を迎え、全業者廃業した。廓時代の暗い空気は、水上勉『五番町夕霧楼』によく描かれている。

「都おどり」総げい古（昭和37年、京都新聞社提供）

「都おどり」舞台（京都新聞社刊、「京都100年」から）

図31　「都おどり」のけいこと舞台

宮川町の遺した「京おどり」

ここも祇園町などと同様の経過をたどって、大正・昭和期を迎えるが、大正元年現在の業者三百二十九軒、芸者二百六十六、娼妓二百七十二人が昭和七年には業者三百余軒、芸者四百五十余、娼妓三百三十余人と芸娼妓が増加しており、営業が順調に伸びていることがわかる。

昭和初年のこの廓の特徴は「ダンス芸者」が多かったことで、昭和十二年ごろ、その数は百五十人にも達したという（『亡くなった京の廓』）。「義太夫芸者」というのも、ここの名物で、高度の技芸が高く評価されていた。

「京おどり」は昭和二十五年秋が第一回で、初め廓内の歌舞練場でやっていたが、二十九年からは四条南座を会場としている。踊りは篠塚流から楳茂都《うめもと》流へ替わった。廓内東側の新道通にあった歌舞練場は、明治十三年十一月に設けた宮川町女紅場の跡で、宮川筋四丁目東側にある現歌舞練場は大正五年四月の落成である。大戦中は大阪砲兵工廠の皮包工場で、終戦後は一時米軍用ダンスホール、キャバレーに徴用されていたが、二十五年七月返還された。

昭和三十三年の売防法で娼妓は全廃、現在芸舞子の街として健在である。

三本木の「清輝楼」変じて大学に

明治五年中年寄増田与吾八、添年寄谷出源右衛門名で京都府へ提出した図面に、業者の名と店の寸法が書いてある。上之町は山本清兵衛、奥田いく、中之町は山本長兵衛、神谷ゑい、常浅岩吉、南町は森田喜兵衛、谷出源右衛門（以上茶屋）と芸者置屋が南町に、松あい、岡田でん、北村はる、西村嘉兵衛、安藤まさ、井上勘助のわずかに十二人である。

構えの方は、例えば茶屋山本清兵衛が間口五間四尺、奥行二十間半といったぐあいに概して長方形で、平均して五間に二十間、百坪である。

いずれも次々と衰微し、明治九年ごろには遊所が消滅したと思われる（『亡くなった京の廓』）。

茶屋、芸者屋の他に芸者出入りの料理屋が六、七軒あったとみられ、その一つ清輝楼は明治三十三年中川小十郎がこの二階を教場として、京都法政学校（立命館大学の前身）を創立したことで有名である。

祇園に吸収された下河原

明治五年三月の第二回京都博覧会に、附博覧として「東山名所踊り」というのを出している。名題を「若菜草千代の寿」といったが、いつまで続いたか、どんな踊りだったのか、はっきりしない。

下河原の東一帯を真葛《まくず》ヶ原といい、これにちなんだ「まくづ踊り」というのが、古くから伝わっていたのを生かしたものだといわれるが、いずれにせよ、芸達者ぞろいのヤマネコ芸者集団だから、相当の舞台だったろうと想像できる。

しかし祇園と違って人数は少なく、明治十一年七月の『都乃花くらべ』では芸者十一人、義太夫二人、舞子六人、計十九人の名が見えるだけである。

しだいにさびれて、明治十九年の府令によって祇園甲部へ吸収されてしまった。

自然消滅した清水新地

明治三年三月、四丁目の水茶屋免許の女たちが「売女に紛敷《まぎらわしき》」渡世をしているというので問題になったが、「二条新地出稼」という伝統で正式に遊女屋営業が許可された。

ただこの廓は、辰巳新地と下河原に近接している小組織のため独自の力がなく、明治四年に芸者商社結成を届けながら、その後の運営が軌道に乗らず、明治六年廓が自然消滅した。

火災で姿を消した辰巳新地

明治五年、廓の中年寄平井甚右衛門、副年寄小沢権左衛門が京都府に提出した現状の絵図面によると、当時の業者は、東側の枡屋町に太田寅吉、飯田米吉、岡田為七、松山とみ、今江長兵衛、南側の上町に尾崎善吉郎、幣之内伊之助、藤原とく、鵜飼さと、平尾伍助、井上さく、星野熊吉、大橋勇三郎、西の下河原通南町に上村太七、山口勘助、和田新助、神田源七、田中宗兵衛、加藤喜兵衛、井上いしの二十軒が存在した。このうち十一軒が茶屋渡世、四軒が芸者召抱人、五軒が両者兼業であった。

明治六、七年ごろ、廓は消滅したが、火災で全焼したともいう。

住宅地に様変わりの白梅図子

明治三年四月、二条新地からの出稼ということで遊女屋渡世を公認されたが、規模は相変らず小さかった。明治五年中年寄芝山及兵衛、添年寄村上六兵衛が京都府へ提出した届け書の附図によると、新夷町通(中筋通)に沿って東側に北から三木まさ、三木清助、上田幸兵衛、小西ふさ、柳本光蔵、藤岡いう、蔵田音吉、森川長太郎、同西側には北から中嶋半治郎、西田志ま、織田幸三郎、大竹久兵衛、藤原いと、佐々木八五郎と続き、別に廓南縁の白梅図子北側に竹原たい、加納こと、と計お茶屋十六軒であった。

　この図面には、親切にも一軒ごとに店の寸法が書いてある。だいたい間口三、四間、奥行八間（二十四―三十二坪）といったところで、茶屋中島半治郎だけが間口四間五尺一寸、奥行十四間五尺二寸と、中ではズバ抜けて大きい。

　次々転廃業していって、明治七年ごろには完全に廓は姿を消した。いまは変哲もない都心の住宅街である。

壬生の終焉

　もともと京都ではもっとも手軽な、宿場の飯盛女みたいなのが愛宕神社参詣客を相手にするだけの廓だったので、御維新後も規模は小さく、明治五年壬生村庄屋永島幸之進と遊女屋惣代上田佐兵衛から京都府へ出した届け書によると、壬生寺の南側仏光寺通に沿って東から岩田太祐、岡本志茂、杉原久七、磯崎忠兵衛、新宮きゑ、大塚治兵衛、福井茂兵衛、西側千本通には藤田茂三郎、上田佐兵衛、中川喜太良、船越儀助、小沢吉三郎、高橋鶴と計十三軒の遊女屋があるだけだった（『京都府遊廓由緒』附図）。

　毎月二十一日の東寺弘法さん（千本通が東寺詣りの要路になっていたためか）と二十三、四日の愛宕詣で、それに四月から五月にかけて二十日間の壬生大念仏狂言の見物客をあてこんでいたようであるが、廓としての特徴が乏しく、明治十三年ごろには店も女も完全に消滅し、しもた街になってしまった。

消えた中書島・撞木町・墨染

　中書島には明治五年の記録によると、蓬萊橋筋を境として、西の西柳町に二十三軒、東の東柳町に三十六軒の業者がいた（『亡くなった京の廓』）。東柳町には、中書島の守護神である弁財天社（真言宗長建寺）があり、毎年七月二十三日の弁天祭には神輿の船渡御が周囲の水路を一巡し、芸娼妓の信仰が厚かった。

　大正初年京阪電鉄が開通して廓の南口に中書島駅ができ、京都市電伏見線もここを終点とするようになったので、廓は大いに繁昌した。客はもっぱら十六師団の兵隊さんで、それだけに格調よりは安直を売りものにした。昭和八年ごろで、貸座敷八十四軒に娼妓が四百人であった。店先に妓の写真を並べ、選んで登楼すると一時間に二円、午前零時から翌朝までが五〜七円、半夜というのがあって、これが四円であった。

　昭和三十三年、売春禁止法の完全実施を前にして、廓は二つに割れた。芸者だけの花街を維持してゆこうという業者と近くの京都学芸大（伏見区桃山）と京大宇治分校（宇治

表５Ｂ　売春防止法で消えた廓

	廃業前の数	
	業者	娼妓
七条新地	179	693
五番町	93	210
撞木町	9	40
中書島	58	183
島原	66	191

表５Ａ　明治大正年間に消滅した廓

	消滅の時期
二条新地	明治20年代末
三本木	明治９年ごろ
白梅図子	明治７年ごろ
墨染	明治末年
下河原	明治19年
辰巳新地	明治６，７年ごろ
清水新地	明治６年
五条橋下	大正初期七条新地に合併
壬生	明治13年ごろ

表５Ｃ　現在芸者街として営業中の旧廓

	平成２年現在の数		
	お茶屋	芸者	舞子
祇園町	112	95	22
先斗町	44	48	13
宮川町	43	46	17
祇園東新地	15	16	6
上七軒	14	18	4

火焔に追われる人びと

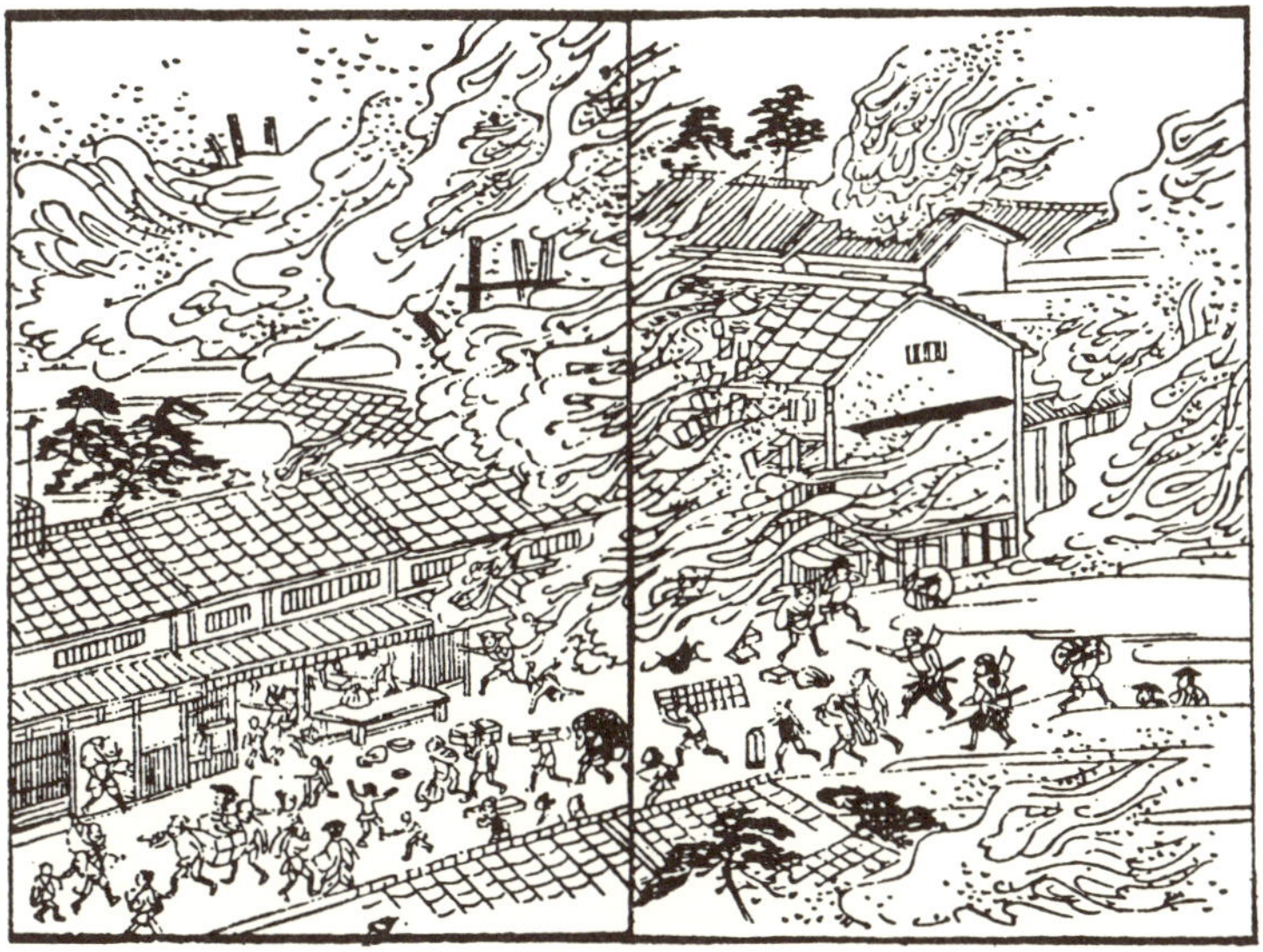

図32　消えた廓

市五ヶ庄）の学生をあてこんで下宿屋街に変身しようとする業者が対立したが、結局どちらも成功せず、ウヤムヤに一般住宅地と化した。なお中書島をリアルに描いた小説として廓の生まれで東大卒市会議員西口克巳の『廓』が有名である。

撞木町は、明治五年中年寄宇野又七、副年寄寺内市左衛門から京都府へ提出した現状絵図によると、業者は北の通りに面して西崎露吉、藤村嘉市、中島伊勢吉、西島茂右衛門、安田うた、清水巳之助、藤村六兵衛、坂本かじ、藤本半治郎、南北路の両替町通に面して三井善七、山本和兵衛、向井多賀、藤本喜助、萩森四郎吉、島崎岩吉、浅井虎吉、長谷川八三郎の十七軒であった。

江戸期に比べると勢がなく、明治・大正を何とか営業し続けて、昭和二十年ごろ一時三十軒ばかりになったが、また激減して、三十三年業者九軒、接客婦四十人で赤線禁止令を迎え、消えていった。

墨染は、明治五年伏見四番組中年寄宇野又七（撞木町と同一人）、副年寄寺門市左衛門提出の図面によると業者二十五軒であった。それが明治十一年現在で芸者三人、娼妓十一人とさびれ、明治四十四年の京阪電車開通で、さらにさびれた。街道を歩く人がいなくなったからである。やがて一軒、二軒と廃業、いつか廓は消え、現在は平凡な商店街となり、昔日の面影は全くない。

第五章　全国遊里案内

1　全国の有名遊所

延宝・元文の二十五遊所

「京（島原）の女郎に江戸（吉原）の太夫の張りを持たせ、丸山（長崎）の 夜具を着て 新町（大坂）の 揚屋で 遊んでみたい」（原文『好色一代男』）とは元禄期放蕩男の憧憬であり、各地の遊里 に それぞれ 特徴があったことを 現わしてもいる。では先ず、京都以外にどんな遊里があったか。

延宝六年（一六七八）刊『色道大鏡』中の「日本遊廓惣目」と元文三年（一七三八）刊『異本洞房梧園』の「諸国遊女町」とが、全国二十五か所の有名遊里を紹介している。多少順番の違いはあっても、二十五の地名は一致するので、明らかに誤りと認められる点（例えば肥前樺島を『洞房…』は薩摩としている）を訂正して、ここに紹介する。

順番は『洞房…』に従い、別に『色道…』による順番を各廓の頭初に付した。現代地名表示は、関係府県図書館の教示による。太字は京都関係である。

⑥武陽浅草新吉原（東京都台東区千束三、四丁目）
①**京都島原**（京都市下京区西新屋敷）
⑬大坂瓢箪町（大阪市西区新町一丁目）
②**伏見夷町**（しゅもく町とも）（京都市伏見区撞木町）
③**伏見柳町**（京都市伏見区南新地）
⑨奈良鳴川（木辻とも）（奈良市東木辻町、鳴川町、瓦堂町）
④大津馬場町（大津市長等一、二丁目）
⑤駿州府中弥勒《みろく》町（静岡市駒形通五丁目）
⑦越前敦賀六軒町（福井県敦賀市栄新町、金ヶ崎町、曙町）
⑧同国三国松下（福井県坂井郡三国町松ヶ下）
⑩同国今庄新町（福井県南条郡今庄町新町）
⑪泉州堺北高洲町（大阪府堺市北旅籠町東一、二丁目）

⑫同国同所南津守（大阪府堺市南旅籠町、南半町）
⑭摂州兵庫磯の町（神戸市兵庫区磯之町）
⑯石見温泉津稲町（島根県邇摩郡温泉津町稲荷町）
⑮佐渡鮎川山崎町（新潟県佐渡郡相川町会津町）
⑰播州室《むろ》小野町（兵庫県揖保郡御津町室津）
⑱備後鞆蟻鼠町（広島県福山市鞆町鞆道越町）
⑲芸州多太海（広島県竹原市忠海町）
⑳同国宮島新町（広島県佐伯郡宮島町新町）
㉑長門下関稲荷原（山口県下関赤間町）
㉒筑前博多柳町（福岡市博多区下呉服町）
㉓肥前長崎丸山町（長崎市丸山町）
㉔同国樺島（長崎市島町）
㉕薩州山鹿野（鹿児島県姶良郡横川町田町）

この二十五か所については、多少問題がある。

第一は『色道大鏡』と『異本洞房梧園』共通の原典があったかどうか、ということである。

第二に『洞房…』が『色道…』を写したのではないか、という疑問である。それにしては『色道…』が「近年断絶」としている肥前国樺島を『洞房…』が現存のように扱っていることにひっかかる。げんに後掲「昭和初年全国遊廓名」には、樺島は載っている。

問題点の第三は、全体的に西日本に偏重していることである。

第四に、祇園町など京都の多くの廓が抜けていること、などであるが、いずれも徹底的に穿鑿《せんさく》せねばならぬほどの問題ではあるまい。

なお『色道大鏡』は、この二十五か所のほかに、次の五か所を「遊女ありといへども、遮《さえぎ》りて（一般と隔絶して）遊廓を構へざれば、目録にこれを載《の》せず」との断り書つきで紹介している。参考までに付記しておくと、次のようなものである。

伊勢国桑名新町（三重県桑名市新町）
同国古市（三重県伊勢市古市町）
若狭国柳町（福井県小浜市飛鳥）
但馬国諸寄《もろよせ》（兵庫県美方郡浜坂町諸寄）
加賀金沢宮越《みやのこし》（金沢市宮越）

『牟芸古雅志』に出た高名遊所

『牟芸古雅志《むぎこがし》』に「延享二年（一七四五）細見の序」という文章がある。『異本洞房梧園』とほど近い年代の全国高名遊所の名が出ているので、次に紹介する。

「いにしえの奈良のみやこより木辻鳴川のながれたへず。いまの洛陽には島原といふ遊里あって、出口の柳にこしほそみをならひて京女郎と世に名高く、夫《それ》より遠津《とおつ》国々にわたり、長崎に丸山ありて唐人の寝ごとをきゝわけ、長州にはかみしもに関をすへて（上関、下関）往来《ゆきき》のなみまくらをなぐさめ、室《むろ》の日和待《ひよりまち》には、早咲の移り香をほのめかし、鞆《とも》に艫綱《ともづな》をとかんことをわすれ、難波の新町は揚屋のよしあしにたかぶは撞木杖の隠居と金財布《さいふ》の底を叩《たたい》て、駿府の二丁町にて足久保の飦《にはな》に一升酒の酔をさまし、潮来《いたこ》は銚子の盃、手まくらの馴染をかさね、元宮のさんさ時雨《しぐれ》には逗留を催し、坂田の伯母は被衣《かつぎ》姿に都ゆかしく、越の三国は玉屋新兵衛が無分別にその名をかがやかせり。なお五十三次のとまり〳〵、中にも岡崎は弾《にぎわ》ひの三味線に調子をあげ、吉田は客をまねく二階造りに甍《いらか》をならべ、大磯の化粧坂《けわいざか》はむかしの名のみ残れり。其余も所々に色里多しといへども、あげてかぞふるに足らず。只傾国の上品《じょうぼん》は花の東《あずま》の新吉原にとゞまりて、爰《これ》に類する土地を聞《きか》ず」

なんとも文意不明で恐れ入るが、各地遊所を読みこんだところがミソである。先の二十五か所にくらべ大分新顔の廓が出てくる。

天保の「遊所番付」

江戸も後期に入ると、諸国遊所の調べもすすみ、一枚摺《ず》りの番付が市販されるようになる。一例として天保十一年（一八四〇）版の『諸国遊所竗勈《みたてすもう》并ニ値段附《づけ》』というのをとりあげてみよう。大判の杉原紙一枚摺《ず》りで、発行所は大坂高麗橋三丁目の河内屋、収載遊所は全国二百一か所である。もう一つ同じころ板行された『諸国遊所競《くらべ》』も同一体裁で、これは二百七か所である。内容は大同小異で、どちらにも多少の誤りがある。

さらに『諸国色ざと直段附《あたい》』『江戸色里直附』『国々いろさとばん附並あたい附』など同種の刷りものが色々あり、これらを全部ミックスして、国名など明らかに誤りと認められる所を訂正したのが、以下の一覧表である。遊女の値段はここでは割愛したが、これで全国の遊所配置がわかると思う。

蝦夷（北海道）　松前江差　松前箱館町
陸奥（青森県）　青森　鰺《あじ》ケ沢　深浦
陸奥（岩手県）　鍬《くわ》ケ崎　八戸《はちのへ》湊　水沢　盛岡
陸奥（宮城県）　塩竈《しおがま》　山ノ目
陸奥（福島県）　磐城平潟　磐城湯元　岩之目　小山　郡山　白坂　須賀川　福島　本宮《もとみや》
出羽（秋田県）　秋田　秋田米町　酒田今町　能代湊《のしろみなと》　本庄
常陸（茨城県）　潮来《いたこ》　御室　水戸磐井町
下総（千葉県）　銚子　船橋

上野（群馬県）　伊勢崎　一之宮　倉賀野

下野（栃木県）　宇都宮　大田原　小山　喜連川　佐久山

江戸（東京都）　愛敬稲荷　赤坂田町　赤坂氷川　浅草馬道　浅草堂前　浅草溝店《どぶだな》　浅草万松寺門前　浅草三島門前　浅草柳下　麻布市兵衛町　麻布氷川　麻布藪下　安宅《あたけ》　板橋宿　市ヶ谷じく谷　市谷八幡　牛込赤城　音羽　亀沢町　金山　川岸通　小塚原《こつかっぱら》　こほり川　蒟蒻《こんにゃく》島（霊岸島）　さん田同朋町　下谷柳稲荷　品川宿　芝三田　芝神明前　新吉原　洲崎　世尊院門前　千住宿　大根畑（本郷新町家）　高井戸高稲荷　ぢごく　朝鮮長屋（浅草六尺屋敷）　佃町内藤新宿　直助屋敷　根津　八丁堀　深川網打場深川井の堀　深川入船町　深川大新地　深川大橋深川御旅　深川表櫓・裏櫓（矢倉下）　深川古石場（越中島）　深川向土橋　深川三十三間堂　深川新石場　深川新地　深川裾継　深川常盤町　深川土橋深川仲町　本郷丸山　本所入江町　本所回向院前本所御旅　本所弁天　本所松井町　本所吉田町　谷中いろは　山下　湯島新畠　湯島天神　よしだ　四谷鮫《さめ》ヶ橋　四谷新宿　六軒

武蔵（東京都）　八王子

武蔵（埼玉県）　熊谷　草加《そうか》

武蔵（神奈川県）　神奈川　川崎

相模（神奈川県）　浦賀　大磯　小田原　戸塚　平塚　藤沢

越後（新潟県）　出雲崎　今町　柏崎　下条　新潟

佐渡（新潟県）　金山　萩ノ浜

越中（富山県）　高岡　富山　伏木　水戸尻

加賀（石川県）　金沢卯辰　金沢東

越前（福井県）　今庄　今津　金津　敦賀　三国

信濃（長野県）　追分　神宿　坂本　善光寺

伊豆（静岡県）　三島

駿河（静岡県）　安倍川　江尻　蒲原《かんばら》　駿府　沼津　藤枝　鞠子　由井　吉原

遠江（静岡県）　新居　板倉　掛川　白須賀　浜松　見附

三河（愛知県）　赤坂　岡崎　御油　池鯉鮒（知立）　藤川　吉田

尾張（愛知県）　津島　宮

近江（滋賀県）　石部　大津柴屋町　草津　曽根村　土山　長浜　八幡　水口

京都（京都市）　今出川　内野新地　祇園新地　祇園前　祇園山　北野七軒　清水前　高台寺前　五条橋下　五番町　三韓寺　七条新地　島原　撞木町　白梅図子　墨染　檀王《だんのう》裏　中書島　縄手見世附　西石垣

二条新地　八軒膳所《ぜぜ》裏　東石垣　先斗町《ぽんと》　宮川町　八坂前

山城（京都府）橋本

大坂（大阪市）安治川　尼寺　編笠茶屋　生玉《いくたま》前　いろは裏　梅ケ枝　上塩津町　菊畠　北新屋敷　北寺町前　北の新地　高津新地　こっぽり　坂町　雑喉場《ざこば》　築地　真田山《さなだやま》　三軒家　島之内　勝曼《しょうまん》　新川　新宅　新堀　新町　新屋敷　曾根崎　大経寺前　玉造新宅　天神霊符　天満八軒家　天満霊符　どぐろ　富島　中町　菜種《なたね》御殿　難波新地　野漠《のぼく》　馬場先　髭剃《ひげそり》　堀江　羅漢前　六まんだい

堺（大阪府）戎島《えびすじま》　高を　高須町　乳守《ちもり》　南島　鑓屋《やりや》町

河内（大阪府）枚方《ひらかた》　召川（石川）

摂津（大阪府）池田

摂津（兵庫県）伊丹三本松　さび江　志んこ前　兵庫磯之町

播磨（兵庫県）うづら野　姫路　室の津

伊勢（三重県）石薬師　亀山　桑名　庄野　関　古市　山田新町　四日市

志摩（三重県）島羽

奈良（奈良市）木辻（鳴川）

備中（岡山県）吉槌前

備後（広島県）有磯　尾道　鞆《とも》

安芸（広島県）忠海《ただのうみ》　宮内　宮島大坂町　宮島御手洗　呼子島

周防（山口県）上之関

長門（山口県）下之関伊崎　下関稲荷町

讃岐（香川県）金毘羅《こんぴら》

筑前（福岡県）博多柳町

豊前（大分県）宇佐　中津　若津

豊後（大分県）鶴崎

長崎（長崎市）寺町　丸山　寄合町

肥前（佐賀県）塚崎

肥後（熊本県）山家《やまが》

2　京島原をモデルとした江戸吉原

葭原から吉原へ

江戸吉原遊廓については、実質上の首都における国内最大の遊所として文献がきわめて多く、京都とは一味ちがった伝統と文化と情趣を遺憾なく紹介した研究書が、それこそ汗牛充棟の有様であって、むしろ選択に苦しむほどである。細目はこれらの本に頼ることとし、ここでは概略史だけを紹介する。

江戸の地には、天正十八年（一五九〇）徳川家康入府以来、各所に遊所らしい町並ができ、とくに京都勢が進出してきた麹町八丁目へん（十四、五軒）、駿河府中弥勒《みろく》町から移ってきた鎌倉河岸へん（十四、五軒）、江戸人による柳町（二十軒ほど）などが有名であった。

ここに相州小田原北条氏康の旧臣庄司甚内（のち甚右衛門）は主家敗亡（天正十八年）ののち江戸柳町に寓居していたが、これら遊所の統合を計画し、奇計を案じて家康に近づき、しばしば請願を重ねたすえ、ついに元和三年（一六一七）条件つきの許可を得、翌四年十二月開業した。京都二条柳町の公許開業（天正十七年）より遅れること二十九年である。

このときの条件というのが、同じ元和三年京都六条三筋町に出された、いわゆる元和五ヶ条（第二章第5節）と全く同文で、幕府の遊里全国統制の姿勢が見てとれる。

幕府から与えられた土地は、現在の千代田区神田和泉町のあたり方二町で、蘆《あし》、葭《よし》の叢生した湿地を切り開いたので、葭原《よしはら》の名が残った。分散していた江戸中の遊女屋が集まって、江戸町、角町などの町名を名乗り、麹町にいた元京都勢は京町を称した。寛永三年（一六二六）葭原の字を吉《よし》原《はら》と改める。

剣の達人・武蔵と雲井のロマンス

この頃、河合権左衛門家抱えの雲井という局女郎が、かねて二刀流の達人宮本武蔵となじんでいた。寛永十五年（一六三八）春、筑前黒田侯に従って島原の乱鎮定に出征することになった武蔵が、いとまごいに訪れた。雲井は武蔵のためいそいそと立ち働き、自分の紅鹿子の小袖をほどいて裏地とした黒繻子《じゅす》の陣羽織を縫い上げ、青白縞模様の旗指《さし》物に緋縮緬《ひぢりめん》の袋（竹ベラをさしこむ布片）を縫いつけたのを添えてはなむけとした。

武蔵は意気揚々とこれらを身につけ、馬に飛び乗って出陣して行った。廓の人々が総出で見送り、その雄姿に感嘆せぬものはなかったという。ただし武蔵（一五八四—一六四五）は、このとき五十五歳で、少しトウが立ちすぎていたのが惜しまれる。

花魁の名称と格式

廓内はすべて京都を範とし、太夫、天神、囲《かこい》、端《はし》女郎の遊女の階級もそのまま踏襲したが、元禄年間（一六八八—一七〇三）禿《かむろ》らが関東弁で「おいらがのェねえさんが！」と称したことから「おいらん」が太夫の代称となり、のち花魁の字を当てた。なお太夫の称が吉原から完全に消えたのは宝暦年間（一七五一—一七六三）で、同時に、客は茶屋の案内で遊女屋に出向く茶屋制度に変わっていった。つまり江戸では、京坂には最後まで残った揚屋《あげや》が早くなくなったのである。

また、時代により天神以下の遊女を格子《こうし》、散茶《さんちゃ》、埋茶《うめちゃ》、五寸局、三寸局、並局などと呼んだこともあった。

振袖火事で全焼「新吉原」へ

さて、この吉原には、寛永七年（一六三〇）、正保二年（一六四五）、承応三年（一六五四）としばしば火災があり、ついに明暦三年（一六五七）の振袖火事で全焼したあと、周囲が市街化したこともあって、幕府の命令で浅草日本堤へ移転した。以後「新吉原」と称したが、いつか「新」が消え、昭和三十三年の売春防止法まで、吉原遊廓で通った。

新しい土地は旧葭原廓の五割増、二町に三町（七千七百七十六坪）（『花街風俗史』によれば百三十五間に百八十間、二万七百六十七坪）の広さで、江戸町、京町、角町のほかに揚屋町、伏見町、堺町と町名が増えた。周囲に堀、塀をめぐらし、北側に大門《おおもん》を設けた様式は前と同様、これも京都島原にならったものである。

最盛期とみられる元禄十四年（一七〇一）現在で揚屋十四軒、茶屋五十二軒、太夫四人、格子以下の遊女千七百九十人を数えた。同じ時期、島原は太夫三十八人、天神以下九百八十一人であったから、吉原の方が大衆的だったといえる。

吉原で名跡を競った遊女たち

有名遊女としては、高尾、総角《あげまき》（揚巻）、瀬川らの太夫がいるが、何代も名跡を襲っているので、複雑で実態をつかみにくい。

例えば三浦屋の高尾太夫は、六代ないし十代いたという

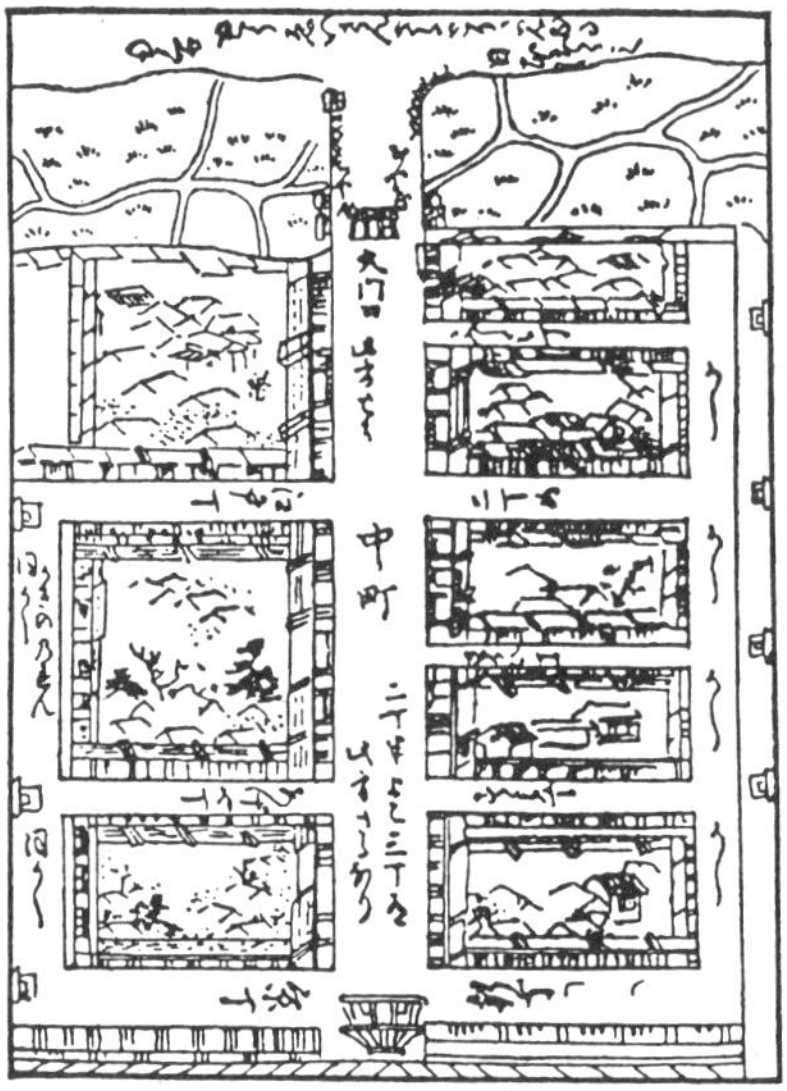

吉原廓中の図

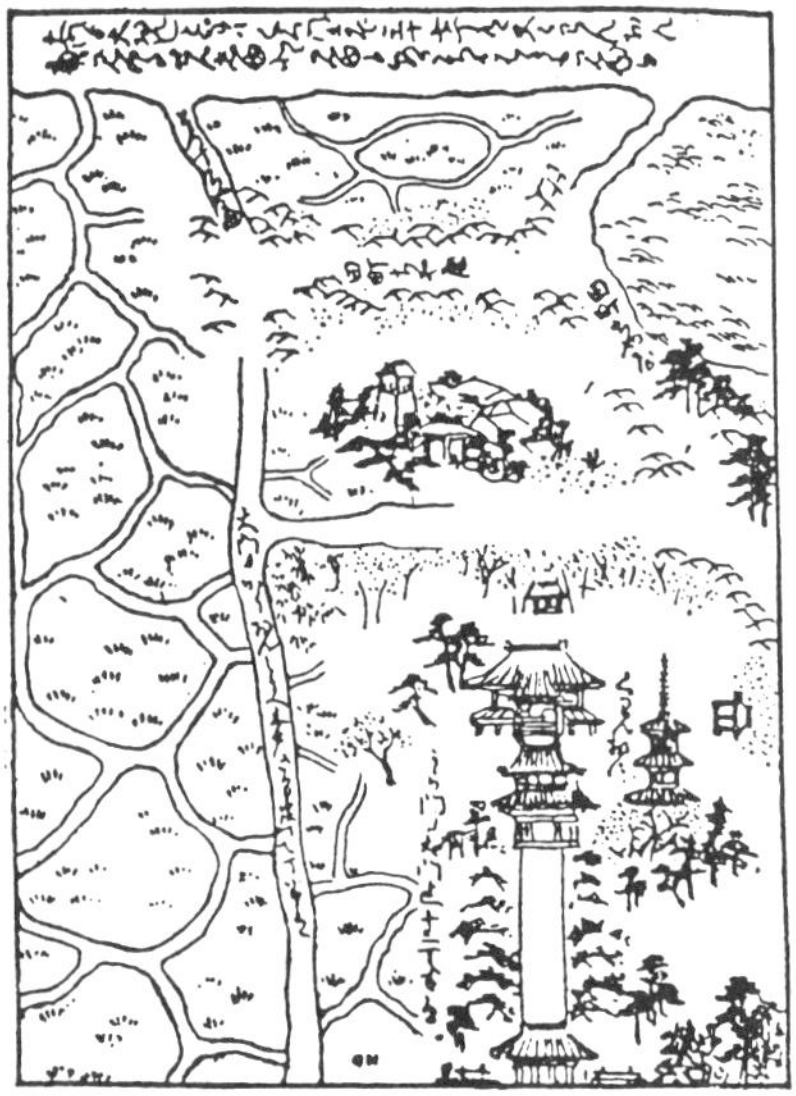

浅草観音の図（『傾城百人一首』より）

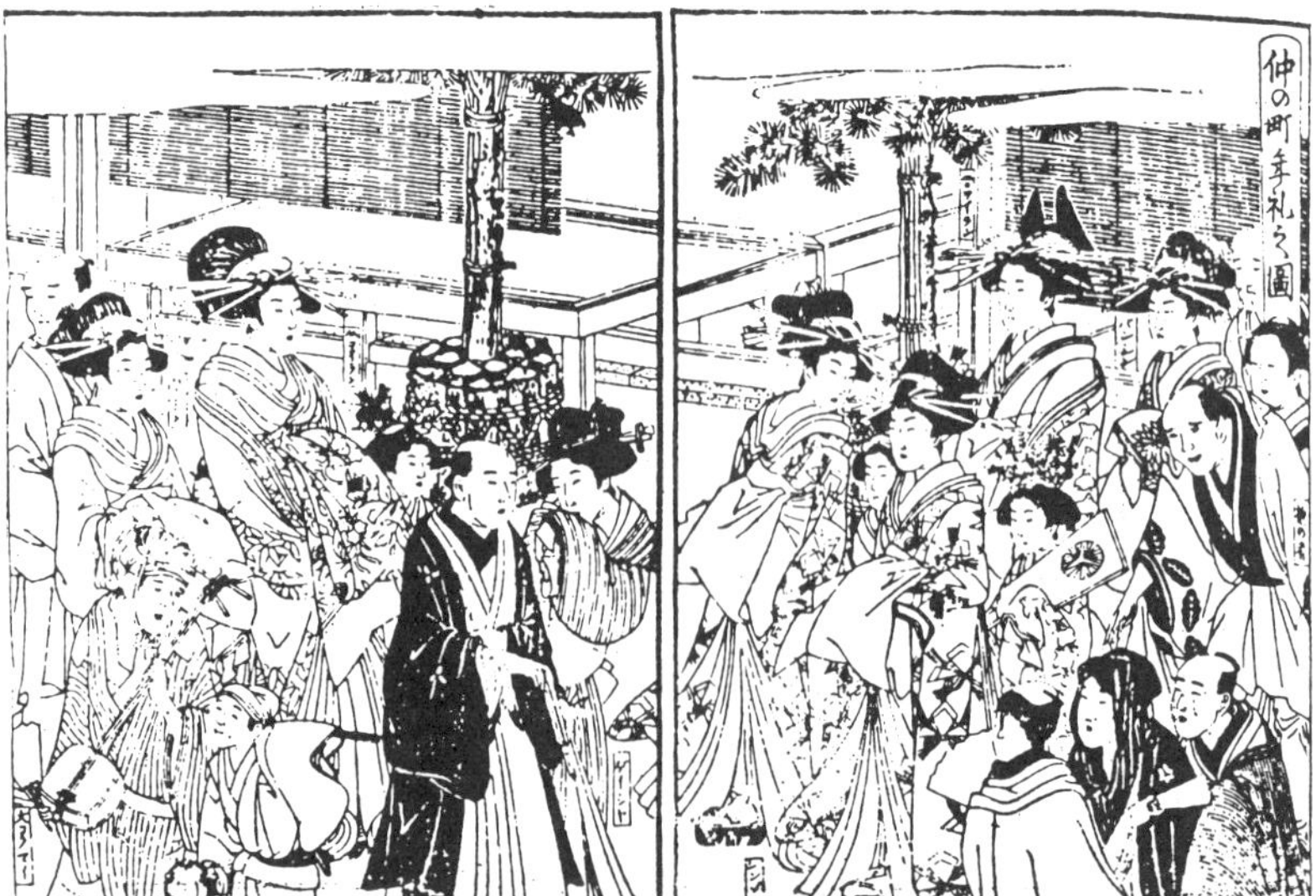

吉原仲の町（『青楼年中行事』より）

図33　京島原をモデルとした江戸吉原

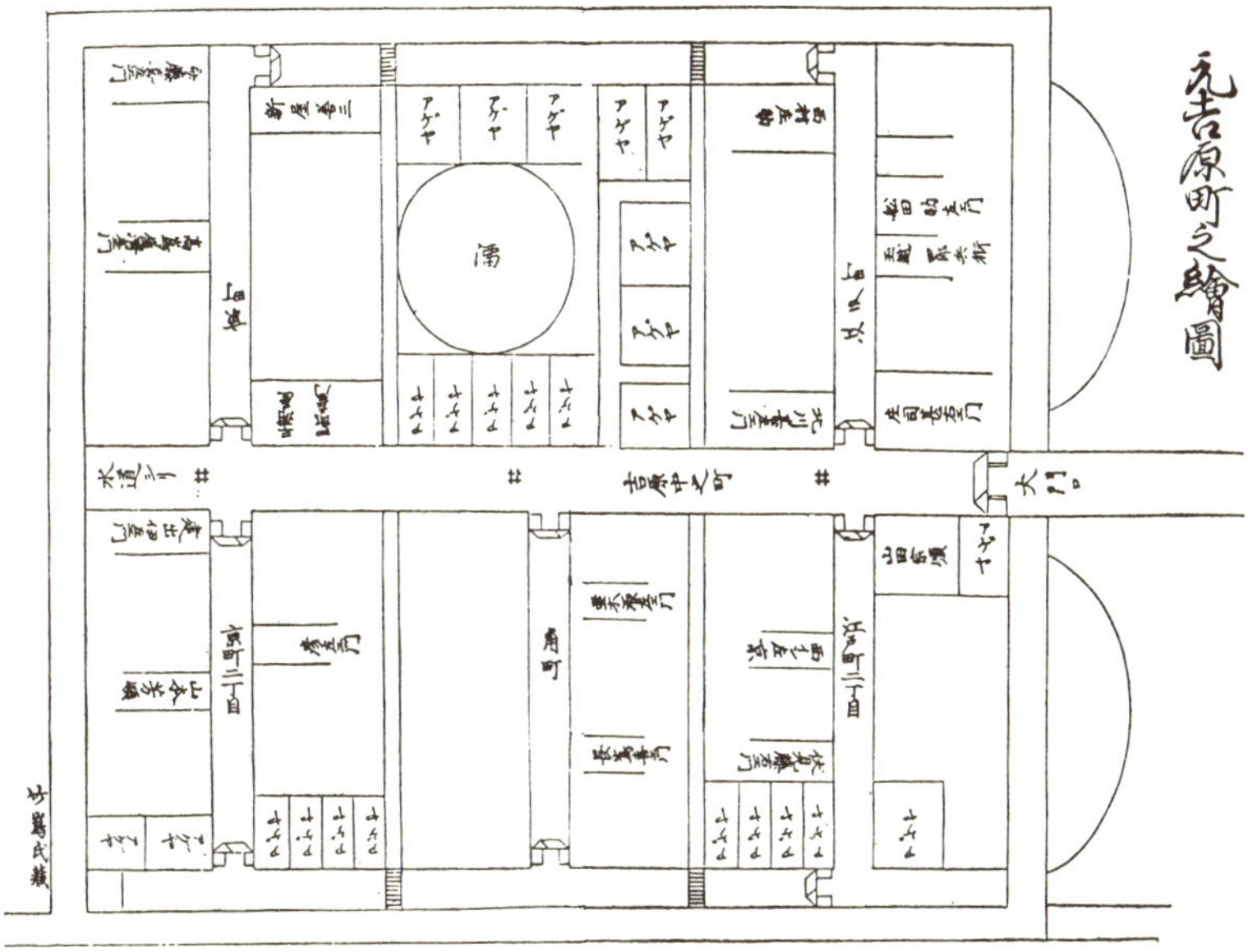

元吉原の絵図

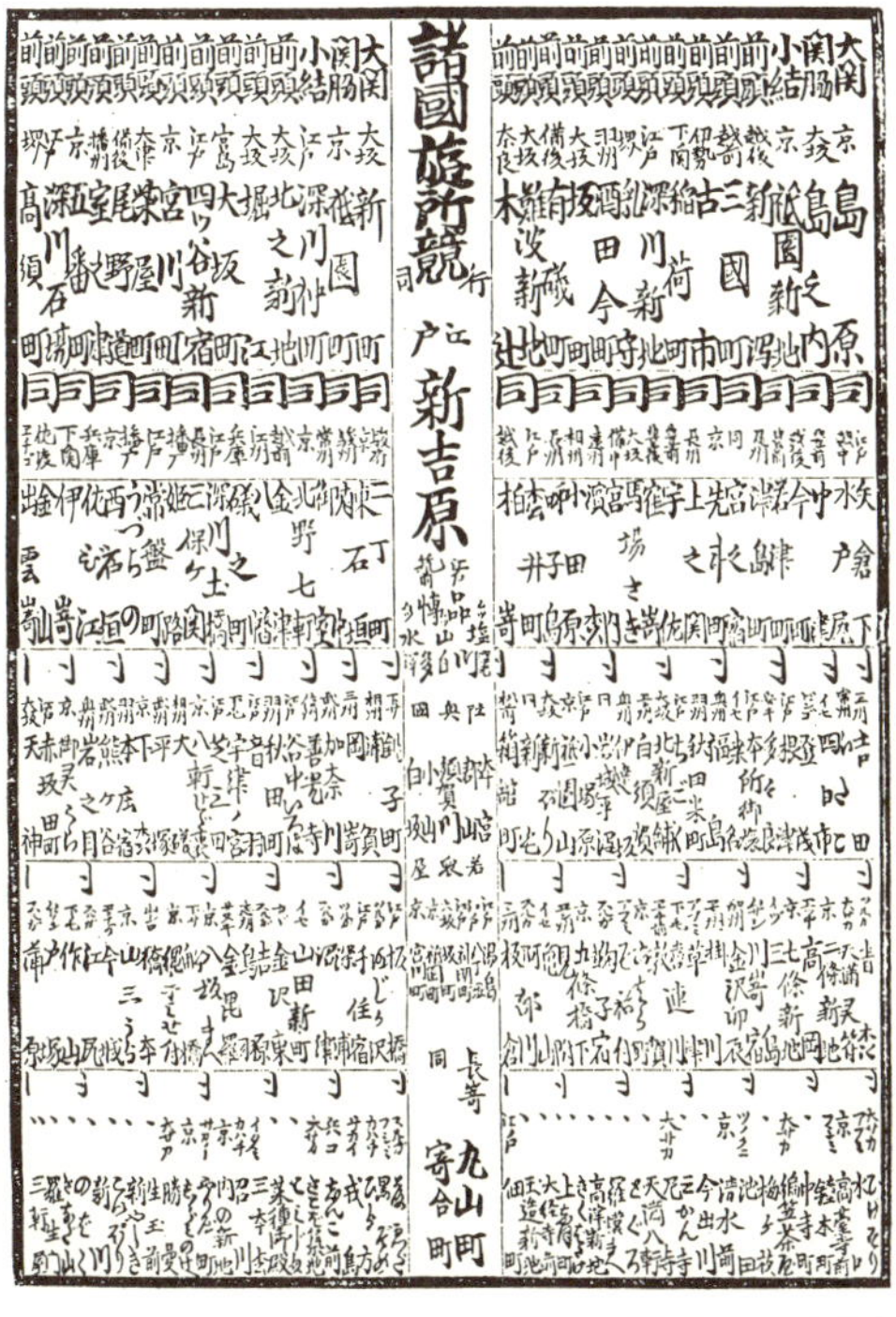

諸国遊所廓番附に出た江戸新吉原

浮名を流した剣豪宮本武蔵
（『瓦礫雑考』より）

図34　葭原から吉原→新吉原へ

のが定説で、とりわけ二代目の万治高尾（万治三年十二月二十五日没）が、すぐれて名妓の誉れが高かった。何代目かの高尾が仙台伊達侯に請け出されたあと船上で斬られたというのは虚構であるが、請け出されて仙台で奥向に仕え、享保元年（一七一六）七十八歳で死んだ高尾はいる（『兎園小説』『紙魚室雑記』『近世奇跡考』『卯花園漫録』など）。

揚巻も三浦屋抱えで、享保から宝暦（一七一六―一七六三）にかけて、三代はいたらしい。芝居の助六との話は、完全なフィクションである（『世事百談』）。松葉屋の瀬川太夫は宝暦（一七五一―一七六三）のころ、吉原随一の美人とうたわれ、諸学諸芸に秀でていた（『当世武野俗談』）。

ほかに大酒と玉菊灯籠で有名な万字屋の玉菊（享保十一年二十五歳で没）、文政五年（一八二二）「薄命一成飄泊身　菁葱楼上幾度春　迎歓強向花間笑　何日却逢感激人」という七言絶句を作った松葉屋の市川、延宝七年（一六七九）愛人平井権八の刑死に殉じた三浦屋の小紫など、絢爛《けんらん》たる江戸文化の一翼を受け持った吉原遊女たちは、まことに錚々《そうそう》たる女性群であった。

吉原へ乗り込んだ「京女」

こうした女性群の淵源が、京都から発したことを注目せねばならない。郡司正勝編『遊里・花街年表』（『国文学』九巻二号）によると、慶長年中「江戸城下に定りたる廓なく、京六条より来たる遊女屋、麹町八丁目に十六、七軒、駿河弥勒町より移ったもの鎌倉河岸に十四軒、大橋（京橋）の内柳町に二十余あり」、元和六年（一六二〇）「京および伏見の娼家、江戸葭原へ移り、京町二丁目をなす」などとあり、率先関東へ乗り込んで行った彼女らの活躍ぶりがしのばれるのである。

3　大坂の代表的遊廓・新町

「ひょうたん町」から「新町」へ

大坂の代表的遊廓新町も、島原、吉原と似た沿革を持つ。大坂伏見町という遊所に住んでいた木村又次郎なる人物が統一遊廓の設立を幕府に申請したのが、元和二年（一六一六）である。寛永元年（一六二四）に至って、現在の西区新町一丁目の地に四町四方（二万七百三十六坪）の許可を得たが、ここは芦の生い茂った湿潤の地で開懇が難渋、天満の遊女屋佐渡島与兵衛の協力で、寛永六年（一六二九）やっと整地を終え、開業した。京都柳町より四十年、江戸葭原より十一年の後輩である。

木村又次郎もまた元武家で、大坂城の勇将同姓木村長門守重成の乳兄弟だったという。豊臣秀吉が重成に与えた馬印の千成瓢箪《せんなりびょうたん》をさらに重成から賜り、これにちなんで新廓の一部を瓢箪町と名づけたが、市人は又次郎町と呼び、廓全体の名はのち新町に定着した。

上博労町、江口、新堀、阿波座、北天満、川口、三軒屋など大坂中の遊女屋が移転してきて、新堀町、新京橋町、佐渡島町、越後町、葭原町、九軒町などの廓内町名ができ、年とともに繁昌して行った。ここも、周囲は堀と塀で西側に大門があった。門はのち明暦三年（一六五七）東側にも開かれ、さらに寛文八年（一六六八）消防の便を理由に、所々に五つの門が設けられた。

新町廓の規模は元禄十年現在で揚屋二十八軒、茶屋四十九軒、太夫二十九人、天神以下の遊女七百九十四人で、京都島原よりは小さかった。

当代随一とうたわれた夕霧太夫

新町の著名遊女としては、承応ごろ（一六五二―一六五四）の木村屋の小太夫、同大和太夫、寛文年間（一六六一―一六七二）の木村屋越中太夫、佐渡島屋吾妻《あずま》太夫、扇屋夕霧太夫、元禄年間（一六八八―一七〇三）の松山太夫、狭衣《さごろも》太夫、宝永（一七〇四―一七一〇）の高円《たかまど》太夫らの名前が残っている。

特筆すべきは夕霧太夫で、はじめ京都島原にいたが、寛文十二年（一六七二）扇屋の大坂進出に随って新町に入り、人柄と容色、技芸で当代最高の太夫とうたわれ、延宝六年二十五歳で没した。夕霧・伊左衛門の情話は、延宝六年（一六七八）初演「夕霧名残正月」の作ったフィクションで、本ものの夕霧とは一向に関係ない。

小太夫は禿《かむろ》から上がって正保二年（一六四五）十四歳で太夫職となり、舞、琴、書道、和歌、漢学に長じ、ついには参禅までした才媛であったが、承応三年（一六五四）二十三歳で退廓している。

大和太夫は承応二年（一六五三）十四歳で太夫職となり、「顔容百千に勝り、姿貌《しぼう》窈窕《ようちょう》として古今に秀ず」という大変な美人であったが、万治二年（一六五九）二十歳で退廓し、四年後に死んだ。越中太夫は、揚屋入りの道中に歩くこともできないほど見物人が充満するので、抱えの木村屋の裏口を開け、流れに橋をかけて出入りしたほどファンが多かったという。また吾妻太夫は、摂津山本の富豪山崎与次右衛門に三百両もの大金で身請けされ、松山太夫は「椀《わん》

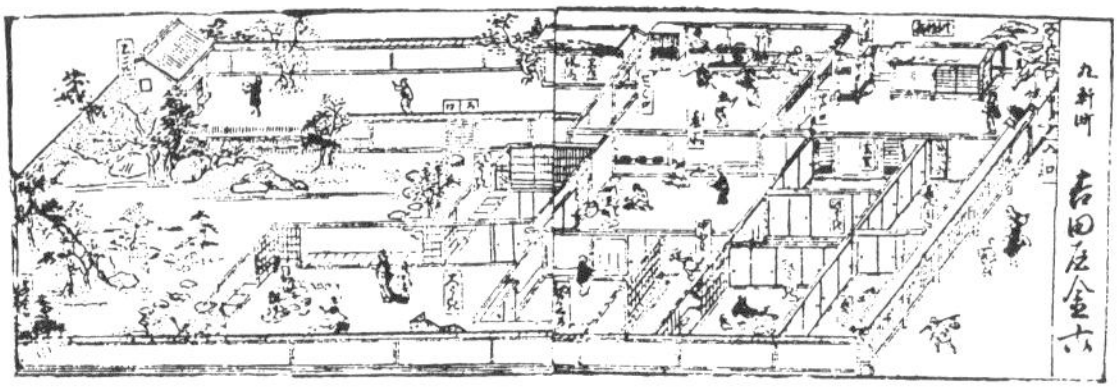

九軒町吉田屋金六とひょうたん町廓の図（『近世風俗志』）

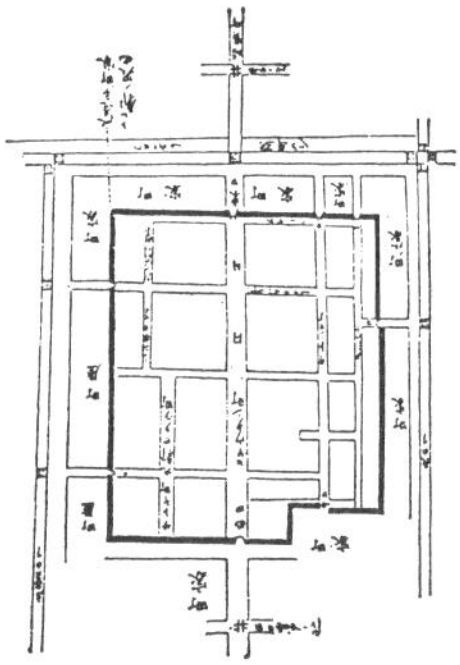

図35　大坂の代表的遊廓・新町　（『澪標』より，宝暦ごろ）

久末松山《きゅうすえのまつやま》」の狭衣太夫は「石井常右衛門」のモデルである。

4　名古屋城の創築と名古屋遊廓

反骨藩主・宗春の遊廓再建

名古屋の遊廓の歴史は、慶長十五年（一六一〇）名古屋城創築のため集まった莫大な数の男たちのため、家康がとくに許可して現在の本町・長者筋間、北は蒲焼町から南は広小路の間に娼家を集めたのがはじまりで、当時は「飛田屋《とびたや》町廓《ちょうくるわ》」と呼ばれていた。

その後、築城工事完了とともに存在の理由がなくなり、万治二年（一六五九）の大火で焼失したあと、再建が許されなかった。紀州出の八代将軍吉宗にことあるごとにタテついた尾張七代藩主宗春は、享保十七年（一七三二）遊廓再建を命じ、現在の中区山王橋付近に西小路廓、中区飴屋町に富士見原廓、中区不二見町に葛町廓が次々と生まれた。

東海一の中村遊廓

しかし宗春死後は代々禁制の方針に移り、元文三年（一七三八）以後はほとんど廃絶状態で、百化と呼ぶ私娼のみが生き残っていた。

安政年間（一八五四—一八五九）玉屋町の町人笹野屋庄兵衛が出願して許可をとり、日出町に「北野新地」が出現し「旭遊廓」とも俗称された。以後北野新地は栄々発展を続け、明治八年には西南側大須から堀川までを開発して移転し、明治四十一年茶屋百七十三軒、娼婦千五百八人を数えている。

大正九年さらに名古屋市西区中村（現中村区）の地に、三万一千六百二十坪を求めて整地、十二年四月移転を完了した。これが昭和三十三年春売春防止法によって消滅するまで、世に東海一の盛名を誇った中村遊廓である。最盛期の昭和十二年ごろで、業者は約百四十軒、娼妓二千人を数えた。（『中村区史』）

現在中村区日吉町、大門町、羽衣町などとなっている一帯で、数軒残っている壮大な廓建築が往時をしのばせる。

名古屋城　（戦災後再建）

わずかに往年の面影を残す

名古屋中村遊廓の跡

図36　名古屋城と中村遊廓の跡

5　百万石・金沢の遊廓

武家の入廓厳禁

百万石金沢の遊廓は、元和六年（一六二〇）浅野川に近い堀川町に遊女が集められたのが最初とされている。その後各所に非合法遊所が増え、町の風儀を乱すことが多くなったので、藩当局はしばしば禁令を発しているが、あまり効果はなかった。

藩が遊里設置公認を決定したのは意外におそく、文政三年（一八二〇）のことである。このとき現在の東山一丁目にできたのが旧東廓で、藩の統制は相当にきびしく、茶屋は上・中・下三ランクに分けられ、値段の格が定められていた。武家の入廓厳禁も、他地方に見られない制禁である。

金沢東廓に残された優雅な面影

文政七年（一八二四）藩士横山蔵人は遊廓公許反対を請願し、これを容れて天保二年（一八三一）廃止令が出された。しかし隠売女はふえる一方で、逆に弊害の方が目立ちだし、ついに慶応三年（一八六七）無期限公認が決定する。この経過は、京都や大坂と大同小異であった。ただ京都の島原のように公認廓が一か所残されている所に比べると、水のハケロが閉ざされる期間が相当長く、そのため業者や市民の運動が活潑であったと思われる。

いま東山地区の一画に残る旧遊里の面影は、他国の遊廓跡がケバケバしく変貌しているのに比べ、はるかに優雅である。これは金沢という都市全体の性格にもよるものであろう。

6　南蛮人相手の長崎丸山遊廓

古町から丸山町へ

長崎の丸山遊廓は、古く文禄二年(一五九三)ごろ博多の遊女屋恵美須屋《えびすや》というものが、南蛮人を相手に一もうけしようと企んで長崎に進出、古町遊里を開いたのがはじまりといわれる。その後、古町から丸山町に移り、さらに寛永十九年(一六四二)市中に散在する私娼営業を丸山の隣接地に集めて、「寄合町」の名で公許を得た。以後丸山町、寄合町と併称し、時には両方を合わせて「丸山遊廓」と称した。最盛時の元禄五年(一六九二)には千四百四十三人の遊女がいたという(『丸山遊女と唐紅毛人』)。

唐人とオランダ人相手に

丸山の特徴は外国人相手の遊女がいたことである。外国人は出島のオランダ人と唐人屋敷の中国人で、どちらも一定区画内の生活を強いられ、自由に市内を歩くことができない定めであったから、遊女の方からその区画を訪れることになっていた。

『丸山遊女と唐紅毛人』に、享保十六年(一七三一)から宝暦元年(一七五一)までのうちの六ヶ年の統計表が載っているが、これを平均すると、一年につきオランダ船の入港が二・三隻、唐船の入港が十九・三隻であった。これに対し、出島でオランダ人と接した遊女は、延べ一年平均三百八十七人で、その揚代が九千二百三十六匁であった。一方、唐人の相手をした遊女は年二万八十七人、その揚代は計十万二千五百九十三匁に上った。

要するに、何もかも唐人の方がオランダ人より圧倒的に多かったということであるが、これは当時の国際環境から見て当然とみなされる。

面白いのは、遊女そのものが日本行き(日本人向け)、唐人行き、阿蘭陀(オランダ)行きとはじめから分けられていたことで、遊女の格(容姿、値段など)も、①日本行き、②唐人行き、③オランダ行き、の順となっていた。日本人と同色人種の唐人はそれほどでもないが、碧眼紅毛の西欧人に対しては偏見があったと思われる。従って、公儀の命令で、しぶしぶオランダ屋敷へ行くのは売れ残りの最下等遊女で、そのくせ揚代《あげだい》は唐人行きの六倍、銀三十匁の高額であった。

若い日の蘭医シーボルト

遊女其扇

晩年のシーボルト

図37　シーボルトと長崎丸山の遊女其扇（長崎県立図書館蔵）

蘭医シーボルトのロマンス

以上は『丸山遊女と唐紅毛人』を基とした『長崎県の歴史』の記述によったのだが、『長崎随筆』はオランダ行き遊女の美しさを強調し、紅毛人との悲しい恋物語の数々を紹介している。

例えば、文化年間（一八〇四―一八一七）の加比丹《カピタン》ヘンドリッキ・ドーフと京屋抱え遊女爪生野、寛永年間（一六二四―一六四三）参府途中、遠州掛川で服毒自殺した加比丹ゲイスベルト・ヘンミーと油屋抱え遊女花の戸、アルベルトス・フランソイス・ロンベケと京屋抱え若沢、蘭館医師フィリップ・フランツ、フォン・シーボルトと引田屋《ひけたや》抱え其扇《そのぎ》等々が挙げられている。

なかでも其扇（楠本たき）は文政十年（一八二七）シーボルトとの間に女児いねを生み、この子がのち医学を学んで日本最初の女医となったことは有名である。高名な博物学者でもあったシーボルトの著『ニッポン』に愛人其扇の画像が載っているが、なかなかの理知的美人で、「オランダ行き」三流遊女とは、とうてい思えない。

〔付編〕花街風俗関係語彙小字典
―あいかた〜わりどこ―

凡　例

①この種の語彙集は、その語の使用された時代と地域を明示することが必要なのだが、十分にこれを果たすことができなかった。さらに補正を重ねたい。

②本文中に見出しを立てて詳述してある語は、その見出しの章節を示した。

③藤井宗哲氏編『花柳風俗語辞典』（昭和五十七年・東京堂出版）と足立直郎氏著『遊女風俗姿細見』（昭和五十一年・展望社）に拠るところが大きかった。深甚の謝意を表したい。

【あ】

あいかた（敵娼）　客の相手となる遊女。

あいねずみ（間鼠）　人妻が夫と納得づくで売春すること。

あいねま（相寝間）　一室を屏風などで区切って、複数の客を入れる下等遊所の構造。

あいのこ（合の子）　芸者と舞子の中間。

あおせん（青線）　赤線（公娼）に対し私娼。昭和二十年代の語。

あおのれん（青暖簾）　小屋の前に青ござをかけただけの下等私娼。

あおまめどき（青豆時）　早すぎる時刻に来る客を嘲っていう元禄ごろの京都遊里語。

あかいぬ（赤犬）　遊女の生理のこと。

あかかきおんな（垢掻女）　湯女の別称。

あかしばな（明し花）　午前零時以降の玉代。

あかすりおんな（垢擂女）　湯女の別称。

あがり（上り）　天神から太夫に、囲《かこい》から天神に昇格すること。降職のときは「おろし」。

あがりなまず（あがり鯰）　廓で財産をなくしながら、なおも無理して来る客。

あきがき（空き書き）　置屋が茶屋に見せる当日売れ残り芸者の表。

あきや（空き家）　目下《もっか》、旦那なしの芸者。

あくしょう（悪性）　多情淫奔な浮気男。

あげかし（あげ貸）　芸者、遊女が客と約束した日、その客の来るまで別の客の所におり、約束客が来ると断って、そちらへ回ること。

あげすて（揚げ捨て）　客が芸者・遊女と約束した日に行かず、

金だけはちゃんと払うこと。

あげそこ（上げ底）　病気予防などのため、遊女が局部に紙を詰めて客と接すること。「詰め紙」ともいう。

あげだい（揚代）　遊女を揚げて遊興する代金。

あげだま（揚玉）　芸者・遊女をつれて逃亡《ちょうぼう》すること。

あげづめ（揚詰）　芸者を買いきり、他の座敷へ行かせないこと。「揚切《あげきり》」「揚干《あげぼし》」ともいう。

あげや（揚屋）　→六章1節。

あげやがみ（揚屋紙）　遊女が客に手紙を書くとき揚屋からもらう半紙。転じて半紙のこと。

あさがお（朝顔）　寝起き芸者の化粧してない汚い顔。

あさこみ（朝込）　→六章4節。

あさづまぶね（朝妻舟）　中世琵琶湖東北岸水上売春婦の称。

あさづめ（朝詰）　夜半以後、夜明けまでの遊興。京都語。

あさどまり（朝泊）　朝登楼し、終日遊興後さらに泊まること。京都語。

あさむかえ（朝迎）　客と雑魚寝した芸者を、着換えを持った箱屋が迎えに来ること。

あしあらいおんな（足洗女）　宿場の宿で着いた客の足を洗う女。夜は娼婦化する。

あじさい（紫陽花）　よく情婦を替える芸者の蔑称。

あしさすり（足擦）　宿場の女按摩。売春兼業。

あしぬき（足抜）　遊女逃亡のこと。

あそびめ（遊女）　平安時代の遊女一般。

あねま（姉様）　羽前庄内地方の娼婦。北海函館でも、こう称した。

あひる（家鴨）　寛政ごろ、江戸深川新佃町にいた私娼の称。仙台でも称した。

あぶらむし（油虫）　①芸者、遊女らの間夫。②ひやかすだけの客。

あほのこ（阿呆の子）　越後岩室、柿崎へんの私娼の称。

あませ（尼瀬）　越後高田の私娼の称。

あまで（尼出）　尼姿の私娼。

あまのこ（海人の子）　奈良時代の遊女の異名。のち近江粟津の私娼もこう称した。

あやめこ（渓女）　肥前で私娼の称。

あらいはり（洗い張り）　京都先斗町で一度引いた芸者が二度の勤めに出るをいう。

あらかわ（新皮）　廓へ来た童貞の男子。

ありころ（あり転）　不見転《みずてん》芸者の別称。

あわもち（粟餅）　長崎若松島私娼の称。

あんどんべや（行燈部屋）　妓楼にある暗い物置き。成績の上がらぬ遊女や金の払えない客を閉じこめるのに使った。

あんにゃ（姉・艶女）　伊勢の私娼の称。

あんにょう（阿娘か）　長崎で遊女の称。

【い】

いあんふ（慰安婦）　→四章2節。

いかいぎせいしゃ（いかい擬勢者）　遊女に対し歌え踊れと権《けん》柄《ぺい》づくで接する客。

いき（意気）　勝気な気概。江戸の遊女に多く、京女は劣るといぅ（『色道大鏡』）。

いたがしら（板頭）　成績筆頭の売れっ子遊女。吉原では使わなかったらしい。

いたち（鼬）　色男。京都祇園町用語。

いちこ（市子）　巫女《みこ》くずれの売春婦。

いちにちがい（一日買）　一個人の財力で全遊廓を一日買いきること。紀伊国屋文左衛門が吉原を総仕舞したことありといぅ。

いちやづま（一夜妻）　遊女全般の異名。

いつづけ（居続け・流連）　二晩以上同じ妓楼で遊びつづけること。

いっぱい（一杯？）　性行為の一回分。

いやきゃ（弥花）　美人遊女の讃称。吉原用語。

いれかた（入方）　箱屋のこと。大阪用語。

いれずみ（入墨）　→十章4節。

いろざまし（色ざまし）　遊女が局部の傷を茶の煮立て汁で塗り隠してしまうこと。

いろなし（色無し）　芸者が歌舞の芸だけ披露して客と寝ないこと。

【う】

うかれめ（浮かれ女）　古代以来の遊女の総称。

うきみ（浮き身）　越後蒲原《かんばら》の私娼の称。

うけたまわり（承り）　芸者が客の遊興費を立て替えること。

うし（牛）　伊豆下田辺の私娼の称。

うじむら（宇治紫）　茶を宇治、醤油を紫と呼ぶなどキザな嫌われ遊客のこと。

うちかえ（打替）　遊女が客の相手をしているときに馴染客が来た場合、前の客を言葉たくみに帰して馴染客を招き入れること。

うちどめ（内留、内泊め）　遊女を揚屋へやらず、置屋内で客と会わせること。

うちふし（打臥）　戦国時代、白拍子から転落した私娼のこと。

うつりかえ（移り替え）　六月五日と十月五日の遊女の衣がえのこと。自前の衣装で、仲居や男衆に祝儀もやるので、馴染客は大変だった。

うなる（唸る？）　豪勢に遊興すること。

うにみ（うに身）　信州上田の私娼の称。

うねめ（釆女）　古代宮中に奉仕した下級女官だが、いつか娼婦化していった。

うめちゃ（梅茶）　江戸吉原で元禄ごろ局女郎に代わって出現した中堅公娼。「埋茶」とも書いた。

うめばちげいしゃ（梅鉢芸者）　江戸湯島天神下芸者。天神の紋章からこう呼ばれた。

うらをかえす（裏を返す）　「初会」につづき、同じ遊女を二度目に訪れること。

【え】

えびすばこ（恵比須箱）　島原の端女郎が客から受け取った遊興費などを一時保管しておく細長い木箱。

えりかえ（襟替え）　赤襟の舞子から白襟の芸者になること。

【お】

おいらん（花魁）　→五章2節。

おうらいげいしゃ（応来芸者）　すぐに「オーライ」と承知する売春芸者。

おおもん（大門）　→三章2節。

おおよせ（大寄）　大勢の客が遊女多数を招いて、にぎやかに宴遊すること。

おかばしょ（岡場所）　吉原以外の非官許の江戸の遊所。

おかみん（？）　紀州本宮の元巫女系私娼。

おきや（置屋）　→六章1節。

おけぶせ（桶伏）　遊興費を払わない客に大桶をかぶせる私刑。江戸初期、吉原だけの風。

おしげり（？）　閨中で客と遊女がむつまじく語り合うさま。吉原語。

おしゃま（？）　芸者のこと。関東語。

おしゃめ（？）　東北米沢の私娼。

おしゃらく（？）　陸奥南部地方の私娼。

おじゃれ（出女）　東海道宿場私娼。

おしょく（お職）　稼ぎ高最高の遊女。

おちゃづけ（お茶漬け）　芸者、遊女が馴染客以外と寝ること。

おちゃら（？）　長崎地方の私娼。

おちょぶね（お千代舟）　宝暦ごろ江戸にいた美人お千代に由来し、水上私娼を指す。

おちょぼ（おゝ）　大坂遊里下働きの少女。

おっくら（？）　上州妙義山辺の私娼。

おとこし（男衆）　箱屋、下男など遊里雑役の男性を大坂でこういう。

おどり　→四章3節。

おどりこ（踊子）　芸者の前身。元禄ころ、町家の娘が他家の宴会で踊ったのが始まりという。

おば（小母、姥）　秋田。山形の私娼。

おばけ（お化け）　節分の日、芸者が仮装して座敷へ出ること。主として関西。

おはめ（？）　よくしゃべる芸者のこと。

おまつり（お祭り）　芸者の生理。

おやえ（お八重）　梅毒の隠語。

おり　妾あがり、腰元あがりなどの「あがり」の意。芸者・遊女の前身を示す上方語。

おろし（下し）　太夫から天神へ、天神から囲《かこい》、端女郎《はしじょろう》への降格を示す上方語。

おろせ（卸せ）　→六章3節。

おんちま　芸者の異称。

おんにゃ　伊勢古市地方の私娼。

おんば（おん負？）　芸者と客の恋の仲立をしてやるその姉芸者、女将。京都語。

【か】

かがめ（加賀女）　室町時代京都の私娼。

かくしばいじょ（隠売女）　島原・吉原以外の非公認娼婦の総

称。当局側の用語。

かくせいかい（廓清会）　→四章2節。

かけおち（駈落）　→六章3章。

かけだす（駈け出す）　めざす遊女のかわりに、他の女が来たのを怒った客が帰ってしまうこと。吉原用語。

かげようじ（陰用事）　生理で芸者が休むこと。

かこい（囲、鹿恋）　→六章2節。

かごまわし（駕廻し）　長州萩の私娼。

かさどめ（傘留）　最全盛の太夫のこと。太夫道中で多くの太夫が男衆に傘をかざさせながら歩くとき、その最後になる。

かし（貸し）　→六章4節。

かしあみがさ（貸編笠）　→七章4節。

かしざしき（貸座敷）　妓楼のこと。明治五年十月の娼妓解放令以降の称。

かしじょろう（河岸女郎）　吉原局女郎の後身。明和以降の称。

かしのしき（貸しの式）　→六章4節。

かせ（加世）　室町時代京都の娼婦。

かそう（火葬）　次の恋人ができた遊女が、前の男の名の入れ墨を灸で焼き消すこと。

かつらめ（桂女）　室町時代、京都西郊桂出身の売春婦。

かぶら（蕪）　色道初心者。味がまだ頼りない。

かぼちゃ（南瓜、家亡女）　越後新発田地方の私娼異名。

かまばらい（釜払い）　江戸時代の祈禱師兼売春婦。

かみあらいおんな（髪洗い女）　元禄—享保ころの大坂湯女の異称。

かみきり（髪切り）　→十章4節。

かみすきおんな（髪梳女）　元禄—享保ころの大坂湯女の異称。

かみばな（紙花）　現金祝儀のかわりに渡す紙。あとで金に換えられる。関西の風。

かむろ（禿）　→六章2節。

かむろたち（禿立）　禿が遊女に一本立ちすること。

かめのこ（亀の子）　早々と布団に入って遊女を待ちかまえている野暮客の蔑称。

かも（鴨）　広島地方の私娼。

かゆうきん（荷擾金）　遊興に附随する飲食代、炭代などの雑費。妓楼語。

からっぱき（空っ掃き）　雨風などで遊里全体に客足がないこと。

かりたく（仮宅）　遊廓火災のあと許可を得て廓外で営業する、その仮妓楼のこと。自由な空気が喜ばれて繁昌した。吉原、島原とも例があるが、大坂新町はその記録なし。

かるこ（軽子）　妓楼の下働き下女。

かわたけ（川竹）　浮き沈み定めない遊女の身を川面《も》に揺れる細竹にたとえた語。別に平安期の水上遊女を指すこともある。

かんつ（燗摑）　信州松本地方の私娼。

かんどうばこ（勘当箱）　島原で駕籠のこと。親不孝な乗り物という意味。

がんなべ（雁鍋）　奥州津軽、大鰐の私娼。

がんのじ（雁の字）　北海道で私娼のこと。

かんぴょう（干瓢？））　若狭敦賀《つるが》の私娼。

【き】

きざるこ（木奇子）　上野国木崎の私娼。

きたむき（北向）　→六章2節。

ぎだゆう（義太夫）　義太夫を得意とする芸者のこと。祇園町に多かった。

きぬぎぬ（後朝）　一夜を共にした男女が、朝別れること。また、その時刻。

きね（木根？）　紀州熊野地方の私娼。

きぶし　熊本地方の私娼。

きもいり（肝煎）　→六章2節。

きゃくいろ（客色）　旦那持ちの芸者に惚れられ、貢いでもらう客。

きゃくどめ（客止め）　旦那がいるため、芸者が他の客の言い寄りを断ること。大阪語。

ぎゅうたろう（妓夫太郎、牛太郎）　妓楼の店先に立って登楼をすすめる雇い人。

きょうじゅんれい（京順礼）　寛文—宝永のころ、京都の私娼が集まって洛陽三十三か所参りしたことをいう。同じころ江戸では「江戸巡礼」があった（『足薪翁記』）。

ぎょくちょう（玉帳）　芸者、遊女の稼ぎ高を記した業者の帳面。「入舟帳」ともいう。

きり（切）　切見世での短時間の売春。またその売春婦。一切百文では時間不足で、たいてい二倍、三倍払うことになる（『近世風俗志・娼家』）。

きりぎりす　遊女が格子の向こうから客を呼ぶ風景を虫籠に譬えた。吉原語。

きりみせ（切見世）　吉原下級遊女の居住区兼営業場。長屋形式の間口四尺五寸程の一軒ごとに妓一人。

きんぎょ（金魚）　舞子、半玉。かわいいが食べられない。

きんちゃく（巾着）　売春婦の別称。

きんねこ・ぎんねこ（金猫・銀猫）　江戸本所回向院《えこういん》前の私娼群。

【く】

くぐつ（傀儡子）　→一章1節。

くぐつ　越中地方の私娼。

くさ　博多の私娼。

くさや（臭屋）　江戸の私娼。味がよい。

くさもち（草餅）　餅売り兼売春婦。下総葛飾地方から遠く信州、東北地方に及び、東北では「くさもづ」と訛《なま》った。

くぜつ（口説、口舌）　惚れた同士の口げんか。江戸、上方とも。

くつわ（轡）　→六章1節。

くねんぼ（九年母）　近畿地方私娼の称。

くらがえ（鞍替）　芸者・娼妓が他の土地、廓へ移籍すること。「住み替え」ともいう。

くりだし（繰り出し）　お座敷のかかってない芸者。京都上七軒の用語。

くらや（蔵屋）　元禄のころ京坂にあった私娼宿。

くる　「こくる」と同義。女が男にひきつけられること。
くるわことば（廓言葉）　→六章7節。
くろぎつね（黒狐）　遊女のこと。
くろぬりおんな（黒塗女）　京都、江戸下谷の、どちらも私娼の称。
ぐわち（瓦智）　一見かしこそうだが、実は「粋」の境地に到達できぬ中途半端な男。

【け】

けいあん（慶安、慶庵、桂庵）　→六章2節。
げいしゃ（芸者）　→二章7節。
けいせい（傾城）　→六章2節。
げいだい（芸代）　新潟で芸者の花代。
けいどう（警動）　当局の私娼手入れ。
けころ（蹴転）　江戸の下級私娼一般。
けしずみ（消炭）　江戸妓楼の若い衆。
けしょうもの（化粧者）　公娼、私娼全般。
げた（下駄）　羽後土崎の私娼。
けちぎり（仮契）　局女郎、端女郎の別称。
けちょう（化鳥、怪鳥）　加賀の私娼。
けてん（蹴転）　佐渡の私娼。
げん（玄）　医者、僧侶の隠語。
げんさい（幻妻）　関西で売女のこと。
げんじや（源氏屋）　売春宿への案内人。
けんたん（契短）　四国で私娼の意。
けんどん（喧鈍）　吉原下級女郎の一。
げんはく（元伯）　酔って吐瀉する客。
げんほ　奥州津軽地方私娼の称。

【こ】

ご（期）　夜の九ッ刻。午前零時。遊興代の一切れ目としてよく使われる。
こあげ（小揚げ?）　島原で駕かきのこと。
こうえんげいしゃ（公園芸者）　東京浅草公園五区の芸者。
こうし（格子）　吉原娼格の一つ。京坂の天神にあたる。
こうしいろ（格子色）　登楼する金がなく、格子を隔てて愛する遊女と会う男。
こうだい（香台）　遊女のお尻のかっこうのこと。「香台つきよきのあしきの、などいふ」（『色道大鏡・名目鈔』）。
こう・ぶこう（功・不功）　→六章4節。
こおり（氷）　売春芸者の別称。
こかたや（小方屋、子方屋）　芸者・遊女の置屋。上方語。
ごぎょうち（五業地）　料理屋、旅館、芸者屋、待合と妓楼のある花街。
ごけ（後家）　北海道の私娼。
こじょしょう（小女性）　長崎の私娼。
こじまじょろ（児島女郎）　筑前博多で私娼の称。
こしもとで（腰元出）　腰元の姿をした私娼。実際はあやしい。
ごぜ（瞽女）　三味線の門付けと売春で流浪する盲目女。東北・越後に多かった。

こったい　島原太夫の別称。

こづま（小夫）　娼妓の情夫。

ごどまり（期泊り）　期（午前零時）に登楼して朝まで遊興すること。

こども（子供）　娼妓、女郎。

こばな（小花）　客が遣手《やりて》、仲居にやる祝儀。

こぶまき（昆布巻）　帯を解かずに客と接する切売り売春芸者。江戸・地方とも。

こま（高麗）　平安時代遊女の一。半島からの渡来であろう。

こめろう（小女郎）　最下級遊女の一。

こもかぶり（孤被り）　越後の私娼異名。

ごらいごう（御来迎）　金持客の到着。

ころす（殺す）　客に金を使わせること。

ころびげいしゃ（転び芸者）　売春芸者。

ころびもっきり　越後の私娼。

ころもがえ（衣替え）　→六章6節。

ごんくろう（権九郎）　間ぬけ者。阿呆《あほう》。

こんにゃくげいしゃ（蒟蒻芸者）　江戸霊岸島（蒟蒻島）の芸者。幕末期栄えた。

【さ】

ざあがり（座上がり）　割り増しの花代。京都上七軒用語。

さいかい（再会）　→六章4節。

ざがわり（座変わり）　芸者がお座敷を勤めているとき他の座敷から口がかかること。大坂の用語。東京では「後口《あとくち》」という。

さけい（左傾）　酒をよく飲む客。

さげじゅう（提重）　菓子入りの重箱をさげて行商のように見せかけ、寺院や武家邸に入ってゆく売春婦。明和・安永ころ江戸で発生した。

ささはたき（笹はたき）　巫女《みこ》くずれ売春婦の一。

さしかけがさ（さしかけ傘）　道中する太夫に下男がさしかける大傘。島原に始まり江戸へ移った。

さしがみ（差し紙）　初店《はつみせ》の芸者を紹介する紙片。名前、出身などを書いて関係先へ配る。京都・大坂の風習。

ざしきもち（座敷持ち）　吉原遊女等級の一。局女郎にかわって宝暦ごろに生まれた呼び方。複数の部屋を持つ高級遊女である。

さしこみ（差し込み）　宴席の芸者が客に願って妹芸者を同席させること。京都の風。

さとげいしゃ（里芸者）　吉原芸者のこと。

さぶるこ（佐夫流児）　奈良朝時代、越中辺にいた遊行性の遊女。

さみせんばこ（三絃筥）　京都の芸者が用いた。つぎ棹《さお》の三味線を入れる桐箱で、風呂敷に包んで持ち運ぶ（『羇旅漫録』）。

さよひめ（佐用媛）　奈良時代、筑前の遊行性娼婦。

ざるそば（笊蕎麦）　伊豆の私娼。

さんぎょうち（三業地）　料理屋、待合、芸者屋を許可された遊所。明治・大正語。

さんちゃ（散茶）　吉原遊女呼称の一。太夫、格子の下位。寛文—明和ころ使った。

さんは（三八）　太夫と天神の間の遊女格。延宝以前大坂新町にいた。

さんばい（散売）　京都の売春芸者。

【し】

しおさき（汐先）　夕刻、灯ともし時。芸者出動開始。

しかえ（仕替）　芸者・遊女の他の廓への移籍。江戸でいう「鞍替」の京坂語。

しかけ（裲襠）　遊女の打掛の別名。

しかけびくに（仕懸比丘尼）　貞享ごろ京都の私娼。遊行性の尼姿。

しきり（仕切）　客が芸娼妓を揚げるとき、一定の時間を区切ること。関東では芸者を独占する「揚げ切り」の意味にも使う。

じごく（地獄）　関東を中心に、室町時代から使われている売春婦の異名。

しこみ（仕込）　年季奉公で入ってきた少女を半玉に出すまでの二年ほど徹底的に教育訓練すること。別に、男が遊女にねんごろに手だてをつくすこともいう（『色道大鏡・名目鈔』）。

しし（猪？）　加賀山中温泉芸者の異名。

しののめのストライキ（東雲の…）　明治三十二年、熊本二本木遊廓東雲楼で起こった娼妓のスト。珍事件として歌にまでなった。

しばいゆき（芝居行き）　芸者が客につれられて観劇に行くこと。客は普通より高い花代「芝居花」を払う。「芝居遠出《とおで》」ともいう。

しばひめ（芝姫）　芝の上で横になるほどの最低私娼。

しま（島）　大坂で遊所のこと。

しまい（仕舞い）　化粧・着換えなど遊女の出動準備。

じまえ（自前）　六章1節。

しまばしょ（島場所）　「岡場所」の大坂語。

しまばらかご（島原駕籠）　↓六章3節。

しもゆば（下湯場）　妓楼階下にある浴室。遊女が事後ひそかに降りて洗滌すること。

しゃく（癪）　胃痙攣《けいれん》。遊女が嫌な客に対するとき、これで苦しむふりをした。

しゃくふ（酌婦）　↓四章2節。

じゃこね（雑魚寝）　客と芸者、舞子、幇間などが一室で寝ること。

しゃしんみせ（写真見世）　それまで格子内に座っていた実物の遊女のかわりに、表に写真を飾る構造。明治三十六年吉原に始まる。

しゃとう（車櫂）　函館の水上私娼。

しゃら　越前三国湊《みなと》で遊女のこと。

しゃらこう　丹波篠《ささ》山辺で私娼のこと。

じゅうにかいした（十二階下）　明治二十三年、浅草に建った凌雲閣タワーの付近に群れる私娼窟。

しゅくばじょろう（宿場女郎）　各街道宿場にいた遊女。飯盛《めしもり》女《おんな》の名で許可を得た、なかば公娼的存在。

じゅさんじょ（授産所）　↓四章1節。

しゅすびん（繻子鬢）　比丘尼売春婦の一種。円い頭を繻子の頭巾で隠していた。

しゅっせ（出世）　→六章3節。

じゅっせん（十銭）　瀬戸内海東部の私娼。

じゅんれい（巡礼）　京都の私娼。

しょうぎかいほうれい（娼妓解放令）　→四章1節。

しょうきゅう（小弓）　矢場女のうち中年増を指していう。

じょうとう（上棟）　舞子・半玉の水揚。

しょうにか（小児科）　舞子・半玉ばかり集めて遊ぶ客。仲居らの隠語。

じょうろう（上﨟、上郎）　江戸初期、官許の遊女全般をこう称した。

しょかい（初会）　→六章4節。

しょくばいおんな（食売女）　宿場女郎の別称。

じょろう（女郎）　→六章2節。

じょろうげいしゃ（女郎芸者）　安永—天明のころ、江戸深川土橋にいた売春専門の芸者。

しらびょうし（白拍子）　→一章1節。

しろ（白）　大坂新町廓で遊女のこと。

しろうおだいじん（白魚大臣）　元禄ごろ京都から伏見撞木町廓へ通う人のこと。大仏から撞木町までの駕籠賃五匁二分と白魚一籠分の代が同じだったことから。

しろおに（白鬼）　売春婦の総称。シロウオが正確。明治初年「白首」に変わった。

しろくび（白首）　売春婦のこと。首に水白粉を濃く塗っていた。

しろちりめん（白縮緬）　長崎の私娼。

しろくみせ（四六見世）　文政末吉原にできた新店。揚代が昼一切六百文、夜四百文。

しろゆもじ（白湯文字）　京坂、伊勢、能登、筑前での私娼の呼称。公娼は赤。

しんきり（芯切り）　ろうそくの芯を切るだけの芸なし芸者。

しんござ（新五左）　武士のこと。吉原語。

じんすけ（腎助、甚助）　淫乱で精力旺盛な客のこと。別にやきもち焼きの意もある。

しんぞう（新艘）　→六章3節。

しんじゅう（心中）　→十章4節。

しんじゅうだて（心中立）　→十章4節。

しんねこ（真猫）　芸者と客が二人だけでしんみり語りあうこと。

【す】

すあがり（素上がり）　相当の妓楼へ紹介もなく突然やってくる客。

すあわせ（素袷）　薄情者。芸者隠語。

すいてんぐう（水天宮）　売春芸者の一名。

すいものだい（吸物代）　揚代に含まれている夕飯、夜食代の他に出すチップの名目。島原用語。寛政年間で四匁くらい。

すけろく（助六）　醤油の異名。

すずのおんな（鈴の女）　慶長年間、品川荒井宿に小屋掛けした遊女。江戸廓女の始まり。

すっぷ　越後長岡私娼の異称。

すなや（砂屋）　遊里の門付け芸人。
すまた（素股）　股を局部の代用とする遊女の技法。
すみかえ（住替え）　→鞍替《くらがえ》。
すりばち（摺鉢）　丹波一円私娼の異名。
するがうねめ（駿河采女）　駿河を中心に遊行する私娼。

【せ】

せいし（誓紙）　→十章4節。
ぜげん（女衒）　→六章2節、八章6節。
ぜにみせおんな（銭見世女）　江戸本所、深川、根津などに住む私娼。
ぜひもらい（是非貰い）　お座敷中の芸者に旦那客からもらいがかかると、旦那の方へ行かねばならぬという約束ごと。京都の風。
せんかり　伊豆下田辺の私娼。
せんこうだい（線香代）　芸者の遊興代。「線香一本一ッ詰《づめ》」は一刻（二時間）線香一本、「四ッ詰」なら線香四本分。
せんじゅ（千寿）　花代千本を稼いだ芸者が、相手方の茶屋へお礼の餅を配ること。京都祇園の風。
せんしょう（仙少、僭上）　花街での身分不相応な奢侈《しゃし》。
せんびり　伊豆下田の私娼異名。

【そ】

そうか（惣嫁）　→三章20節。
そうしまい（総仕舞）　→一日買《いちにちがい》。
そうばな（総花）　大尽客が仲居から下働き、下足番に至るまで祝儀を渡すこと。
そこだめ（底だめ）　馴染《なじみ》客から遊女への祝儀《しゅうぎ》を使いの駕籠《かご》屋が持って来たとき、遊女が駕籠屋に渡すチップ。上方の風。
そじょ（麁女）　京都で端女郎《はしじょろう》のこと。
ぞめき（騒）　素見《すけん》、ひやかし客。京都語。江戸では「とりんぼう」ともいう。
それしゃ（其者）　その道に通じた人。色道のくろうと。功《こう》（巧）者《しゃ》ともいう。

【た】

だいおしょく（台お職）　遊客に飲食を勧めて、その方で最高の売り上げを記録した遊女。関東の用語。
たいかく（退廓）　→六章3節。
だいきゅう（大弓）　矢場女のうち年増女のこと。
たいこ（太鼓）　太鼓持ちの略。
たいこ（索頭）　京都の私娼の一。
たいこじょろう（太鼓女郎）　太鼓たたき専門の大坂の天神女郎。のちに芸者に変身。
たいこもち（太鼓持ち）　→六章2節。
だいじん（大尽、大臣）　豪遊する上客。
だいや（台屋）　廓内の仕出し料理屋。
たこ（蛸、章魚）　紀州大島の私娼。
たちぎみ（立君）　室町時代、辻に立った売春婦。
たちきん（立ち金）　鞍替を望む芸者、遊女に女衒が身代金残額などを一時立て替えること。

たちばな（立花）　芸者遠出《とおで》の時の花代。京都の用語。

たなさがし（棚探し）　夜ふけに起きた客が、酒の肴を求めてそこらを探し回るさま。→夜起《よおき》ともいう。

たなばた（七夕）　めったに来ない客。

たぬき（狸）　太鼓持ちの別称。

たび（足袋）　遊女の年季明けのこと。堅気になってやっと足袋がはける。

たまぬき（玉抜き）　遊女の鞍替を助けて口銭を稼ぐこと。

たゆう（太夫）　→六章2節。

たゆうこ（太夫子）　歌舞伎の女形《おやま》若衆のうち、特に容色すぐれたもの。高級男娼。

だるま（達磨）　上州高崎辺の、すぐに転ぶ私娼だが、他国でもこの称多し。

たわやめ（手弱女）　なよなよした美人のことだが、遊女の総称にも使われる。「たおやめ」「たわれめ」ともいう。

だんご（団子）　出雲・因幡地方の私娼。

【ち】

ちいん（知音）　遊女の馴染客、時には愛人のこと。

ちゃをひく（茶を挽く）　売れない女郎のあわれなさま。命じられて、茶挽き作業をしているのである。

ちゃくみおんな（茶汲女）　私娼の一種。京都壬生村地蔵堂裏の茶店が始まりというが、祇園町にも江戸両国界隈《かいわい》にもいた。

ちゃたておんな（茶立女）　→三章3節。

ちゃつみおんな（茶摘女）　大坂で売春婦の異名。

ちゃみせ（茶店）　→三章3節。

ちゃや（茶屋）　→六章1節。

ちゅうそう（昼三）　明治初年、吉原で最上級の呼出《よびだし》に次ぐ格の遊女。

ちょろ　瀬戸内海尾道辺の水上売春婦。

ちょんころ　江戸麻布、四谷の私娼。「ちょんの間ころび」の意か。

ちょんのま（ちょんの間）　ごく短時間の遊び・情事。

ちりめんげいしゃ（縮緬芸者）　年増芸者。顔の小じわを冷かした表現。

【つ】

つきあたり（突き当たり）　便所のこと。

つきだし（突出）　禿の経験のない遊女。十四、五歳で置屋に入り、そのまま遊女勤めに出される少女。

つけうま（付け馬）　遊興費を払えない客についてその家まで行き、金を取り立てる妓廊の若い衆。大正期まであった。

つけまわし（附廻）　呼出、昼三に次ぐ吉原遊女の格。明治以降の称。

つじぎみ（辻君）　室町時代京の辻に立った売春婦。

つとめおんな（勤め女）　昼は何かの仕事をし、夜売春婦に変わる女。

つなひき（綱引）　遊客用の駕籠問屋。

つぶ（粒）　遊里隠語で遊女のこと。

つぶし（潰し）　遊興で財を失う人。

つぼいり（壺入）　揚屋へ行かず、置屋でそこの遊女と遊興すること。

つぼね（局）　本来は宮中女官の居住区だが、島原では端《はし》女郎、吉原では局《つぼね》女郎のアパート兼営業所の意味となった。

つぼねじょろう（局女郎）　吉原の中級以下の遊女。元禄から文化末年までこの名あり。

つめがみ（詰め紙）　↓あげそこ。

つめはぎ（爪はぎ）　↓十章4節。

づり（尾類）　琉球の売春婦異名。

【て】

であいぢゃや（出会茶屋）　男女密会の部屋を提供する茶屋名儀の待合。江戸に多し。

でおんな（出女）　街道の宿場で路上に出て旅客の手を捕え、強引にわが旅宿に引き込む女。飯盛女と同じで、夜は売春もした。

てき（敵）　客から遊女を、遊女から客を指していう。上方より江戸でよく使った。

てぎれ（手切）　↓六章4節。

てくだ（手下）　間夫《まぶ》、情夫《いろ》のこと。

てたたき（手叩き）　関西私娼の一。

てたり（手足り）　色ごと巧者な男、女。「手取《てと》り」ともいう。

てっぽう（鉄炮）　岡場所の切見世で売春する女。明暦年間に繁昌した。

でてひめ（出て姫）　江戸期芸娼妓の総称。

てばたき（手拍き）　長州下関の私娼。

でりょうし（出漁師）　田舎廻りの女衒《ぜげん》。

てんじん（天神）　↓六章2節。

てんじんおんな（天神女）　江戸下谷天神下などに住み、招きに応じて出張した私娼。

てんとく（天徳）　芸者の旦那のこと。

【と】

といち（ト一）　芸者の隠語で情夫《まぶ》のこと。

とうか（桃花）　芸者の隠語で生理のこと。

どうちゅう（道中）　遊女が廓内を歩行すること。「太夫道中」とは関係ない。

どうぬき（胴抜）　胴の部分に別色の布を使った派手な着物。遊女が部屋着に使った。

とおしばな（通し花）　芸者や遊女を一日中買いきったとき払う花代。

とおで（遠出）　芸者が他都市へ呼ばれて行くこと。招いた客は割り高の花代を払う。

ときぎり（時切り）　始めから何時までと時間を決めた遊興。

ときふだ（時札）　妓楼内に掛けてある遊女の名札。遊女の勤怠がすぐわかる仕組。

とぎやろう（伽やろう）　大坂で船饅頭《ふなまんじゅう》（水上売春婦）の別名。大坂名物の一つといわれた。

とこじょうず（庄上手）　↓十章4節。

とこばな（床花）　馴染《なじみ》になった遊女に与える特別祝儀。一種の契約金である。

とこばん（床番） 掃除など妓楼雑役の男性。部屋割りの権限があるので、チップ収入が大きかった。

とのだち（殿達） 士農工商坊主を問わず、遊客のこと。遊女、遣手《やりて》など廓側が称した。

とびこ（飛子） 田舎回りの男娼。

とまりぢゃや（泊茶屋） 遊女屋めいた営業をする旅籠屋《はたごや》。天保末年、大坂で禁令が出ている。

とめそで（留袖） 吉原の新造の一種。それまで振袖姿だったが、よい客がついて一本立ちしたことを示す。

どらぶね（道楽船） 上総の私娼。

とりおい（鳥追い） 三味線の門付けを表看板とする流浪性売春婦。

とりんぼう ↓ぞめき。

とるる（取るる） 賢い遊女ならやり方一つで男から財貨を取ることができる、の意。

とろきひと（とろき人） 色道初心で、すべてにもどかしい人。

とんつう（盗通） 幇間《ほうかん》が座敷で隙《すき》を見て客のものを盗むこと。

どんぶり（丼） 越後糸魚川地方の私娼。

【な】

ないしょ（内証、内所） 妓楼の主人家族の居住区。部屋《へや》ともいう。事務室でもあり、選ばれた少女に禿《かぶろ》の英才教育を施す教場でもあった。

なえじょ（苗女） 泉州地方の売春婦。

なかい（仲居） 待合、料亭などの座敷女中、関東では単に「女中《じょちゅう》」という。

なかどおり（中通り） 京坂の天神職のこと。

ながまさ（永昌） 永眠、死去。廓の隠語。

なげこみでら（投込寺） 死亡した遊女を粗略に埋めるための寺。

なげぶし（投節） ↓六章7節。

なじみ（馴染） ↓六章4節。

なじみきん（馴染金） ↓八章4節。

なぜこみ（なぜ込） 手数のかかる客。遣手《やりて》らの隠語。

なつみかん（夏蜜柑） 着衣を脱いで寝る売春芸者のこと。

なんか（南華） 廓用語でうつけ者、または変人の意。

なんどめし（納戸飯） 遊女の食事。客の前で食うことを許されず、隙を見て納戸など物陰で食事した。

【に】

にかいばな（二階花） 妓楼の雑役、下仕事の連中に客から配る祝儀。吉原語。

にかいまわし（二階廻し） 吉原で各部屋の整備などにあたる男女。

にぎょうち（二業地） 芸者屋と料理屋の許されている遊所。

にまいかんさつ（二枚鑑札） 明治六年鑑札制となったとき芸者、娼妓双方の鑑札を得て、公然と売春した芸者。

にまいぐし（二枚櫛） 幕初、湯女の風俗だったが、のち島原の高級遊女が装飾用に横に二枚並べて差すようになり、江戸へも移った。

にょこうば（女紅場）　↓四章1節。

にわか（俄）　享保末年に始まる吉原の仮装行列。祇園・島原の祭礼の練物《ねりもの》をまねたか。

にわせん（庭銭）　↓八章4節。

にんぎょうみせ（人形店）　↓六章6節。

【ぬ】

ぬけがけ（抜け駆け）　馴染の遊女をさしおいて、別店で他の遊女を揚げること。または男同士約束しながら、その日より前に一人で遊びに行くこと。「ぬけふね」ともいう。

ぬすみ（盗み）　客の座敷を勤めている芸者が隙を見て情夫に会ったり、他の座敷へ出たりすること。

【ね】

ねこ（猫）　売春芸者の異名。享保末からの江戸語。間もなく京坂でも使った。

ねずみなき（鼠鳴き）　妓楼で仕事はじめに女たちがチュッチュッと鼠の鳴き声をまねる縁起かつぎの風習。鼠がものを引くように客を引きよせようという意。

ねびき（根引、根曳）　芸者・遊女を身請けすること。時には芸者総揚げの豪遊の意。

ねぼけ（寝呆け）　売春芸者。京都花柳語。

ねもち（根餅）　秋田の私娼。

ねんごろ（懇）　遊女と間夫の密通的関係をいう。

ねんちゅうぎょうじ（年中行事）　↓六章6節。

【の】

のだいこ（野太鼓）　無能な太鼓持ち。

のだやま（野田山）　一文無しの客。

のびたるおとこ（伸びたる男）　遊女に惚れすぎて馬鹿に見える男。鼻毛の長い男。

【は】

ばいしゅんぼうしほう（売春防止法）　↓四章2節。

ばいた（売女）　室町時代の下等売春婦。

はいはちん（ハイハチン）　長崎の巫女《みこ》的私娼。中国語が源か。

はおりげいしゃ（羽織芸者）　深川芸者、辰巳《たつみ》芸者。素足に羽織の粋姿で、文化文政ころ大繁昌した。

はくじん（白人）　↓三章20節。

ばけどり（化鳥）　加賀の私娼。

はこや（箱屋）　芸者の身の周りを世話し、送り迎えには三味線箱を持つ男衆。江戸の呼称。

はしじょろう（端女郎）　↓六章2節。

はしりがね（把針兼・走り鐘）　志摩鳥羽の水上売春婦。時には大船に乗り移って航海中船頭らの世話をする。

はすっぱ（蓮葉）　延宝から京坂で呼ばれた私娼名。大坂商人が客の接待にも使った。

はたおり（機織）　越後見附の私娼。

はちべえ（八兵衛）　下総船橋辺の私娼。宿屋の女中が多かった。「しべえ、しべえ」の方言から。

はっぴゃくやごけ（八百八後家） 新潟の私娼。

はつみせ（初見世） 遊女が初めて店に出て客をとること。

はな（花） 花代、玉《ぎょく》代。

はなしょうぶ（花菖蒲） 常陸潮来《いたこ》の私娼。

はなす（咄す） 遊女を「買う」という動詞。延宝ごろ使われた。

はなだい（花代） 主として上方の芸者遊興費。娼妓にも、また関東でも稀に使った。

はなもり（花守） 美濃の私娼。

はなわり（花割） 幇間《ほうかん》などがもらった祝儀を仲間内で分配すること。

ばふんじょろう（馬糞女郎） 江戸内藤新宿に明和八年公許された宿場女郎。

はまぐり（蛤） 水揚げのすんだ一人前の芸者。

はまちどり（浜千鳥） 北海道小樽地方の売春婦。

はまのおば（浜の姥） 紀州田辺の売春婦。

はまのきみ（浜の君） 関西から九州までの各地にいた水上系の売春婦。

はやうま（早馬） 函館辺の私娼。

はりしかけ（針仕兼） 志摩鳥羽の私娼。

はりばこ（張箱） 信州松本辺の私娼。

はりみせ（張見世） 格子の向こうに遊女を並ばせて客に選ばせる妓楼の構造。大正五年から写真見世にかわった。

はんぎょく（半玉） 芸者候補として座敷へ出る少女。東京語。京坂では舞子。

はんげいしゃ（半芸者） 半玉・舞子と同じ。「半線香」ともいう。

ばんとうしんぞう（番頭新造） 吉原新造の一。年増が多かった。

はんや（半夜） →六章2節。

【ひ】

ひがら（日柄） 日柄約束。遊女が次の紋日の再会を客に約束させること。客は約束の日に行かずに金だけ払うことあり。これを粋《いき》とする風もあった。

ひきいわい（引き祝い） 落籍《ひか》された芸者が関係先へ配る祝儀。

ひきこ（引子） 妓楼の前で客を呼び込む女。関西での称。

ひきころび（弾き転び） 売春芸者。

ひきずり（引摺） 芸者の盛装。京都語。

ひきつけ（引付） 初会の客と遊女との見合の席。島原の「かしの」とほぼ同様。

ひきてぢゃや（引手茶屋） 揚屋へ行く前の客を接待する茶屋。ここで遊宴する上客もいたが、泊まらせないのが定法。

ひきふね（引舟） →六章2節。

びくに（比丘尼） →三章20節。

ひさぐ（鬻） 越後直江津の売春婦。

ひさめ（鬻女） 鎌倉末期の売春婦。

ひだりづま（左褄） 芸者のこと。左手で着物の外前を持ち上げて歩く姿から。

ひっこみかむろ（引込禿）　すぐれた素質の幼女を置屋の女将が内証（私室）で特訓した。その幼女のことで、のち一流の傾城となる。

ひっこみしんぞう（引込新造）　引込禿が成長して新造になったときの呼び名。吉原語。

ひっぱり（引張り）　天保ごろ夜鷹の一種。

ひときり（一切）　①二刻《ふたとき》、約四時間。遊興費計算の一基準。②チョイの間「須臾《しゅゆ》を一切と云。一切銭百文也」（『近世風俗志・娼家』）

ひととき（一時、一刻）　二時間。遊興費計算の一単位。「いっとき」とも。

ひとよ（一夜、貸妻）　九州・四国僻村の売春婦。娘や人妻が多かった。「一夜妻《いちやづま》」と呼べば遊女・売春婦の総称。

ひのてをあぐる（火の手を上ぐる）　めざす傾城を他の客から無理に奪うこと。元禄以前の島原・吉原語。

ひゃくもんや（百文屋）　博多の私娼。

ひやみず（冷水）　新潟の私娼。

びんしょ（船饅頭）　→船饅頭《ふなまんじゅう》。

【ふ】

ふきこみ（吹込）　遊女に員物を贈ること。

ふじょしょっこうひきたてかいしゃ（婦女職工引立会社）　→四章1節。

ふせだま（伏玉）　安永から天保末まで江戸深川仲町にいた売春婦。

ふたかけ（両掛）　摂津一帯の売春婦。

ふたついち（二つ市）　名古屋で舞子の称。

ふであらい（筆洗い）　童貞の客と接すること。遊女側の隠語。

ふなおろし（船卸し）　→水揚《みずあ》げ。

ふなぎみ（船君）　江戸期水上売春婦。

ふなびくに（船比丘尼）　江戸期水上売春婦。この種の中では比較的上品《じょうぼん》。中年増多し。

ふなまんじゅう（船饅頭）　碇泊船にまんじゅうを売るという名目の深川を本拠とする水上売春婦。万治年間から明治まで全国的にこの名あり。「伽《とぎ》やろう」「びんしょ」など異名も多い。

ふなむし（船虫）　江戸中洲《なかす》の下級私娼。

ふみあい（踏合）　客の取り合いによる遊女同士の喧嘩。

ふり（振り）　客の性行為に満足したような顔をする遊女の技巧。

ふりそで（振袖）　禿が成長して新造になったとき、最初はまだ振袖姿。これを「振袖新造」といい、「振袖」はその略。別に新潟地方では「半玉」のことをいう。

【へ】

べざい　信州上田で売春婦のこと。

べっそう（別荘）　「回《まわ》し部屋《べや》」の別称。

へやもち（部屋持）　吉原梅茶《うめちゃ》女郎、局《つぼね》女郎の明治以降の呼称の一。座敷持ちの下位。

【ほ】

ほうきぼし（彗星）　端《はし》女郎の別称。

ほうきや（箒屋）　芸者なら誰でも見さかいなく、次々と寝たがるいやらしい客。
ぼうぐみ（棒組）　二人以上組んで来る客。
ぼうじょう（亡城）　越後津川地方の私娼。
ぼうはち（忘八）　→六章1節。
ほたる（螢）　越後出雲崎《いずもざき》の私娼。
ぼん　大阪で私娼のこと。
ポン　年末挨拶回りに来た芸者・舞子に茶屋が渡す帯締《おびじめ》、小物入れなど祝儀の品。京都祇園町の風。
ぽんじょ（ぽん女）　関西一円私娼の称。
ぼんつき（盆付）　遊女の尻の格好《かっこう》。
ほんづめ（本詰）　→六章2節。
ぼんひめ（盆姫）　盆屋で売春する私娼。
ぼんや（盆屋）　→六章1節。
ぽんや（ぽん屋）　関西で私娼宿のこと。

【ま】

まいこ（舞子、舞妓）　→六章2節。
まくらきん（枕金）　芸者と寝る時の特別祝儀。
まくらげいしゃ（枕芸者）　売春専門芸者。
まずりょう（まず料）　新しい芸者の水揚げしたとき、前の馴染芸者に渡す手切《てぎれ》金。京坂の語。
まちげいしゃ（町芸者、町芸妓）　宝暦ごろ吉原遊廓外に現れた芸者。これに対し廓内にいるのが里芸者《さとげいしゃ》。
まぶ（間夫、真夫、密夫）　遊女の愛人。
まる（丸）　正月、節句など紋日《もんび》に客が払う倍額の揚代。またこの日のこと。
まるかかえ（丸抱え）　前借金に縛られ、芸者屋へ住込みで抱えられている芸者。
まわし（廻し）　→十章5節。
まんじゅう（饅頭）　横須賀・浦賀などの私娼の称。
まんた　大坂新町で遊女のこと。
まんち　中世遊女の一種。

【み】

みあがり（身揚り）　→六章4節。
みうけ（身請け）　→八章6節。
みうけきん（身請金）　→八章6節。
みうり（身売り）　→八章6節。
みこ（巫女）　神に仕える本来の巫女から転じ、江戸期神楽《かぐら》舞いを表看板とする私娼。
みずあげ（水揚）　→六章3節。
みずてん（不見転）　客を選ばず、すぐ転ぶ売春芸者。
みせじまい（店仕舞）　遊里語では深夜午前零時のこと。
みせだし（見世出し）　一本立ちした芸者が初めて客席へ出ること。
みちのもの（道の者）　中世遊女の総称。街道宿舎を舞台としたためか。
みのしろきん（身代金）　→八章6節。

【む】

むかで（百足）　祝儀をしぶるケチ客。
むぎ　相模小田原辺の売春婦異名。
むろぎみ（室君）　中世以来の播磨室《はりまむろ》の津《つ》の遊女。

【め】

めいくん（名君）　有名な遊女。名妓。
めいしゅや（銘酒屋）　「めいしや」ともいう。酌婦を看板とする娼婦。明治・大正の称。
めかいち　助平客。芸者の隠語。
めしたきおんな（飯炊女）　街道・宿の娼婦。飯盛女と同じ。
めしもりおんな（飯盛女）　街道旅宿の娼婦。飯炊女と同じ。

【も】

もか（藻花、百花）　江戸中期名古屋の私娼。のち伊勢・美濃でも称した。
もがみがわ（最上川）　太夫―天神―囲《かこい》などを短期間に上下する遊女。「屋根葺傾城《やねふきけいせい》」ともいう。
もぐり　大阪で私娼の総称。
もらい（貰い）　→六章4節。
もりこ（守子？）　紀州新宮の私娼異名。
もんび（紋日）　→六章6節。

【や】

やかた（館、屋形）　置屋と同じ。京都語。
やぎゅう（野牛）　羽前・羽後の私娼。
やくそく（約束）　「日柄約束」の略。→「日柄《ひがら》」。別に大阪では芸者が座敷に行くことをいう。
やくそくばな（約束花）　吉原で約束日に客が払う買い切りの玉代。「八重玉《やえぎょく》」ともいう。
やぐらしたげいしゃ（櫓下芸者）　東京新富町の芸者。芸達者が多いので知られた。
やっこじつ（奴実）　金が払えぬため、妓楼の物置小屋へ放り込まれる客。
やっこじょろう（奴女郎）　岡場所手入れで捕えられ、吉原で売春労働をさせられる私娼。この語、関西では使わず。
やとな（雇女、雇仲）　雇われ仲居。配膳などに従事し、宴始まれば酌をし、歌舞にも及ぶ。大正時代大阪に発生、近畿一円に普及。
やどり（宿り？）　遠州浜松地方の私娼。
やねふきけいせい（屋根葺傾城）　→最上川《もがみがわ》。
やばおんな（矢場女）　主として江戸で楊弓場を舞台とする売春婦。年齢により大弓、小弓、わかの三種あり。
やはち（夜発）　私娼の総称。「やほつ」ともいう。のち江戸で「夜鷹《よたか》」、京坂では「惣嫁《そうか》」といった。
やぼ（野暮、家暮）　遊里のことを何も知らぬ阿呆《あほう》。
やま（山）　上方で私娼の総称。江戸初期から。

やまちょう（山帳）　芸娼妓の稼ぎ高帳。京都の遊里語。
やまねこ（山猫）　→三章11節。
やりて（遣手）　→六章2節。

【ゆ】

ゆうこうじょふ（遊行女婦）　→一章1節。
ゆきみず（行水）　遊女の生理。吉原語。
ゆづき（弓月）　平安朝時代の売春婦。大陸からの帰化人。
ゆな（湯女）　→三章20節。
ゆなじし（湯女獅子）　加賀山中、山代温泉の売春婦異称。
ゆびきり（指切り）　→十章4節。
ゆめすけ（夢助）　遊蕩三昧《ざんまい》の馬鹿者。

【よ】

よいあけ（宵明け）　暮《くれ》に登楼して明《あけ》に帰ること。
よいじまい（宵仕舞ひ）　暮《くれ》から夜半までの遊興。
よいまわり（宵廻り）　初めて一本立ちした芸者が、披露目の前夜茶屋へ挨拶回りすること。
よおき（夜起き）　→六章4節。
よこばん（横番）　他人の揚げた遊女に、その客の隙を見て忍び交わること。
よそゆき（他所行き）　→遠出《とおで》。
よたか（夜鷹・夜多嫁）　江戸末期江戸に横行した下級私娼。本所吉田町鮫ヶ橋に一番多く、全江戸で推定約四千人。夜鷹屋を本拠とするもの、夜だけ小屋掛けするものなどいろいろで、最低なのはゴザ一枚が営業所だった。
よね（米・夜寝・世根）　江戸初期吉原遊女の別称。
よびだし（呼出し）　江戸岡場所娼婦の一種。また吉原散茶女郎の明治以降の一称でもある。
よびや（呼屋）　→六章1節。
よもやちりめん（よもや縮緬）　明治初年長崎の高等私娼。黒ちりめんの羽織を着た上品な姿なので、捕まったとき「よもやこれが淫売とは」と人々がおどろいた。
よりこんぶ（より昆布）　北海道江差地方の私娼。

【ら】

らくだ（駱駝）　遠州新居辺の私娼。
らしゃめん（羅紗綿・洋妾）　幕末開港時西洋人専門の娼婦、あるいは妾《めかけ》。

【り】

りょうびょういん（療病院）　→四章1節。
りん（鈴）　大阪の遊里で夜十二時のこと。

【ろ】

ろいん（露淫・露陰）　東京本所・深川辺の私娼。
ろうそくだい（蝋燭代）　夜間の遊興に客が払う。「祇園町で半分もたたぬのに取り換え、そのたびに客の顔色が変わる」と『羇旅《きりょ》漫録』にあり。
ろくじ（鹿子）　島原遊女職階の一つ囲《かこい》の別称。囲の別字「鹿子位」の上二字の音読。

【わ】

わか　江戸矢場女のうち最年少の女。

わかしゅ（若衆）　江戸でいう「陰間《かげま》」の上方語。男娼。

わかしゅじょろう（若衆女郎）　男娼である若衆の扮装をしている遊女。寛文ごろ大坂に始まり、京都・奈良に広まった。

わかづめ（若詰）　→六章2節。

わけ（半抱）　江戸後期呼出遊女の身分の一つ。丸抱えと自前の中間。

わけしり（和気知り）　粋人のこと。江戸初期遊里語。

わたつみ（綿摘み）　江戸期、綿の打ち直しなどを表看板にした私娼。素人女多し。

わたぼうし（綿帽子）　→三章20節。

わりどこ（割床）　一室を屏風などで区切って二組以上の床を設けること。関西の「相寝間《あいねま》」と同じ。

■著者紹介

明田鉄男（あけた てつお）

大正 10 年（1921）愛媛県宇和島市生まれ。京都大学法学部卒業後、京都新聞記者を経て昭和 27 年（1952）11 月読売新聞大阪本社入社、編集局に勤務。昭和 50 年論説委員。昭和 59 年（1984）8 月同社を定年退職。以後、霊山歴史館主任研究員、大手前女子大学非常勤講師、滋賀女子短期大学教授等を歴任。

〈編著書〉

『幕末京都』（上下・1967 年）、『乱世京都』（上下・1969 年）、『江戸と京都』（上下・1970 年）、『考証幕末京都四民の生活』（1974 年）、『幕末維新全殉難者名鑑』（編・全 4 巻・1986 年）、『近世事件史年表』（編著・1993 年／改訂版『江戸 10 万日全記録』・2003 年）、『維新 京都を救った豪腕知事 槇村正直と町衆たち』（2004 年）他多数。

＊著者あるいは関係者のご連絡先をご存知の方は小社までご連絡くださいますようお願い申し上げます。

令和 7 年（2025）2 月 25 日　初版第一刷発行　《検印省略》

【普及版《ふきゅうばん》】日本花街史《にほんかがいし》 上《じょう》―花街《かがい》の成立《せいりつ》と変遷《へんせん》

著　者　明田鉄男

発行者　宮田哲男

発行所　株式会社 雄山閣

〒 102-0071　東京都千代田区富士見２－６－９

TEL：03-3262-3231㈹／FAX：03-3262-6938

URL：https://www.yuzankaku.co.jp

e-mail：contact@yuzankaku.co.jp

振 替：00130-5-1685

印刷・製本　株式会社 ティーケー出版印刷

ISBN978-4-639-03031-7　C3021
N.D.C.384　232p　21㎝